# 欧亚历史文化文库

总策划 张余胜

兰州大学出版社

# 元代也里可温考述

丛书主编 余太山

殷小平 著

**图书在版编目(CIP)数据**

元代也里可温考述/殷小平著 . —兰州:兰州大
学出版社,2012.1
(欧亚历史文化文库)/余太山主编)
ISBN 978-7-311-03841-0

Ⅰ. ①元… Ⅱ. ①殷… Ⅲ. ①基督教史—研究—中国
—元代 Ⅳ. ①B979.2

中国版本图书馆 CIP 数据核字(2012)第 004821 号

总 策 划　张余胜

书　　名　**元代也里可温考述**
丛书主编　余太山
作　　者　殷小平　著
出版发行　兰州大学出版社　(地址:兰州市天水南路 222 号　730000)
电　　话　0931-8912613(总编办公室)　　0931-8617156(营销中心)
　　　　　0931-8914298(读者服务部)
网　　址　http://www.onbook.com.cn
电子信箱　press@lzu.edu.cn
印　　刷　兰州人民印刷厂
开　　本　700mm×1000mm　1/16
印　　张　15.75 (插页2)
字　　数　210 千
版　　次　2012 年 1 月第 1 版
印　　次　2012 年 1 月第 1 次印刷
书　　号　ISBN 978-7-311-03841-0
定　　价　50.00 元

图1-1　1954年泉州出土突厥文—汉文双语碑，其汉文碑铭曰："管领江南诸路明教秦教等也里可温马里失里门阿必斯古八马里哈昔牙。皇庆二年岁在癸丑八月十五日帖迷答扫马等泣血谨志。"是碑今藏泉州海外交通史博物馆。

图1-2　1984年泉州出土的汉文也里可温碑铭。撰碑者为泉州路也里可温掌教司官员、兴明寺住持吴唵哆呢嗯。图片选自《泉州宗教石刻》（增订本）图B51。

图1-3　1941年泉州出土也里可温玛尔达古回鹘文碑铭，其墓主人1331年逝世于泉州。图片选自《泉州宗教石刻》（增订本）图B23。

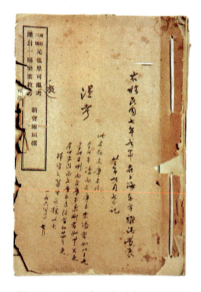

图2-1 1934年，陈垣先生在《元也里可温考》亲笔题识，将标题改作"元也里可温教考"。是图由陈智超先生刊布于《收藏·拍卖》2004年第4期上。

图3-1 扬州出土汉文—突厥语叙利亚文景教墓碑，墓主人为女性，教名也里世八，1317年逝世于泉州。此图最早由朱江发布。

图3-2 泉州出土叙利亚文回鹘语景教碑铭，墓主人原籍高昌，1301年逝世于泉州。图片选自《泉州宗教石刻》（增订本）图B17.1。

图3-3 泉州北门城基出土叶氏十字卷云墓碑片，勒刻八思巴文和汉文文字。图片选自《泉州宗教石刻》（增订本）图B42。

图3-4 泉州出土蒙古八思巴文—汉文景教碑，墓主人翁叶杨氏。图片选自《泉州宗教石刻》（增订本）图B44。

图 3-5　泉州出土蒙古八思巴文—汉文景教碑，墓主人为女性。图片选自《泉州宗教石刻》（增订本）图 B42。

图 3-6　内蒙古阿伦苏木景教碑拓片，墓主人为京兆府达鲁花赤阿兀剌编帖木剌思。图片选自盖山林《阴山汪古》图 158。

图 3-7　1948 年泉州出土叙利亚文—汉文景教碑，正面勒刻叙利亚文。图片选自《泉州宗教石刻》（增订本）B21.2。

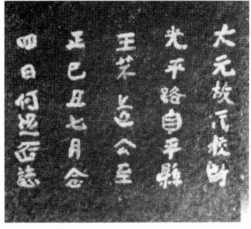

图 3-8　背面勒刻汉文"大元故氏教尉光平路阜平县王荣道公至正己丑七月念四日何□□志"。图片选自《泉州宗教石刻》（增订本）B21.3。

图 3-9　1946 年泉州北门城基内出土莲花华盖十字碑。图片选自《泉州宗教石刻》（增订本）图 B39。

图 3-10　1954 年泉州北门城基出土八思巴文卷云十字碑。图片选自《泉州宗教石刻》（增订本）图 B43。

图 3-11　泉州出土莲花十字碑，墓主人柯存诚为侍者长。图片选自《泉州宗教石刻》（增订本）图 B40。

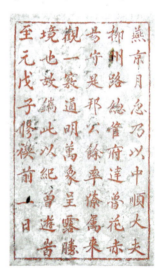

图 3-12　肇庆七星岩摩岩石刻铭文，曰："燕京月忽乃，以中顺大夫、柳州路总管府达鲁花赤易守是邦。公馀率僚属来观，一窍通明，万象呈露，胜境也。镌此以纪曾游，时至元戊子修禊前一日。"笔者摄于 2004 年 9 月。

# 出版说明

　　随着 20 世纪以来联系地、整体地看待世界和事物的系统科学理念的深入人心，人文社会学科也出现了整合的趋势，熔东北亚、北亚、中亚和中、东欧历史文化研究于一炉的内陆欧亚学于是应运而生。时至今日，内陆欧亚学研究取得的成果已成为人类不可多得的宝贵财富。

　　当下，日益高涨的全球化和区域化呼声，既要求世界范围内的广泛合作，也强调区域内的协调发展。我国作为内陆欧亚的大国之一，加之 20 世纪末欧亚大陆桥再度开通，深入开展内陆欧亚历史文化的研究已是责无旁贷；而为改革开放的深入和中国特色社会主义建设创造有利周边环境的需要，亦使得内陆欧亚历史文化研究的现实意义更为突出和迫切。因此，将针对古代活动于内陆欧亚这一广泛区域的诸民族的历史文化研究成果呈现给广大的读者，不仅是实现当今该地区各国共赢的历史基础，也是这一地区各族人民共同进步与发展的需求。

　　甘肃作为古代西北丝绸之路的必经之地与重要组

成部分,历史上曾经是草原文明与农耕文明交汇的锋面,是多民族历史文化交融的历史舞台,世界几大文明(希腊—罗马文明、阿拉伯—波斯文明、印度文明和中华文明)在此交汇、碰撞,域内多民族文化在此融合。同时,甘肃也是现代欧亚大陆桥的必经之地与重要组成部分,是现代内陆欧亚商贸流通、文化交流的主要通道。

基于上述考虑,甘肃省新闻出版局将这套《欧亚历史文化文库》确定为2009—2012年重点出版项目,依此展开甘版图书的品牌建设,确实是既有眼光,亦有气魄的。

丛书主编余太山先生出于对自己耕耘了大半辈子的学科的热爱与执著,联络、组织这个领域国内外的知名专家和学者,把他们的研究成果呈现给了各位读者,其兢兢业业、如临如履的工作态度,令人感动。谨在此表示我们的谢意。

出版《欧亚历史文化文库》这样一套书,对于我们这样一个立足学术与教育出版的出版社来说,既是机遇,也是挑战。我们本着重点图书重点做的原则,严格于每一个环节和过程,力争不负作者、对得起读者。

我们更希望通过这套丛书的出版,使我们的学术出版在这个领域里与学界的发展相偕相伴,这是我们的理想,是我们的不懈追求。当然,我们最根本的目的,是向读者提交一份出色的答卷。

我们期待着读者的回声。

# 总序

　　本文库所称"欧亚"(Eurasia)是指内陆欧亚,这是一个地理概念。其范围大致东起黑龙江、松花江流域,西抵多瑙河、伏尔加河流域,具体而言除中欧和东欧外,主要包括我国东三省、内蒙古自治区、新疆维吾尔自治区,以及蒙古高原、西伯利亚、哈萨克斯坦、乌兹别克斯坦、吉尔吉斯斯坦、土库曼斯坦、塔吉克斯坦、阿富汗斯坦、巴基斯坦和西北印度。其核心地带即所谓欧亚草原(Eurasian Steppes)。

　　内陆欧亚历史文化研究的对象主要是历史上活动于欧亚草原及其周邻地区(我国甘肃、宁夏、青海、西藏,以及小亚、伊朗、阿拉伯、印度、日本、朝鲜乃至西欧、北非等地)的诸民族本身,及其与世界其他地区在经济、政治、文化各方面的交流和交涉。由于内陆欧亚自然地理环境的特殊性,其历史文化呈现出鲜明的特色。

　　内陆欧亚历史文化研究是世界历史文化研究中不可或缺的组成部分,东亚、西亚、南亚以及欧洲、美洲历史文化上的许多疑难问题,都必须通过加强内陆欧亚历史文化的研究,特别是将内陆欧亚历史文化视做一个整体加以研究,才能获得确解。

中国作为内陆欧亚的大国,其历史进程从一开始就和内陆欧亚有千丝万缕的联系。我们只要注意到历代王朝的创建者中有一半以上有内陆欧亚渊源就不难理解这一点了。可以说,今后中国史研究要有大的突破,在很大程度上有待于内陆欧亚史研究的进展。

古代内陆欧亚对于古代中外关系史的发展具有不同寻常的意义。古代中国与位于它东北、西北和北方,乃至西北次大陆的国家和地区的关系,无疑是古代中外关系史最主要的篇章,而只有通过研究内陆欧亚史,才能真正把握之。

内陆欧亚历史文化研究既饶有学术趣味,也是加深睦邻关系,为改革开放和建设有中国特色的社会主义创造有利周边环境的需要,因而亦具有重要的现实政治意义。由此可见,我国深入开展内陆欧亚历史文化的研究责无旁贷。

为了联合全国内陆欧亚学的研究力量,更好地建设和发展内陆欧亚学这一新学科,繁荣社会主义文化,适应打造学术精品的战略要求,在深思熟虑和广泛征求意见后,我们决定编辑出版这套《欧亚历史文化文库》。

本文库所收大别为三类:一,研究专著;二,译著;三,知识性丛书。其中,研究专著旨在收辑有关诸课题的各种研究成果;译著旨在介绍国外学术界高质量的研究专著;知识性丛书收辑有关的通俗读物。不言而喻,这三类著作对于一个学科的发展都是不可或缺的。

构建和发展中国的内陆欧亚学,任重道远。衷心希望全国各族学者共同努力,一起推进内陆欧亚研究的发展。愿本文库有蓬勃的生命力,拥有越来越多的作者和读者。

最后,甘肃省新闻出版局支持这一文库编辑出版,确实需要眼光和魄力,特此致敬、致谢。

余太山

2010 年 6 月 30 日

# 目录

1 引言 / 1

    1.1 蒙元基督教研究概述 / 2

    1.2 有关元也里可温之考古发见 / 7

    1.3 本研究主旨 /14

2 汉籍中"也里可温"涵义试释 / 19

    2.1 学界有关"也里可温"之讨论 / 19

    2.2 也里可温与也里可温教之混用 / 26

    2.3 汉籍也里可温的 3 层涵义 / 30

    2.4 汉籍有关基督教的 3 个别称 / 44

    2.5 余语 / 46

3 也里可温人物事略及身份分析 / 48

    3.1 也里可温人物事略 / 49

    3.2 也里可温之历史分布 / 91

    3.3 也里可温身份技艺述略 / 109

3.4　余语 / 120

4　从《大兴国寺记》看江南也里可温的兴起 / 122

　　4.1　《大兴国寺记》的发现及其价值 / 122

　　4.2　薛迷思坚:也里可温行教之地 / 126

　　4.3　从《寺记》见元代江南基督教与唐代景教之

　　　　关系 / 131

　　4.4　元代江南基督教的再传入 / 135

　　4.5　亦官亦僧的马薛里吉思 / 139

5　也里可温之华化

　　　　——以马氏汪古为例 / 145

　　5.1　《元西域人华化考》之学术遗产 / 145

　　5.2　汪古马氏家族奉景历史考释 / 154

　　5.3　马氏由景入儒的转变历程 / 165

5.4　马氏"以官为氏"说质疑 / 178

　　附录　马氏世谱.........黄潜 / 186

6　结语 / 190


附录　本书所用西文文献缩略语 / 195

参考文献 / 197

后记 / 224

索引 / 226

# CONTENTS

1   Introduction / 1

   1.1   The basic works on history of Christianity in China under Mongol Empire / 2

   1.2   The archeological findings on Christianism in Yuan China / 7

   1.3   The keynote and methods of this study / 14

2   On the interpretations of Yelikewen in Chinese contexts / 19

   2.1   Retrospect of the philological and historical researches on Yelikewen / 19

   2.2   Yelikewen Religion: a misapplied terminology / 26

   2.3   Three meanings of Yelikewen in Chinese records / 30

   2.4   The other three appelations about Christianity in Chinese records / 44

   2.5   Further statement / 46

3  The collection of Yelikewen and an
   analysis on their lives / 48
   3.1  A chronical collection of Yelikewen / 49
   3.2  On the historical distribution of Yelikewen / 91
   3.3  On the status and techniques of Yelikewen / 109
   3.4  Further statement / 120
4  On the Christians in Jiangnan during the
   Yuan Dynasty According to"The
   Inscription of *Da xingguosi*" / 122
   4.1  The rediscovery and value of"The Inscription
       of *Da xingguosi*" / 122
   4.2  Xuemisijian(Samarkand),where Yelikewen
       diffuse their religion / 126
   4.3  The connection between Yelikewen with Jingjiao
       (Nestorianism) in the Tang dynasty / 131
   4.4  Reintroduction of Christianity in Jiangnan
       during the Yuan period / 135

5

4.5  Mar Sarghis is both official and Nestorian
      missionary / 139
5  The Sinicization of Yelikewen in Yuan Period：
   Focusing on Ongut Ma Family / 145
    5.1   The scholarly legacy of *Yuan Xiyu Ren Huahua
          Kao* / 145
    5.2   On the Nestorian background of Ongut Ma
          family / 154
    5.3   The conversion of Ma family from Nestorianism to
          Confucianism / 165
    5.4   Doubts on the surname Ma which is wrongly taken
          for an official position / 178
6   Conclusion / 190

Abbreviations / 195
Reference / 197
Postscript / 224
Index / 226

# 1　引言

学界一般将中国基督教史划分为 4 个阶段:唐代景教、元代基督教、明末清初之天主教,还有鸦片战争以后的新教。这一四分法是 1924 年陈垣在一次题为"基督教入华史略"的讲演中首次提出的。[1] 1927 年,他进一步明确指出:

> 要讲这个题目(按,指"基督教入华史"),最好分为四期讲。第一期是唐朝的景教。第二期是元朝的也里可温教。第三期是明朝的天主教。第四期是清朝以后的耶稣教。[2]

公开地把第二阶段——元代的基督教称为"也里可温教"。这也是我们对元代基督教历史地位的最初认识。

把"也里可温教"当做一阶段之宗教史来研究者,也肇始于陈垣。1917 年,先生耗十数日,撰成《元代也里可温考》(后通行本为《元也里可温教考》)一文,[3]揭开了国人研究中国宗教史[4]、元代基督教史的序幕。

---

〔1〕陈垣:《基督教入华史略》,收入《陈垣学术论文集》第 1 册,中华书局 1988 年版,页 83 - 92。

〔2〕陈垣:《基督教入华史》,收入《陈垣学术论文集》第 1 册,页 93。

〔3〕陈垣:《元也里可温教考》,收入《陈垣学术论文集》第 1 册,页 1 - 56。1917 年单行本以"元代也里可温考"为题;同年 8 月的增订本刊《东方杂志》第 15 卷第 3、4、5 号(1918 年 3、4、5 月);1920 年 10 月再次增订出单行本;1923 年 12 月作为《东方文库》之第 73 种出版时再作修订;1934 年 9 月作最后修订,易名为《元也里可温教考》,今所见之刊行本均采此修订本。有关陈垣氏文之修订历程,详参方豪:《国人对"也里可温"之再认识》,载《食货月刊》复刊第 2 卷,1978 年,页 2 - 3。

〔4〕陈寅恪语。其曰:"中国史学莫盛于宋,而宋代史家之著述,于宗教往往疏略,此不独由于意执之偏蔽,亦其知见之狭陋有以致之。元明及清,治史者之学识更不逮宋,故严格言之,中国史学之中,几无完善之宗教史。然其有之,实自近岁新会陈援庵先生之著述始。"参见陈寅恪:《明季滇黔佛教考序》,收入《金明馆丛稿二编》,上海古籍出版社 1980 年版,页 240。

# 1.1 蒙元基督教研究概述

中国基督教史中,唐代景教研究起步很早,乃缘明季西安景碑之出土,经由西方传教士之译介,引起西人之重视。[1] 而元代基督教史研究,则是 19 世纪以后才逐渐进入国际汉学界的视野。1866 年,亨利·裕尔(Henry Yule,1820—1889)发表名著《契丹纪程》(*Cathay and the Way Thither*)[2],对后来的西方汉学家如伯希和(P. Pelliot,1878—1945)、慕阿德(又译穆尔,A. C. Moule,1873—1957)、考迪埃(H. Cordier,1849—1925)等人都有很大影响。[3] 1916 年,考迪埃推出该书修订本,成为后来通行的版本,至今仍是该领域的经典著作。尽管 *Cathay and the Way Thither* 的中译本(一卷)直到 2002 年才问世,但其实早在20 世纪 20 年代,张星烺就在其《中西交通史料汇编》中大量译介此书成果,嘉惠学林。[4] 按,《契丹纪程》1 卷 6 章考察"中国的景教",涉及唐代景教之传入、发展及衰亡,景教在蒙元时代之复兴,景教在突厥部落中的传播,列班扫马(Rabban Sauma)西行等重要内容。裕尔利用东西方史料重新构建蒙元基督教史,使世人对唐后元蒙基督教史有了初步认识,有开创之功。

---

〔1〕参见耿昇:《外国学者对于西安府大秦景教碑的研究》,载《世界宗教研究》1999 年第 1 期,页 56 - 64;耿昇:《中外学者对大秦景教碑的研究综述》,收入中外关系史学会编:《中西初识》,大象出版社 1999 年版,页 167 - 200。林悟殊:《西安景教碑研究述评》,收入氏著:《唐代景教再研究》,中国社会科学出版社 2003 年版,页 3 - 26。

〔2〕此书第 1 卷包括了中国与欧洲、中亚、阿拉伯、小亚的交往纪录,其中第 6 章为《景教》,附录《海屯行纪》、《中国印度见闻录》等,史料价值极高。第 2 卷为鄂多立克游记注释,第 3 卷为方济各会士信札、报道注释,第 4 卷为伊本·白图泰游记和鄂本笃游记注释。中文版参见裕尔撰、考迪埃增订、张绪山译:《东域纪程录丛》,云南人民出版社 2002 年版。上述游记在 20 世纪 80 年代基本都译介为中文。参见何高济译:《海屯行纪·鄂多立克东游录·沙哈鲁遣使中国记》,中华书局 1985 年版;耿昇、何高济译:《柏朗嘉宾蒙古行纪·鲁布鲁克东行纪》,中华书局 1985 年版。

〔3〕D. S. Margoliouth,"Reviews of Books *Cathay and the Way Thither*;Being a Collection of Medieval Notices of China",*The English Historical Review*,33(130),1918,pp. 268 - 270;Homer H. Dubs,"Brief Communications:The Growth of a Sinological Legend,A Correction to Yule's 'Cathay'",*JAOS*,66(2),1946,pp. 182 - 183。

〔4〕张星烺编注、朱杰勤校订:《中西交通史料汇编》,中华书局 2003 年版,页 2281 - 2291、2291 - 2311。

1872年,俄国汉学家巴拉第·卡法罗夫(П. И. Кафароф,1817—1878)发表《中国史料中古老的基督教痕迹》[1]一文,参考利用了29种汉文资料。该文的重要价值长期以来未为学术界所重视。事实上,巴拉第是首位真正利用汉文资料对中国基督教进行研究的西方学者。其对元代基督教研究的贡献主要有:(1)分析了蒙文"也里可温"的释义和构词;(2)重新发现《至顺镇江志》的研究价值;(3)挖掘了元代白话碑的史料价值。[2]巴拉第将蒙元时代的基督教研究向前推进了一大步,对尔后的穆尔和伯希和更有直接影响。

1914年,伯希和发表《唐元时代中亚及东亚之基督教徒》。[3]该文以中西文献互证,创获良多,主要表现在:(1)坐实了元代上书教皇的阿兰人的名姓;(2)补充了元代爱薛出使波斯的情况;(3)从中国史料中首先发现汪古部马祖常家族的基督教背景;(4)将马可波罗游记与《至顺镇江志》相参证,介绍了马薛里吉思在江南的建寺事迹;(5)概括出蒙元时期克烈部、汪古部的奉教历史。遗憾的是,伯希和虽然指出元代汉文史料之"也里可温"即基督教徒,却并未进一步搜集有关材料加以考察。这一重要工作最后由陈垣完成。

1915年,穆尔与翟林奈(L. Giles,1875—1958)发表《镇江府的基督教徒》,[4]对元代镇江基督教作了初步考察,并将相关文献译介成英文。该研究成果后来收入穆尔名著《一五五〇年前的中国基督教史》,影响深远。[5]

1917年,陈垣发表《元代也里可温考》,时距伯希和发表《唐元时代

〔1〕Палладий,《Старинные следы христианства в Китае по китайским источникам》,см. Восточный сборник.1872г. Т. 1,вып. 1,1 - 64.

〔2〕参见陈开科:《巴拉第与晚清中俄关系》,上海书店2008年版,页187 - 222。

〔3〕Paul Pelliot,"Chrétiens d'Asie Centrale et d'Extréme-Orient",TP,vol. 15,no. 5,1914,pp. 623 - 644,冯承钧译:《唐元时代中亚及东亚之基督教徒》,收入冯承钧译:《西域南海史地考证译丛一编》,商务印书馆1995年合订本,页49 - 70。

〔4〕A. C. Moule&L. Giles,"Christians at Chên-Kiang Fu",TP,vol. 15,no. 6,1915,pp. 627 - 686.

〔5〕A. C. Moule,Christians in China before the Year 1550,London,New York and Toronto,1930,1972,pp. 145 - 165;郝镇华译:《一五五〇年前的中国基督教史》,中华书局1984年版,页166 - 188。

·欧·亚·历·史·文·化·文·库·

中亚及东亚之基督教徒》仅 3 年耳。该文的方法、结构和内容，陈高华曾有专文讨论，[1] 这里再略作补充：(1) 内容。全文 15 章，重点探讨也里可温在元代社会、经济、军事、宗教生活所得到的种种优待，也涉及元代也里可温的规模、分布、人物和人数，还论及元代也里可温与道教、佛教的关系。这些问题后来都成为该领域研究的重点。(2) 方法。陈垣在文中开篇就指明，乃"专以汉文史料，证明元代基督教之情形，然后搜集关于也里可温之史料，分类说明之，以为研究元代基督教史者之助"。如是研究，诚如业师蔡鸿生先生所示，乃宗教文献学研究之典范。陈垣拓宽了宗教史的资料范围，比如利用金石碑刻、诗文等，"不仅为也里可温研究提供了有价值的新资料，而且为整个元史研究开辟了新的途径"，[2] 意义重大。此文一经发表，就引起了国内外学术界的高度重视。[3]

陈垣与伯希和的研究显示出中西方史学研究的差异：伯希和文主要是对中国基督教史的一个外部观察，其考察唐元时代这一长时段的中国基督教史，准确地抓住了蒙元基督徒的突厥语系背景；而陈垣氏文则从中国社会的内部出发，侧重于对汉文史料的考订分析，注意到也里可温的人数、分布、身份和社会地位。两个观察角度都很重要，缺一不可。故陈高华认为两人是元代基督教史领域贡献最大的学者。[4]

1930 年，穆尔发表《一五五〇年前的中国基督教史》，[5] 该书是他长期关注中国古代基督教问题的结晶，也是西方研究中国基督教史最重要的著作之一。需特别注意的是，此书的重点在于蒙元而非唐代，除第 2

---

[1] 陈高华：《陈垣与元代基督教史研究》，收入龚书铎主编：《励耘学术承习录》，北京师范大学出版社 2000 年版，页 43 - 57。

[2] 陈高华：《陈垣与元代基督教史研究》，收入龚书铎主编：《励耘学术承习录》，页 47。

[3] 陈垣到日本时，给幕元甫的信中写道："拙著《也里可温》，此间学者，颇表欢迎，将引起此邦学界之注意。"见陈智超：《陈垣来往书信集》，上海古籍出版社 1990 年版，页 9。《元也里可温教考》一文也是陈与桑原骘藏学术交谊之始。参见竺沙雅章：《陈垣与桑原骘藏》，收入《陈垣教授诞生百一十周年纪念文集》，暨南大学出版社 1994 年版，页 215 - 229。

[4] 陈高华：《陈垣先生与元代基督教史研究》，收入龚书铎主编：《励耘学术承习录》，页 52。

[5] A. C. Moule, *Christians in China before the Year 1550*；郝镇华译：《一五五〇年前的中国基督教史》。

章叙写唐代景教外,其余部分皆关涉蒙元时代,如其第3章介绍耶稣会士在泉州发现的十字架,第4章介绍拉班·扫马的西行,第5章摘录马可波罗游记部分章节,第6章介绍镇江的基督教徒[1],第7章利用教会档案整理元代来华方济各会的情况[2],第9章摘录鄂多立克(Friar Odorico)、马黎诺里等游记,第8章《蒙古帝国时期中国的基督教徒——根据东方史料》,则是对陈垣《元也里可温教考》相关内容的译介。

以上著作构成元代基督教研究的起点。[3] 在这一阶段,研究者多以文献解读为主,辅以语言学之手段[4],考古发现亦日益受到史学界的重视。伯希和曾强调,中亚、东亚地区的元代基督教遗物可以作为很好的参考资料利用。[5] 在这一方面,日本学者佐伯好郎的成就较为显著,其研究广泛地利用吸收内蒙古、七河等地景教墓碑石的考古成果。尽管佐伯对该等碑石常有误解之处,为后人所诟病,但并不影响他在这一领域的权威地位。佐伯好郎一生著述等身,最重要的著作当属《支那基督教の研究》(2卷)和《中国景教文献及遗物》( *The Nestorian Documents and Relics in China* )。[6] 朱谦之在中国学术研究环境极其艰难的情况下仍能著成一部《中国景教》,其中一个重要原因便是他利用了佐伯的成果。

---

〔1〕A. C. Moule & L. Giles,"Christians at Chên-Kiang Fu"。

〔2〕A. C. Moule,"Fourteenth Century Missionary Letters", *The East and the West* , vol. 19,1921, pp. 357 – 366.

〔3〕同时期有关中国基督教史之研究,还有 J. Stewart, *Nestorian Missionary Enterprise,a Story of Church on Fire* ,其谈及蒙古时代的景教历史时,乃关注中亚地区的情况,而对中国的景教几乎没有涉及;赖德烈(K. S. Latourette)的名著:《中国基督教传教史》( *A History of Christian Missions in China* ,New York,1929)是对中国基督教历史的全局观察,但唐元并非其考察的重点,仅占全书十分之一的篇幅。

〔4〕1925年,明伽那发表《中亚和远东基督教的早期传播》一文,利用叙利亚文史料探讨了中西亚基督教的情况。Cf. Mingana, A.,"The Early Spread of Christianity in Central Asia and the Far East:A New Document", *Bulletin of the John Rylands Library Manchester* ,9(1925), pp. 297 – 371。

〔5〕P. Pelliot,"Chrétiensd'Asie Centrale et d'Extrême-Orient", p. 644;冯承钧中译本,页69。

〔6〕Saeki, S. Y., *The Nestorian Documents and Relics in China* ,Tokyo,1937. 参〔日〕桑原骘藏:《佐伯の The Nestorian Monument in China》,刊《史林》第2卷第1号,1917年,页119 – 127;收入《桑原骘藏全集》第1卷,岩波书店1968年版,页411 – 418;H. F. Schurmann,"Review:The Nestorian Documents and Relics in China", *JAS* ,16(2),1957,pp. 300 – 301

· 欧 · 亚 · 历 · 史 · 文 · 化 · 文 · 库 ·

有关朱谦之《中国景教》的重要价值,学界早有公论,不赘。[1] 朱谦之乃哲学家出身,其著作也体现出哲学家思辨的特点;该书较重要的几章便着重介绍景教的神学发展。由于周知的历史政治原因,《中国景教》成为1949至1979年间中国大陆基督教研究的硕果仅存者,而且,直到20世纪90年代才得以公开出版。[2]

20世纪五六十年代,国人有关中国基督教研究的阵地转移到海外。其中罗香林《唐元二代之景教》得到的关注最多。[3] 罗著是一部专题论文集,说唐(上篇)论元(下篇),各成一体;但对唐元之间几百年中国景教的历史,则仍然存缺。唐元之间中国景教的历史走向,一直以来也是中古中国基督教史研究的一个难点,前辈学者鲜能完满解答。"文革"后,国内首篇研究元代基督教之论文《元和元以前中国的基督教》,[4]试图挖掘唐宋元景教发展的连贯性。其对景教传入突厥部落的历史能详人所略,但对唐末及宋的景教去向,仍不能超出裕尔和穆尔的研究。这从一个侧面反映了该课题研究之难度。直至最近,才有王媛媛女史探讨唐末景教的走向问题。她指出,唐末景教在会昌灭佛后潜入了河北地区,藏迹于佛教发展。[5]

关于突厥景教部落改宗的历史考察,属于中亚景教研究的一个重点。[6] 近些年来,剑桥大学叙利亚语专家亨特博士(E. C. D. Hunter)

〔1〕陈怀宇:《书评:〈达·伽马以前中亚和东亚的基督教〉、〈中国景教〉》,刊荣新江主编:《唐研究》第2卷,北京大学出版社1996年版,页475-480;董方:《专家学者纵谈〈中国景教〉》,载《世界宗教研究》1994年第3期,页145-146;黄心川:《朱谦之与〈中国景教〉》,载《世界宗教研究》1993年第1期,页132-135;夏年:《〈中国景教〉简介》,载《中国天主教》1994年第1期,页45-46。

〔2〕朱谦之:《中国景教》,东方出版社1993年版。氏著撰于20世纪60年代,但一直未能出版。1982年,中国社会科学院世界宗教研究所曾刊行内部发行本,题为《中国景教——唐景教碑新探》。这个刊本不少章节还明显有着时代的烙印,后来公开出版时作了修订和删节。

〔3〕罗香林:《唐元二代之景教》,香港中国学社1966年版;石田幹之助:《羅香林氏の〈景教徒阿羅憾等爲爲武則天皇后造頌德天樞考〉》,刊《東方学》18辑,1959年6月,页116-119。

〔4〕周良霄:《元和元以前中国的基督教》,载《元史论丛》第1辑,中华书局1981年版,页137-163。

〔5〕王媛媛:《唐后景教灭绝说质疑》,载《文史》2009年第1期,页145-162。

〔6〕龚方震:《景教和突厥》,载《当代宗教研究》1999年第2期,页17-22。

在该领域创获较丰[1]，其成果成为吉尔曼（I. Gillman）、克里木凯特（H. J. Klimkeit）《1500 年前的亚洲基督教史》中亚部分的重要依据。[2] 对中亚基督教教团，特别是对不同地区叙利亚语、突厥语和粟特语基督教团的深入探讨，乃西方学者贡献为大、成果也最卓著的研究领域，霍尔逊（Chwolson）[3]、哈格（W. Hage）[4]、辛姆斯·威廉姆斯（N. Sims-Williams）[5]、亨特、克莱恩（W. Klein）等人均著述丰硕。由于元代中国与中亚有密切的政治、文化、军事和经济的往来，所以，了解中亚地区基督教的传播情况，有助于我们对当时整个基督教生存环境的总体把握；对我们理解和把握"西域人华化"这一重要课题也有极高的参考价值。

## 1.2 有关元也里可温之考古发现

考古学与历史学向来就是相辅相成的。陈寅恪评王国维"转移一时之风气，而示来者以轨则"的学术贡献时，曾对其治学方法有如下见解：

> 一日取地下之实物与纸上之遗文互相释证。……二日取异

〔1〕E. C. D. Hunter, "Syriac Christianity in Central Asia", *ZRG*, 44（1992）, pp. 362 - 368；E. C. D. Hunter, "The Conversion of the Kerait to Christianity in AD 1007", *ZAS*. 22（1989/1991）；E. C. D. Hunter, "Converting the Turkic tribes", in Craig Benjamin & Samuel N. C. Lieu ed. *Silk Road Studies*, *VI*, *Walls and Frontiers in Inner -Asian History*, Brepols, 2000, pp. 183 - 195；E. C. D. Hunter, "The Church of the East in Central Asia", *Bulletin of the John Rylands University Library of Manchester*, Vol. 78, No. 3, 1996, pp. 129 - 142.

〔2〕Ian Gillman & H. J. Klimkeit, *Christians in Asia before 1500*, the University of Michigan Press, 1999；此书中亚、中国部分可参考林悟殊翻译增订：《达·伽玛以前中亚和东亚的基督教》，台北淑馨出版社 1995 年版。

〔3〕D. A. Chwolson, "Syrische Grabinschriften aus Semirjetschie, herausgegeben und erlkart", *Memoires de L'Academie Imperiale de Sciences de St. Petersburg*, Series 7, vol. 34, no. 4, and vol. 37, no. 8, St. Petersburg, 1886.

〔4〕W. Hage, *Syriac Christianity in the East*, Mōrān 'Eth'ōl, Kottayam, 1988.

〔5〕Sims -Williams, *The Christian Sogdian Manuscript C2（Berliner Turfantexte 12）*, Berlin, 1985；〔英〕辛姆斯·威廉斯著，陈怀宇译：《从敦煌吐鲁番出土写本看操粟特语和突厥语的基督教徒》，载《敦煌学辑刊》1997 年第 2 期，页 138 - 146；〔英〕N·森姆斯威廉著，王菲译·牛汝极校：《敦煌、吐鲁番文献所记突厥和粟特基督徒》，载《西域研究》1997 年第 2 期，页 66 - 74。

族之故书与吾国之旧籍互相补正。……三曰取外来之观念,与固有之材料互相参证。[1]

其中,"地下之实物与纸上之遗文互相释证",说的便是考古学之于史学研究的价值。其实,在西方汉学界对元代中国的基督教徒展开研究之前,有关元代中国的基督教考古便早有发现。但这个时期的发现只能说是耶稣会士对西安景教碑研究的副产品。1644年阳玛诺(Emmanuel Diaz)发表其《唐景教碑颂正诠》,[2]书中首先刊布了1619年、1638年在泉州城内发现的3件十字架碑刻照片,一种为莲花十字架式,一种为卷云十字架式;[3]这也是元代景教碑十字架图案的两种基本类型(另外还有飞天图案)。1906年,泉州城外也发现了一碑刻十字架。由于该等碑刻皆未勒文字,故其基督教属性虽可确定,但其来源在当时还无从了解。[4] 逮至尔后泉州基督教石刻的大量出土,我们始得了解元代东南沿海曾有过基督教的繁荣。该段历史之揭橥于世,泉州当地文博专家吴文良有筚路蓝缕之功。吴文良自20世纪20年代始,便利用业余时间,不懈地搜藏并研究泉州地区发现的外来宗教石刻,其成果《泉州宗教石刻》于1957年由科学出版社出版。此书是中国海外交通史上最重要的一部考古研究论著,其中刊布了23方基督教石刻。"文革"结束后,吴幼雄继续乃父事业,对该书进行增订,补充了50年代以后泉州地区宗教考古的重大发现,其中基督教石刻照片76幅,尚不包括未能拍摄的石刻6件。[5] 吴著中最为中外学者瞩目、最具学术价值的基督教石刻,窃以为有如下3方:

(1)1954年在泉州通淮门外津头埔乡发现的叙利亚文—汉文合璧的景教碑铭(见图1-1)。该石刻一经问世,就引起了国内外学术界的

〔1〕陈寅恪:《王静安先生遗书序》,收入《金明馆丛稿二编》,三联书店2001年版,页247。
〔2〕阳玛诺:《唐景教碑颂正诠》,上海土山湾慈母堂1927年版。
〔3〕阳玛诺:《唐景教碑颂正诠》,页70-74;参 A. C. Moule, *Christians in China before 1500*, pp. 78-80,郝镇华中译本,页85-90。
〔4〕P. Pelliot, "Chrétiens d'Asie Centrale et d'Extrême-Orient", p. 644. 冯承钧中译本,页70。
〔5〕吴文良:《泉州宗教石刻》,科学出版社1957年版;吴文良原著,吴幼雄增订:《泉州宗教石刻》,科学出版社2005年版。

高度重视，富路特(L. C. Goodrich)、村山七郎、榎一雄、刘南强、夏鼐、牛汝极等人都撰有专文讨论。[1] 村山首先解决了该碑叙利亚文部分的撰写和释读，澄清了之前学者认为是碑乃献给两位墓主的错误观点；其研究构成了后来研究该碑的基础。夏鼐最早对村山的研究进行了介绍，并且从历史的角度探讨元代突厥语景教传至泉州的历史状况及其两者之间的历史联系。

(2)1984年11月叶道义在泉州涂门外津头埔村水渠闸门外发现的"吴咹哆呢嗯碑"(见图1－2)。碑铭为汉字书写，撰碑者乃管领泉州也里可温、兴明寺的住持吴咹哆呢嗯。[2] 尽管是碑为汉文铭文，但对撰碑人吴咹哆呢嗯的身份迄今仍未有确论。有研究者指出他是一个汉人，"吴"为汉姓，"咹哆呢嗯"为拉丁式的基督教名；[3]也有学者认为他可能是回鹘人或汪古人[4]，这种判断也反映了很长一段时期以来元代基督教研究的思维定式。其实，元代也里可温的族属并不止限于回鹘与汪古二部。要对吴氏的身份进行鉴定，恐怕得结合元代也里可温的群体结构及泉州当地的宗教文化背景才能有所发覆。

(3)回鹘也里可温贵妇玛尔达公主之墓(图1－3)。此碑铭文为回鹘文，墓主是一位侨居泉州的回鹘景教徒。汉密屯(James Hamilton)

---

[1] L. Carrington Goodrich, "Recent Discoveries at Zayton", *JAOS*, 77(3), 1957, pp. 161－165; S. Murayama, "Eine Nestorianische Grabinschrift in Türkischer Sprache aus Zaiton", *UAJ*, 35, 1964, pp. 394－496. 并参见《泉州宗教石刻》(增订本)所附"村山七郎氏致郭沫若先生的信"，页401－403; K. Enoki, "The Nestorian Christianism in China in Medieval Time According to Recent Historical and Archeological Researches", *Problemi Attuali di Scienza e di Culture. Atti dei Convegno Internazionale sul Tema: L'Priente Crstiano nella storia della civiltà*. Accademia Nazionale dei Lincei, 1964, nr. 62, pp. 45－81; S. N. C. Lieu, "Nestorians and Manichaeans on the South China Coast", *VC*, vol, 34, no. 1, 1980. pp. 71－88; 夏鼐：《两种文字合璧的泉州也里可温(景教)墓碑》，载《考古》1981年第1期，页59－72；又收入中国社会科学院考古研究所编辑：《夏鼐文集》(下)，社会科学文献出版社2000年版，页112－16；牛汝极：《从出土碑铭看泉州和扬州的景教来源》，载《世界宗教研究》2003年第2期，页75－76。

[2] 吴文良原著，吴幼雄增订：《泉州宗教石刻》，页418－420。

[3] 徐达：《元代江南也里可温(景教)研究》，中山大学2001年硕士毕业论文。

[4] 吴文良原著，吴幼雄增订：《泉州宗教石刻》，页419。

和牛汝极对碑铭作了转写和释读[1],但关于墓主人的身份和文化背景,似还有考察的余地,特别是结合回鹘景教的历史加以考察。[2]

以上3方是笔者根据碑铭内容对其历史价值的判断。事实上,对该等基督教石刻的研究视野还可以更为广阔,比如从艺术史的角度,将泉州的十字架图案与亚洲其他景教教区的十字架艺术进行比较研究等等。[3]

元代基督教考古的另一硕果是内蒙古汪古部辖区内的基督教遗物。正是因为该等考古发现,使得汪古部的景教历史一直成为元代基督教研究领域的焦点。1927至1930年间,西北科学考察团黄文弼在内蒙古绥远托克托城百灵庙附近发现了老龙苏木古城,个中所获之《王傅德风堂碑记》,从实物上证明了约翰·孟高维诺笔下之阔里吉思

〔1〕〔法〕汉密屯(James Hamilton),牛汝极:《泉州出土回鹘文也里可温(景教)墓碑研究》,载《学术集林》卷5,上海远东出版社1995年版,页274-275。

〔2〕学术界对回鹘景教的研究主要集中在对回鹘文景教文书和碑铭的释读上,德国茨默教授(Peter Zieme)的研究最为显著,李经纬亦曾解读过回鹘文"巫师的祈祷"残片。此外,陈怀宇利用考古资料对高昌景教遗迹进行复原,并推想高昌景教有较为严密的教会组织,不仅有教堂,亦有修道院。参见 Peter Zieme, "Ein Hochzeitssgen Uigurischer Christen", *Scholia, Beitrage zur Türkologie und Zentralasienkunde*, 1981, pp. 221 – 232; Peter Zieme, "Notes on a Bilingual Prayer Book from Bulayik",提交第二届"中国与中亚的东方教会"国际会议论文,后收入 Dietmar W. Winkler, Li Tang ( Eds. ), *Hidden Treasures and Intercultural Encounters: Studies on East Syriac Christianity in China and Central Asia*, Berlin: Lit Verlag, 2009, pp. 167 – 180;〔德〕茨默著,杨富学译:《1970年以来吐鲁番敦煌回鹘文宗教文献的整理与研究》,载《敦煌研究》2000年第2期,页168-188;李经纬:《回鹘文景教文献残卷〈巫师的崇拜〉译释》,载《世界宗教研究》1983年第2期,页143-151,142;杨富学:《宋元时代维吾尔族景教略论》,载《新疆大学学报》(哲社版)1989年第3期,页32-39,收入氏著:《西域敦煌宗教论稿》,甘肃文化出版社1998年版,页35-49;杨富学:《古代柯尔克孜人的宗教信仰》,载《西北民族研究》1997年第1期,页130-137;陈怀宇:《高昌回鹘景教研究》,载《敦煌吐鲁番研究》第4卷,1999年版,页165-214;杨富学:《回鹘景教研究百年回顾》,载《敦煌研究》2001年第2期,页167-173。

〔3〕Ken Parry, "The Art of the Church of the East in China", in Roman Malek ( ed. ) *Jingjiao: The Church of the East in China and Central Asia*, Collectanea Serica, Institut Monmenta Serica, Sankt Augustin, 2006, pp. 321 – 340.

系汪古的景教渊源。此后,拉铁摩尔(O. Lattimore)[1]、海尼诗(E. Haenisch)、江上波夫[2]、马定(D. Martin)和哈斯兰德·克雷斯腾星(H. Haslund-Christensen)等人均到其地考察。[3] 其中以马定发现之"管领诸路也烈□□答耶律公神道之碑"最具价值。陈垣就此碑撰写了《马定于内蒙发现之残碑》一文,将其与《王傅德风堂碑记》相比较,对汪古的景教史作了进一步探讨。1937年佐伯好郎在《中国景教文献及遗物》一书中刊登了上述考古发现的照片[4],还撰专文比较了内蒙古百灵庙与中亚七河地区出土墓石的异同。[5] 百灵庙附近的景教遗址,为研究汪古地区部民的景教信仰提供了重要的一手资料,但对这些碑文的释读和墓碑形制的研究,则大有深入的空间。

此外,自20世纪20年代末开始,在绥远包头地区陆续发现了大量的青铜十字器,这是元代景教史研究中的一个神秘领域,迄今尚有诸多

---

〔1〕O. Lattimore, "A Ruined Nestorian City in Inner Mongolia", *GJ*, 84, 1934, pp. 481–497. 转引自 Desmond Martin: "Preliminary Report on Nestorian Remains North of Kuei-hua, Suiyuan", *MS*, 1938, p. 232. Cf. Kazuo Enoki, "The Nestorian Christianism in China in Mediaeval Time According to Recent Historical and Archeological Researches", *Problemi Attuali di Scienza e di Culture. Atti dei Convegno Internazionale sul Tema: L'Priente Crstiano nella storia della civiltà*, (Accademia Nazionale dei Lincei 1964, nr. 62), pp. 45–81.

〔2〕[日]江上波夫:《オングト部における景教の系统とその墓石》,载《东洋文化研究所纪要》卷2,1951年版;江上波夫:《百灵庙老龙苏木之元代汪古部王府府址发掘报告》,载《东方学报》(东京)13-1,1942年。

〔3〕D. Martin, "Preliminary Report on Nestorian Remains north of Kuei-hua, Suiyuan," *MS*, 3(1938), pp. 232–249; Ch'en Yüan, "On the Damaged Tablets Discovered by Mr. D. Martin in Inner Mongolia", *MS*, 3(1938), pp. 250–256;原文见陈垣:《基督教入华史》,收入《陈垣学术论文集》第1册,页99–100。

〔4〕《中国景教文献及遗物》第一次对中国基督教的经典文献进行了系统整理,以便于西方学者参考。穆尔对佐伯氏此书有很高的评价,并利用其书对中国的景教进行了再研究,见 A. C. Moule, "Nestorians in China, Some Collections & Additions", *Sinological Series No. 1, The China Society*, London, 1940, pp. 1–43. 佐伯氏此书最大的价值就是为西方不谙中文的学者提供了素材。也有学者因此对其学术价值不以为然,参 H. C. Schurmann, "Review: The Nestorian Documents and Relics in China", *JAS*, vol. 16, no. 2, 1957, pp. 300–301.

〔5〕[日]佐伯好郎:《内蒙古百灵庙附近に於ける景教の遗跡に就いて》,《再び百灵庙附近に於ける景教の遗跡に就いて》,载《东方学报》(东京)9、11-1,1939年、1940年;罗香林:《景教入华及其遗迹特征》,收入氏著:《唐元二代之景教》,页44–46;杨春棠:《鄂尔多斯区发现的景教铜十字》,载《东吴大学中国艺术史集刊》第8卷,1978年7月,页61–74。

·欧·亚·历·史·文·化·文·库·

问题悬而未决,特别是其形制和用途,仍然没有结论。[1] 该等十字器(聂克逊爵士收藏)的照片刊登于1934年《齐大季刊》"特刊"上,明义士、佐伯好郎分别从马可波罗时代的中西交通史、元代汪古部落景教史的角度,对该等十字架的宗教属性进行了界定。[2]

不过,根据聂克逊刊布的图片,我们可以看出该等青铜器的形制除了"卍"字和基督教的十字架十分相似外,其他造型,如鸟形等青铜器并没有明显的基督教色彩,而且在中国其他地区也没有发现同类造型的青铜器。最初有学者认为它们是一种印章[3],后来伯希和指出"鄂尔多斯之十字架"乃是一种"基督教之护身符(Amulets)"[4],这一观点得到了较多学者的认同;但有学者认为这些护身符的使用应在当地居民改宗基督教之前,[5]其属性究竟是基督教(景教)还是民俗,则值得思量了。佐伯好郎坚信其属于基督教,并联系到绥远等地在元代恰是景教部落汪古活动之地,故断定其为元代景教遗物无疑。[6] 穆尔不以为然,认为其可能与景教无关,[7]韩百诗(Hambis)亦持此论。[8]有学者甚至推测这些青铜器很可能与中亚的青铜图章东传有关,或属

---

〔1〕最先发现它们的是 Yetts 教授,但他并未对其加以注意。最早将其与景教相联系的是司各特(P. M. Scott)神父。参见 A. C. Moule, *Nestorians in China, Some Corrections & Additions*, the China Society, p. 38.

〔2〕〔英〕聂克逊:《青铜十字图》;〔加〕明义士:《汇印聂克逊先生所藏青铜十字序》、《青铜十字图表》、《马哥字罗时代中国的基督教》;〔日〕佐伯好郎著,胡立初译:《中国绥远出土之万字十字架徽章》。以上诸文均见《齐大季刊》(第三五合期),1934年。

〔3〕直到60年代,罗香林仍相信它们可能是沿袭中国六朝至宋代的押字画押,见罗香林:《唐元二代之景教》,页168–169。

〔4〕Paul. Peliout:"Sceaux-amulettes de bronze avec croix et colombes provenant de la boucle du Fleuve Jaune", *Revue des Arts Asiatiques*, 7(1),1931, pp. 1–3.

〔5〕〔德〕克里木凯特著,林悟殊译:《达·伽马以前中亚和东亚的基督教》,页40。

〔6〕上揭〔日〕佐伯好郎著,胡立初译:《中国绥远出土之万字十字架徽章》,页191–194。可参考"The Ordos Crosses and Some Other Nestorian Relics Outside the Great Wall", *The Nestorian Documents and Relics in China*, pp. 422,428.

〔7〕A. C. Moule, *Nestorians in China, Some Corrections & Additions*, the China Society, pp. 23, 24.

〔8〕Cf. R. Biscione, "The So-called 'Nestorian Seals', Connection between Ordos and Middle Asia in Middle-late Bronze Age", *Orientalis Iosephi Tucci Memoriae Dicata*, G. Gnoli et. L. Lanciotti, Roma, 1985, p. 72.

于公元前之物,甚至可以下迄到商末。[1] 说到"卐"字符号的内涵,饶宗颐搜集了世界各地的考古发现,认为这是一个具有宇宙性意义的字,不惟属于佛教文明,更遑论基督教的十字架文化。[2] 20 世纪末,在敦煌北窟也发现了一块类似的鸟形青铜器,亦有学者判断这枚鸟形青铜器属于景教遗物,鸟形反映了《圣经》中带来和平与希望的鸽子。[3] 可是我们迄今尚未发现可确认为基督教鸽形十字架的例子以资佐证,若云北宋、元代中国之发明则殆无可能。再看同时代出土的十字架形状,尤其是内蒙古汪古辖区内出土所见墓碑石和十字架,盖未见有铭刻鸟形之图案或以之作装饰花纹者,这一切似乎都默证了所谓鄂尔多斯青铜十字器,应与基督教无关。佐伯好郎将十字架定性为景教,虽为武断,但他同时也提出,"景教入波斯二百余年中亦受波斯教之影响。后入中国,历五六百年,成元代之景教。其间受释道孔三教之强大感化者毋论,亦复受摩尼教,祆教,回教,及其他中国蒙古满洲等民族之宗教的风俗习惯之影响"。[4] 对此笔者深表赞同。亨特近些年之研究也表明,东方教会确有适应草原"风俗习惯"之倾向。[5] 这个思路对理解游牧民族景教的萨满化亦不无启示意义。

除了中国的沿海地带及内蒙古地区,在中国的新疆吐鲁番盆地考古发现也十分丰富。[6] 但由于其属西域察合台汗国,不在本书探讨范围内,不赘。

综上所述,20 世纪以来陆续发现的元代基督教遗物,成为当前中国古代基督教研究的一个重点和热点。就此,从最近几届国际景教会议提交的论文亦可窥一斑。在 2003 年萨尔兹堡(Salzburg, Austria)举

〔1〕*Ibid*, pp. 31 – 109.

〔2〕饶宗颐:《宇宙性的符号》,收入《符号·初文与字母(汉字树)》,上海书店 2001 年版,页 81 – 116。

〔3〕姜伯勤:《敦煌莫高窟北区新发现中的景教艺术》,载《艺术史研究》第 6 卷,中山大学出版社 2004 年版,页 337 – 352。

〔4〕〔日〕佐伯好郎著,胡立初译:《中国绥远出土之万字十字架徽章》,页 194。

〔5〕E. C. D. Hunter, "Converting the Turkic Tribes", pp. 183 – 195.

〔6〕参见上揭〔德〕茨默(P. Zieme)著,杨富学译:《1970 年以来吐鲁番敦煌回鹘文宗教文献的整理与研究》,页 168 – 188。

行的首届国际景教学术会议上,泉州、扬州的出土墓碑成为会议的一个重要论题。[1] 2006 年第二届国际景教会议上,学者们又不约而同地把议题转向七河、新疆和内蒙古地区的回鹘文、突厥文碑铭研究。[2]该等研究成果,无疑为我们探讨元代也里可温之地理分布及宗教生活提供了最直接的一手资料。

## 1.3　本研究主旨

经过中外学人对蒙元基督教持续 100 多年的关注和研究,我们对元代中国基督教的认识已大大的深入了。但对此时期基督教的历史定位,仍有许多暧昧难解之处。特别是元代基督教传播有何历史特点,元代也里可温所从事之活动,时隔陈垣发表《元也里可温教考》已逾 90年,迄今仍有隔靴搔痒未到实处之感。对此,早在 2004 年业师蔡鸿生先生就曾有高度概括:

> 元代基督教是基督教在华传播的一个时期,上有唐代景教,
> 下有明末天主教及近代的基督教新教。如何给元代的基督教定
> 位,至今还没有解决,这也是一个困难的问题,正需要我们去探讨。
> 就元代的基督教,最要紧的是:照时、地、人三个方面,理出一个头
> 绪。时:元代上接辽宋,下连明初。地:元代基督教传播路线,初步

〔1〕Niu Ruji, "Nestorian Inscriptions from China(13th—14th Centuries)", pp. 243 – 256; Geng Shimin, "Reexamination of the Nestorian Inscription from Yangzhou", pp. 257 – 276; Samuel. N. C. Lieu, "Hestorian Remains from Zaiton (Quanzhou) South China, pp. 277 –292; Majella Franzmann and S. N. C. Lieu, "A New Nestorian Tombstone from Quanzhou", pp. 293 – 302; Tjalling Halbertsma, "Some Notes on Past and Present Field Research on Gravestones and Related Stone Material of the Church of the East in Inner Mongolia, China. With 21 Illustrations of the Hulsewé-Wazniewski Project in Inner Mongolia", pp. 303 – 320. 以上文章均收入前揭 Roman Malek ( ed.), *Jingjiao*,*The Church of China and Central Asia* ,2005.

〔2〕Peter Zieme, "Notes on a Bilingual Prayer Book from Bulayik"; Mark Dickens, "Syriac gravestones in the Tashkent History Museum"; Li Chonglin & Niu Ruji, "The Discovery of Nestorian Inscriptions from Almaliq, Xinjiang, China", Niu Ruji, "Comparative Studies on Nestorian Inscriptions from Semirechie, Inner Mongolia and Quanzhou". 以上文章均收入 Winkler, Dietmar W. & Li Tang (eds.), *Hidden Treasures and Intercultural Encounters : Studies on East Sytiac Christianity in China and Central Asia* ,2009.

观察是由北而南,而非由西而东。从内蒙古到大都,到山东,到镇江,再到福建泉州。人:群体如何分? 也里可温包罗的成分比较复杂,如何将这一群体进行区分界定,仍是一个有待解决的问题。元代的基督教有相当的官方背景,在镇江时教徒仍当官;但到了泉州后,其一般只在民间流行,教徒出任官职已经不明显了。[1]

蔡先生谈到元代也里可温研究亟待解决的两个关键,一是其历史定位问题;二是有关时、地、人三者之间的历史联系;并点出了元代基督教史既往研究中的不足,为今后的研究指明了方向。笔者认为,历史定位是元代基督教研究的一个难点,解决的关键恰恰在于厘清元也里可温时、地、人之间的历史联系;也就是说,后者是解决前者的基础和前提。顺着这个思路,本书也把重点放在对“也里可温”群体的历史分析上,考察具体的时空网络里也里可温人物的历史活动。这种宗教社会史研究的办法,也正是马克思提出的唯一的唯物主义的方法。1867年,马克思在其《资本论》第1卷中就曾提出:

> 通过分析来寻找宗教幻像的世俗核心,比反过来从当时的现实生活关系中引出它的天国形式要容易得多。后面这种方法是唯一的唯物主义的方法,因而也是唯一科学的方法。[2]

也就是要从“当时的现实生活关系”入手,具体问题具体分析;也就是上文蔡鸿生先生所提示的,要紧扣元代信仰基督教的这批“也里可温”群体,分析考察他们在元代社会的活动和事迹。如此,庶几有助于认识元代基督教徒的历史特点和群体结构。因此,本书将以元代也里可温群体的事迹分析为中心,探讨元代也里可温的历史内涵、历史分布、身份技艺、入华及传播途径、华化历程,以及元后历史走向等问题。

(1)也里可温之历史内涵

元朝是中国历史上的一个特殊时期,和此前的辽、金、西夏一样,属

---

[1]收入陈春声主编:《学理与方法——蔡鸿生教授执教中山大学五十周年纪念文集》,《答辩答问辑录》,香港博士苑出版社2007年版,页105-106。

[2]《资本论》第1卷,人民出版社1975年版,页410。

于外族政权,即所谓 Alien Regimes。[1] 但和辽、金、西夏诸朝不同的是,元朝不仅结束了中国长期的分裂状态,还对世界历史产生了深远影响。作为蒙古世界帝国的中央汗国,早在其征服南宋政权之前,蒙古人就将中国西北、西亚、中亚以及东欧等地纳入治下,重新打通欧亚大陆的交通,促使了元代大量欧洲人、中亚人的东来。[2] 也里可温就是在这个时期进入中国内地的。目前学术界对"也里可温"研究的一个模糊点,是中亚内陆地区的基督教徒如何转变成中国户籍中"也里可温"这一历史过程。"也里可温"显然是一个外来词,但它究竟源于何种语言,到目前还没有确论。有学者认为它源于阿拉伯语,[3] 有学者指出它源于希腊语、亚美尼亚语,[4] 在回鹘语中我们也找到了该词对应的写体,[5] 这使得这一问题愈显扑朔迷离。窃以为,跳出语源学的讨论,直接进入汉文记载的语境,探讨其具体的涵义,或对该课题研究更有实在的意义。

(2)也里可温之历史分布

利用西方教会史料、旅行家和传教士之游记,结合考古出土的地理分布,以及汉文史料中的相关记载,学界对元代基督教之主要分布已有清晰认识。[6] 不过,以往的研究主要侧重于地理分布,是一种横向之观察。本书拟结合元代也里可温人物的活动和履迹,沿历史的纵向勾勒出当时基督教徒的分布、走向及特点。

---

〔1〕《剑桥辽金西夏元史》将该等 Alien Regimes and Border States 作为同等性质政权,参考 Herbert Franke and Denis Twitchett ( ed. ), *Cambridge History of China*, vol. 6: *Alien Regimes and Border States* , pp. 907 – 1368, Cambridge University Press, 1994.

〔2〕参阅〔日〕佐口透:《鞑靼的和平》,载《日本学者研究中国史论著选译》第 8 册,中华书局 1993 年版,页 463 – 485。

〔3〕上揭〔日〕坪井九马三:《也里可温に就て》,页 1481 – 1482;参陈垣:《元也里可温教考》,页 2 – 6。

〔4〕Marr, " Ark'aun, mongolskoe nazvanie Khristian", *Vizantiĭskiĭ Vremennik* , 12(1906), pp. 1 – 68, Cf. P. Pelliot, *Notes on Marco Polo I* , Paris, 1959, p. 49.

〔5〕〔法〕汉密屯(James Hamilton),牛汝极:《泉州出土回鹘文也里可温(景教)墓碑研究》,页 274 – 275。

〔6〕周良霄:《元和元以前中国的基督教》;刘迎胜:《蒙元时代中亚的聂斯脱里教分布》,载《元史及北方民族史研究集刊》第 7 辑,1983 年,页 69 – 96。

（3）也里可温之传播方式

一般认为,元代也里可温伴随蒙古军队的南下(包括了汪古、克烈、钦察、阿速等部军)而进入,但其传入的时间、范围和方式,则探讨不多。本书将以平宋以后江南基督教的兴起作为考察对象,探讨蒙元时期北方、中亚基督徒进入中国内地的过程、方式和特点。

（4）也里可温之华化历程

1923年,陈垣发表其名著《元西域人华化考》,提出了中外关系史研究中著名的"华化"理论。此后,对元代西域人包括基督教徒的华化研究,便成为我国学术界的一个重要课题[1]。不过,但观《元西域人华化考》,其实应称之为对元西域人之"华学"研究。以基督教为例,其重点还是考察元代华化基督教徒的华学成就,而不是探讨基督教入华以后之变异[2]。由于资料缺载,研究者很难从教义、礼仪两个层面对元代基督教徒进行探讨,而所谓的基督教华化问题便难以落到实处。窃以为,只有从个别的元代基督徒入手,不仅关照具体的也里可温人物的"华学"成就,还要注意其接受"华学"的过程和条件,以揭示元代也里可温入华以后的华化历程。这也是陈寅恪所提示我们应注意的胡人汉化的"世代层次"[3]。注意世代层次,就是要通观华化的整个过程,着眼其变异的各个环节。另外,由胡入华,一定是内外因互相催发的结果,这就要求对"华化"的历史条件加以辨析。这也是本书在探讨元代也里可温华化问题时,着力要挖掘的内容。

（5）元后也里可温之走向

关于元代也里可温衰亡的原因,目前学术界的主流观点是:景教内

---

〔1〕黄子刚:《元代也里可温之华化》,载《元史及北方民族史研究集刊》第15辑,暨南大学出版社2002版,页166-174;拙文:《马氏汪古由景入儒的转变历程》,收入林中泽主编:《华夏文明与西方世界》,香港博士苑出版社2003年版,页95-110;拙文:《从姓氏看汪古马氏的华化》,收入饶宗颐主编:《华学》第7辑,中山大学出版社2004年版,页234-241;

〔2〕陈垣:《元基督教徒之华学》,载《东方杂志》第21卷纪念号,1924年1月,页43-52。

〔3〕陈寅恪:《元白诗笺证稿》,三联书店2001年版,页137;并参见蔡鸿生:《〈陈寅恪集〉的中外关系史学术遗产》,收入氏著:《仰望陈寅恪》,中华书局2004年版,页75-86。

部的腐化堕落[1];基督教内部的纷争,即景教对天主教的攻讦和迫害[2];景教受到佛道和伊斯兰教的挑战;依附政治;基督教华化不够彻底;也里可温乃一外来民族之宗教,等等。[3] 该等研究主要侧重于从宏观层面的分析。笔者认为,当结合元代也里可温的历史例证,具体说明元亡后也里可温的走向问题;并结合唐代景教之衰亡,以认识二者传播方式之异同。

综上所述,鉴于以往对"也里可温"的研究多偏重于宗教层面,而对也里可温群体之于元代社会史的意义未多措意,因此,本研究将着意于元代也里可温群体的身份与事迹分析,希望通过不同的视角观察,加深对元代也里可温的历史认识和总体把握。

---

[1]参看何高济译:《鲁布鲁克东行纪》24 至 33 章相关内容。

[2]参张星烺编注、朱杰勤校订:《中西交通史料汇编》,页 320－324。

[3]关于元代基督教之衰亡原因,参见孙尚扬、〔比利时〕钟鸣旦:《1840 年前的中国基督教》第 3 章《略论唐元两代基督教衰亡之原因》,学苑出版社 2004 年版,页 93－104;李兴国:《景教在中国的兴亡》,载《中国宗教》1996 年第 3 期,页 44－45;邱树森:《元亡后基督教在中国湮灭的原因》,载《世界宗教研究》2002 年第 4 期,页 56－64,后收入氏著:《元代文化史探微》,南方出版社 2001 年版,页 397－412;邱树森:《元代基督教消亡之谜》,载《中国宗教》2003 年第 3 期,页 42－43;佟洵:《也里可温在蒙元帝国的传入及消亡原因初探》,载《中央民族大学学报》(哲学社会科学版)2000 年第 3 期,页 65－69;〔日〕佐伯好郎:《中国に於ける景教衰亡の歴史》,京都同志社 1955 年版;杨森富:《唐元二代基督教兴衰原因之研究》,刊《基督教入华百七十年纪念集》,台湾宇宙光出版社 1977 年版,页 31－79,收入刘小枫主编:《道与言——华夏文化与基督教文化相遇》,上海三联书店 1995 年,页 43－73;杨森富:《唐元两代基督教与兴衰原因之研究》,收入林治平主编:《基督教在中国本色化》,今日中国出版社 1998 年版,页 61－92。

# 2  汉籍中"也里可温"
# 涵义试释

清代学者钱大昕（1728—1804）曾言："也里可温氏，不知其所自出"[1]，一语道出了"也里可温"的暧昧难解。但本书既以"也里可温"作为研究的对象，就不能不首先界定"也里可温"一词的概念和内涵。一个世纪以来，学术界围绕"也里可温"一词的释义、语源，有过不少争论。且让我们先梳理既往争论的重点，再回到汉文典籍当中，分析具体语境下"也里可温"的释义和内涵。

## 2.1  学界有关"也里可温"之讨论

在陈垣《元也里可温教考》发表之前，国人对"也里可温"的认识多臆测之语。《元史语解》指出其在蒙古语中的含义：

> 伊<sup>乌</sup>噜<sup>乌</sup>昆，伊噜勒，福分也，昆，人也，卷一百九十七作也里可温。[2]

显然，"也里可温"指一种人，即所谓"福分人"。然而何谓"福分人"，则仍属未知。有学者据此把"也里可温"解释为奉福音教之人，显然是以今人概念附会历史概念，缺乏说服力。[3]

清人刘文淇（1789—1845）认为"也里可温"就是天主教，其立论根据在于"薛迷思贤乃西洋之地"，故"也里可温即天主教矣"。这种推论

---

〔1〕〔清〕钱大昕：《元史氏族表》卷2，收入《嘉定钱大昕全集》第5册，江苏古籍出版社1997年版，页279。

〔2〕《元史语解》卷3，光绪戊寅（1878年）刻本。

〔3〕天主教学者马相伯（1840—1939）作如是猜测，参见陈垣：《元也里可温教考》，收入《陈垣学术论文集》第1册，页3。

·欧·亚·历·史·文·化·文·库·

显然有待商榷,因为薛迷思贤的地理位置和清代的"西洋"相去甚远,清代的西洋乃指欧洲,尤其西欧国家,而元代的薛迷思贤在今中亚乌兹别克斯坦,中古时代这里为粟特康国所在地。[1] 显然,刘氏推论也里可温为"天主教"的理由是站不住脚的,受到了当时在华传播基督教具体状况的影响,并不是在史中寻找根据,所以得出了错误的结论。[2]

魏源(1794—1857)认为"也里可温"乃回教教士,这种说法被陈垣批为"武断"。[3]

刘文淇和魏源之所以产生上述误解,源于"也里可温"作为一个外来词,要追溯其源头原意,必需借鉴西方学者的语言学研究成果。国人中最早指出也里可温基督教属性的清人洪钧(1839—1893),就是因为能充分利用西人研究成果。洪钧力图从历史研究的角度,把也里可温与唐代景教联系起来:

> 也里可温,为元之天主教,有镇江北固山下残碑可证。自唐时景教入中国,支裔流传,历久未绝。元世欧罗巴人虽已东来,而行教未广。也里可温,当即景教之遗绪。[4]

也里可温是否就是唐代景教的遗绪,尚难定论。然而,洪钧首次沿着历史的纵向去探索,这一崭新的研究思路,是他对元代基督教史研究的一大贡献。洪钧的研究也代表了当时国内蒙元史研究的较高水平。

日本学者坪井九马三(1858—1936)从语言学的角度探讨"也里可温"的词源,认为蒙古语中的 Rekhabiun 其实是阿拉伯语 Arekhawun 的转写。[5]

---

〔1〕陈垣:《元也里可温教考》,收入《陈垣学术论文集》第1册,页43–44。

〔2〕刘文淇乃阮元门人,他的看法虽然不确,但也比前人认识进步了,这得益于他校勘元代基督教史最珍贵之史料《至顺镇江志》,其卷9《大兴国寺》记载:"教以礼东方为主。十字者取像人身,四方上下,以是为准",形象刻画出基督教信仰的外部特点。故其推论:"薛迷思贤乃西洋之地,也里可温即天主教矣。"见〔元〕脱脱修,俞希鲁编纂:《至顺镇江志·校勘记上》,收入《宋元方志丛刊》第3册,中华书局1990年版,页2907下。

〔3〕陈垣:《元也里可温教考》,收入《陈垣学术论文集》第1册,页4。

〔4〕洪钧:《元史译文证补》卷29《元世各教名考》,丛书集成初编本,第3914册,中华书局1985年版,页454。

〔5〕前揭〔日〕坪井九马三:《也里可温に就て》。

屠寄(1856—1921)认为也里可温乃指聂斯脱里派基督教,"也里可温"就是景教碑中"阿罗诃"的音转：

> 也里可温,天主教革新派之一叶。制斯教者名尼士陀利(一作聂司托耳),其始盛行于波斯,唐初入中国,译称为景教。其所奉之三一化身天(笔者按,"天"应为"无")元真主曰阿罗诃(意为真主),声转为也里可温语词(如《元史》奇渥温,《秘史》脱忽剌温之例),拂菻人爱薛即其徒。[1]

陈垣之解诂"也里可温",盖据坪井和屠寄之所论：

> 按阿剌比语也阿二音之互混,元史译文证补已言之。阿剌比语称上帝为阿罗,唐景教碑称无元真主阿罗诃,翻译名义集卷一曰,阿罗诃,秦云应供,大论云应受一切天地众生供养。故吾确信也里可温者为蒙古人之音译阿剌比语,实即景教碑之阿罗诃也。屠先生寄,亦持此说。[2]

如此论说,当然也未彻底解决"也里可温"的语源和释义问题。

尔后国人有关"也里可温"之探讨,主要还是针对释义的阐发,虽然主张各异,但都未动摇"也里可温"基督教的内涵基础;[3]而语源学的探索,则有刘义棠和乌恩尝试从回鹘文和蒙古语中寻找答案。刘义棠在前人观点上进一步指出,"也里可温"盖源出回鹘文,意谓"圣洁之人"。[4]乌恩则认为,"也里可温"是一个地道的蒙古语,由词根 e'rke 和词缀 un 或 ud 构成,e'rke 意为"权力、特权",un 或 ud 是蒙古语中用

---

〔1〕屠寄：《蒙兀儿史记》卷155,转引自陈高华：《陈垣先生与元代基督教史研究》,页48。

〔2〕陈垣：《元也里可温教考》,收入《陈垣学术论文集》第1册,页5-6。

〔3〕方豪先生认为"也里"为"上帝"之义,"可温"为"子"之义,"也里可温"即指"上帝的儿女"。见方豪：《中西交通史》第3册,台北中华文化出版事业社1953年版,页97。刘义棠对此持有异议,他认为教中人可自称为上帝的儿女,但教外人则不会作如是称。参刘义棠：《释也里可温》,载《边政学报》第1卷第5期,1966年,页33。佐伯好郎认为也里可温是唐景教经典《尊经》中"阿思(恩)瞿利容"('wnglywn,《四福音书》)的音转(该词伯希和认为是希腊文 Εαγγέλιον 的译音,"思"为"恩"的误写;吴其昱先生同意此说。该词的叙利亚文写法是'ewangeliyāwn,指的是《马太》、《马可》《路加》《约翰》四福音书。参吴其昱：《唐代景教之法王与尊经考》,载《唐研究》第5卷,北京大学出版社1999年版,页59。

〔4〕刘义棠：《释也里可温》,页33。

21

来表示人的词缀,因而,其可以译为"有特权的人[们]"。[1] 两人均提出了新论,但未必能推翻前人观点。

按,洪钧和坪井九马山所参考的西方论著,最为重要者乃蒙古史专家多桑《蒙古史》。《多桑蒙古史》载云:

> 《世界侵略者传》云:蒙古人名基督教徒曰也里可温(Arca-oun),名偶像教徒(佛教徒)曰道人(Touines)。《鲁布鲁乞行纪》(第三一及第四三章)亦屡见有道人(Touiniens)之著录。道人者,实为蒙古人名佛教僧人之称。至若基督教徒之称号,则已为 Etienne Orpélian 所撰《Orpélian 史》所证实。史云:"此王颇爱基督教徒,即蒙古人所称之也里可温(Ark'haioun)是已。"可参照 Saint-Martin 撰《阿美尼亚记》第二册一三三页。[2]

此处的 Arcaoun、Ark'haioun,音译过来就是汉文典籍中的"也里可温",系蒙古人对基督教徒的一种称呼。也就是说,"也里可温"实指一种人群,该群体的一个主要特点是信奉基督教。由是,当我们重新审读元代汉文文献时,不由恍然大悟:《元史》中常与"僧、道"并列出现的"也里可温",指的便是基督教徒。由这一基本内涵,推导出它其他的含义如"外来民族"、"地名"等,亦不难理解,其不过是着眼于元代基督教徒外族身份的结果。

由于多桑不谙汉语,所以他没能指出志费尼笔下 arcaoun、ark'haioun 的汉文写法。两者之间的联系由同时代的俄国汉学家巴拉第·卡法罗夫首先发覆。在《中国史籍中古老的基督教痕迹》一文中,巴拉第广泛利用汉文典籍中关于中国中古基督教史的相关记载,通过中西互证,首次指出汉文典籍中"也里可温"的历史内涵。他说,在蒙元法律文书中,也里可温(Еликэунь)常作 Эркэгуть,Эркэгуть 是一个复数词,其单数形式写作 Эркэунь;其中,词根 Эркэ 义即"耶稣",与 унь 和

---

〔1〕乌恩:《"也里可温"词义新释》,刊《蒙古学信息》2001 年第 1 期,页 15。

〔2〕〔瑞典〕多桑著,冯承钧译:《多桑蒙古史》,上海书店 2001 年版,页 251。

уть 构词指代"信耶稣基督之人"。[1] 这一观点和陈垣不谋而合。

伯希和对蒙元时期的基督教徒有如下概括：

> 蒙古帝国里面的基督教徒名曰 Tarsa，而又常名曰 ärkägün。
> 前一个名称就是景教碑中的达娑，也就是丘处机西游记中的迭
> 屑；后一个名称就是中国载籍中的也里可温（ye-li-k'owen）。蒙古
> 时代的波斯史家大致称基督教徒曰迭屑，可是同时又因回纥地方
> 有不少基督教徒，遂将迭屑同回纥二名相混。……至若也里可温
> 名称的起源，颇为暧昧不明，要将种种解说拿来审查，势须作一种
> 很长的讨论，我在此处实无暇为之。[2]

这段话明确指出了 ärkägün 和也里可温之间的对应关系。以伯希和对
东方语言史地之博学多识，尚不能对也里可温的语源作一结论，说明
也里可温语源之复杂。后来，伯希和在其《马可波罗注释》(*Notes on
Marco Polo*)一书中进一步展开论述。为便于我们理解元"也里可温"
一词复杂的历史衍变，现全文译录如下：

> 关于 Argon，首先我必须明确指出它不是什么。尽管沙海昂
> (Chargnon)和一些学者认为它就是蒙古时代基督教徒的代称 ärkä'
> ün，但我认为两者绝无任何关联。其一，在语音学上两者并不相
> 似，分属于不同的类别；其二，根据马可波罗的记载，Argon 并非基
> 督徒，而是那些父母一方为穆斯林、一方为偶像教徒的混血儿。而
> 说到其语音学上的分类，我的观点是：蒙文里面的 ärkä'ün，记为
> ärkägün，是一个上颚音词（palatalized class），在波斯文中记为
> اركاوون（ärkäwün），亚美里亚语作 arkhawun，汉文作"也里可温"
> (yeh-li-k'o-wên)；而马可波罗笔下所云之 Aryun 则是一个软颚音
> 词（velarclass），汉文读作 A-êrh-hun(按，即"阿尔浑")。马可波罗
> 大概知道蒙古人称基督教徒为 ärkä'ün，但他在书中并无提及，或许

---

[1]Палладий，《Старинные следы христианства в Китае по китайским источникам》. см.
Восточный сборник, стр. 27；参见陈开科《巴拉第与晚清中俄关系》，页 211－212。

[2]P. Pelliot, "Chrétiens d'Asie Centrale et d'Extréme-Orient", p.636. 参冯承钧中译文：《唐
元时代中亚及东亚之基督教徒》，页 62。

· 欧 · 亚 · 历 · 史 · 文 · 化 · 文 · 库 ·

是他认为没有必要;假使他会提到,那个词也应该是 Arcaun 或者 Arcaon,而不会是 Argon。我还要补充一点,关于 ärkä'ün 的词源问题仍很暧昧,当前有研究称它源出希腊文 αρχων,证据尚不确凿 (参 Moule 书,页 218);只有马尔(N. Mar)从亚美里亚语中寻求的解释有参考的价值。[1] ärkä'ün 一词,可能是在前蒙古时期由亚美里亚的迈尔凯特基督徒(Melkites)而非聂斯脱里派教徒带到了中亚。在西方学术界,它常常写作 Archaon。作为一种宗教的 Argon,Placido Zurla 和 Aldo Ricci 认为其指那些穆斯林和偶像教徒的混血儿;费琅(G. Ferrand)的看法有误,没有任何迹象表明 Argon 指基督徒。《游记》的法文修订版多少也犯了同样的错误,据我推测,新修订本把 Argon 当做基督徒,应当是依据了有问题的材料所致;鲍狄埃(Pauthier)借用了该修订本的观点,他对 Argon 的长篇批注后来常被引用,更助长了此论的盛行。[2]

伯希和提到了一个重要的观点,就是也里可温可能与亚美尼亚基督教的东传影响有关。这个推论牵涉到中亚基督教团传播的诸多背景,而其中间环节乃国内学术界不太关注的亚美尼亚教徒。

德国回鹘语专家茨默(P. Zieme)赞同伯希和关于亚美尼亚中间环节一说,指出:

(1)不管也里可温的释义为何,汉文"也里可温"译自一外来语是可以明确的,而其产生的年代肯定是蒙元时代,因为元以前的汉籍中从未出现该词;

(2)从语言学的角度,也里可温最早当是用回鹘文和叙利亚文撰写,尔后才出现其蒙古文和八思巴文的写法,但其在回鹘文和蒙古文中首次出现的时间仍然未定;

(3)从历史的角度来看,该词与波斯和亚美尼亚颇有渊源,也就是

---

[1]Marr 指出,ärkä'ün 的亚美尼亚语形式的 arkhaun,源于希腊文 αρχων,意指"高贵的"、"王室的",很可能是指迈尔凯特(Melchites)派基督徒。Cf. Marr, "Ark'aun, mongolskoe nazvanie Khristian", *Vizantiĭskiĭ Vremennik*, 12 (1906), pp. 1 – 68.

[2]Paul Pelliot, *Notes on Marco Polo I*, p. 49.

伯希和早指出的波斯语中 ärkäwün 和亚美尼亚语 arkhaun，它们可能都借自希腊语 αρχων。[1]

就茨默所说的第二点，我们不难理解。毕竟蒙古文就是以回鹘文为基础创造的。利用学界对回鹘文景教碑铭和祈祷文的相关研究，可加深我们对突厥语基督教徒的重要性的理解。在回鹘文中，基督教徒写作 ärkägün，汉文译音即"也里可温"。1941 年在泉州出土的一块回鹘语景教碑，便出现了该词。是碑用古回鹘文勒刻（参见图 1 - 3）。该碑自刊布以来，已引起了国内外学术界的广泛重视。[2] 兹据牛汝极提供的拉丁转写和译文，迻录如下：

> up-luγ xuβ(i) lγ-(a)n
>
> ärkägün-niŋ xa ḍun
>
> -i marḍa tŋrim
>
> qoyn yilč(a) x š(a)puda
>
> ay man iki-kǎ
>
> täŋ ri yarlï γ-i
>
> bütürdi aγ(ï)r
>
> cšmd-qa a γar ol

汉译为：

> 幸福而圣洁的也里可温教（徒）的贵妇玛尔达公主，于羊年（1331 年）腊月，满，二日完成了上帝的使命。她已升达神圣的天堂。[3]

此处，"也里可温"明显是基督教徒的自称，对于前揭也里可温乃蒙古人对基督教徒的一种称谓（他称）之说，无疑增添了一个极好的例证。

---

〔1〕Peter Zieme, "Notes on a Bilingual prayer book from Bulayik", p. 171.

〔2〕此碑 1941 年出土于泉州东门外，1955 年移入厦门大学人类学博物馆。其碑文最早由吴幼雄先生公布，尔后杨钦章、克里木凯特、汉密屯、牛汝极等人都先后撰文对其进行释读。参见吴幼雄：《福建泉州发现的也里可温（景教）碑》，载《考古》1988 年第 11 期；杨钦章：《元代南中国沿海的景教会和景教徒》，载《中国史研究》，1992 年第 3 期，页 49 - 55；汉密屯、牛汝极：《泉州出土回鹘文也里可温（景教）墓碑研究》，页 274 - 275；牛汝极：《从出土碑铭看泉州和扬州的景教来源》，页 75 - 76。

〔3〕牛汝极：《从出土碑铭看泉州和扬州的景教来源》，页 76。

虽然元代也里可温的语源问题目前仍未彻底解决,但也里可温乃指蒙元时代分布于广大欧亚大陆的基督教徒,则不成问题。从该词的衍变和转写过程来看,亦可窥见 12—13 世纪欧亚内陆不同地区文化之间的交流情况:代表基督教文明的 Archaon,如何从希腊的 αρχων、波斯的 ärkäwün,经由拜占庭正统派基督徒亚美尼亚人的二传(arkhaun),跨越整个中亚地区,进入蒙古大草原,而为草原的突厥游牧民族所吸收,最后以"也里可温"之面目进入汉文史册,在元代中国展现出独特的外来文化面貌。

## 2.2　也里可温与也里可温教之混用

也里可温既然指的是元代之基督教徒,那么,是否意味着我们可以直接称元代的基督教为也里可温教呢?笔者认为,二者是两个概念,不可混为一谈。

目前我国学术界习惯将元代基督教统称为"也里可温教"。此称谓的广泛使用,主要受到了陈垣《元也里可温教考》一文的影响。其实,此文发表之初,乃作"元代也里可温考",并不称"也里可温教"。1924 年陈垣在其《基督教入华史略》的讲演稿中仍然使用"也里可温"而非"也里可温教"一名。直到 1927 年讲"基督教入华史"一题时,陈垣才开始使用"也里可温教"这一术语。根据陈智超公开的稿本照片,可知直到 1934 年秋陈垣第四次修订《元代也里可温考》时,始有意将标题改作"元也里可温教考"(图 2 - 1)。[1] 1935 年,陈垣出版木刻本《元西域人华化考》,书中首次公开刊行为《元也里可温教考》。方豪指出:"加一'教'字,以示作者所考并非'也里可温'一名词而已,而为此一宗教之全盘历史。"[2] 其说固然,但观陈垣前后文本,对也里可温的考察角度实际并无大的改变,因此,其改称"也里可温教",或许兼有其

---

〔1〕陈智超:《陈垣手迹系列谈——六十三年墨迹　九十一载春秋》,载《收藏·拍卖》2004 年第 4 期,页 73。

〔2〕方豪:《国人对"也里可温"之再认识》,页 250。

他原因。据查,1935 年 1 月,陈垣把《元也里可温考》与《开封一赐乐业教考》、《火祆教人中国考》和《摩尼教人中国考》合称为"外来古教四考"。[1] 既咸称"古教",自然以"教"字为名才更切题。今观"古教四考",火祆教、摩尼教的称谓确见于正史,而"一赐乐业教"和"也里可温教",则属于以其徒名其教者。前者指"一赐乐业人"(以色列人)信奉之教,后者指"也里可温人"信奉之教;作如是称,旨在与火祆教、摩尼教并称 4 种古代宗教。笔者如此推测是否符合先生原意,自然难以求证。但不管怎样,"也里可温教"作为元代基督教的代名词,从此以后就广为流行,甚至收入了辞书。[2]

"也里可温"和"基督教"本是两个既有区别又有联系的不同概念。"也里可温"常见于元代正史、法律文书、笔记、圣旨碑等。有时它似乎被当做一种外来民族,有时则被列入侨寓的户计,更多的是与和尚(僧)、先生(道)、达失蛮等宗教人士并列出现于官方的谕令中。而"也里可温教"一词,则鲜见记载,元时文献中仅有一处耳——《元典章》卷33《礼部》卷 6,个中列举元代各教之判例,有"释道"、"释教"、"道教"、"也里可温教"、"白莲教"之门类。不过从判文内容来看,"也里可温"指的仍然是信徒,乃与先生(即道士)并称。[3] 此外,元《至顺镇江志》卷 9 中,记述镇江路副达鲁花赤马薛里吉思建也里可温 7 寺事迹,载曰:"薛迷思贤,地名,也里可温,教名也"[4],也视"也里可温"为一种宗教,但也不直接称"也里可温教"。

也就是说,在元时"也里可温教"并不是一个通用的术语,说明其在当时社会并不主要从事宗教传播,给时人留下的印象中,宗教色彩还比较淡漠。纵观中国历史上传入的几种外来宗教,在其传入之初,首

---

〔1〕载于 1935 年 1 月刊《援庵所著书目》,参方豪上揭文。

〔2〕如文庸、乐峰、王继武主编:《基督教词典》(修订本),商务印书馆 2005 年版,页 559 - 560;《中国历史大词典》亦设有"也里可温教"词条。

〔3〕《元典章》卷 33,《续修四库全书》本(据台湾故宫博物院 1972 年景印元刻本影印),第 787 册,上海古籍出版社 2002 年版。

〔4〕〔元〕脱脱修,俞希鲁编纂:《至顺镇江志》,收入《宋元方志丛刊》第 3 册,中华书局 1990 年影印本,页 2740 上;又收入《江苏地方文献丛书》,江苏古籍出版社 1999 年点校本,页 365。

先要做的工作便是为本教正名。以唐代景教为例,我们知道,唐代来华的基督教,一开始被称为"波斯经教";后来又被赐名"大秦教",由此衍生出系列专有名词,如"大秦寺"、"大秦僧"等。唐建中二年(781)所立之《大秦景教流行中国碑颂》,其僧侣则自取"景"字为教名,由此派生出诸如"景寺"、"景僧"、"景风"等词,但都不见于正史记载。然而,无论是唐朝官方赐名的"大秦教",还是基督教徒自称的"景教",都确确实实在历史上使用过;前者更是广为时人所熟知、接纳。相比之下,元代基督教的译名和内涵却并未统一明确过,这或可谓唐元基督教传播影响之不同。

"也里可温"原指信徒(Christians),并不能代指一种信仰(Christianism),这是必须谨慎区别的。比如明代的天主教,其来华传教士叫做耶稣会士;佛教,其信徒称僧伽、比丘、比丘尼。元代基督徒被称为"也里可温",并不意味着可以"也里可温教"一名指代其信仰。如果不把这两个概念弄清楚,在讨论问题的时候,就容易产生随意性,甚至信徒、信仰不加区分地混用。这种情况在既往的研究中并不少见。譬如王治心《中国基督教史纲》写到:

> 景教这个名称,在元朝的历史中,却有一个特殊的名字,叫做"也里可温"。"也里可温"是蒙古语的译音,意思就是福分人,或有缘人,或即"奉福音人"。多桑谓蒙古人呼基督徒为 Arcoun,唐朝传景教之大德阿罗本,或即"也里可温"的古音。[1]

晏可佳《中国天主教简史》载:

> "也里可温",也写作伊噜勒昆、阿勒可温、耶里可温、也里阿温、也里河温、伊哩克敦等。……一般认为,也里可温是一个泛称,既指景教,也指天主教。……还有史籍称基督教为达娑(tarsak,中期波斯语,原意"敬畏",转为"基督徒"之义),或者称之为"十字教",称基督教堂为十字寺。[2]

---

〔1〕王治心:《中国基督教史纲》,上海古籍出版社 2004 年版,页 41。
〔2〕晏可佳:《中国天主教简史》,宗教文化出版社 2001 年版,页 14。

从这两则引文来看,作者在使用"也里可温"这一概念时就有混用之嫌:有时候它指"教"(基督教、天主教及景教),有时候则指"教徒",其内涵是不统一的。因此,对"也里可温"概念的界定,看似琐碎,却决不能等闲视之,因为它直接影响到对研究对象的理解和判断。

概念的混淆导致对"也里可温"教义认识上的分歧与混乱,尤其是在讨论"也里可温"的教派归属问题时,争论尤多。例如,因为在蒙元时代的中国、中亚和内亚地区,确实存在着大量的聂斯脱里教教团,来华旅行经商的天主教徒,在蒙古军队中效力的希腊正教徒阿兰人(Alains),以及擅长商贸的亚美尼亚派教徒,等等。如果把元代基督教统称为"也里可温教",那么,将"也里可温"与以上基督教各派教徒画上等号,也就顺理成章了。因此,在界定也里可温属于何宗教何派别时,一直众说纷纭,迄今未有确论。有人认为也里可温代表了当时的各种基督教派;[1]有人认为也里可温仅指聂斯脱里派教徒;[2]也有人主张也里可温包括了天主教徒和聂斯脱里派教徒。[3]但仔细推敲,除持聂斯脱里派论者能找到相关内证外,其余观点都缺乏必要的论证环节,要坐实它们与元代也里可温之间的内在关系,尚有不少困难。一缘目前还没有任何有关元代也里可温的汉文经典流传下来,无法从教义、礼仪的层面进行探讨;二因元代汉文记载中没有任何有关天主教、亚美尼亚派和希腊正教的记载,更遑论谈及该等教派与也里可温有何关联的片言只语。以天主教为例。我们对元代天主教的认识,主要依据西方教会档案以及同时代欧洲旅行家的游记,也有部分信息来源于

<hr>

〔1〕以陈垣为代表。《元也里可温教考》指出:"初以为景教不称也里可温,嗣见至顺镇江志大兴国寺记,称马薛里吉思为也里可温,始知也里可温者,元时基督教之通称也。马可游记谓中国人对于基督教之派别,未尝分析,故凡属基督教者,统称为十字寺,观此而益信。"(陈垣:《元也里可温教考》,收入《陈垣学术论文集》第1册,页42-43。)后来他进一步补充:"至于也里可温教的解释,则极为杂乱。无论其为聂斯脱里派,罗马教,希腊教,一律名之为也里可温教。"见陈垣:《基督教入华史》,页102;并参见陈垣:《元西域人华化考》,上海古籍出版社2001年版,页18。

〔2〕龚方震:《融合四方文化的智慧》,浙江人民出版社1990年版,页40。

〔3〕张星烺编注、朱杰勤校订:《中西交通史料汇编》,页312-315。

中国出土的考古文物（扬州两例，泉州一例）。[1] 1994 年，陈得芝重新审读朱德润《存复斋文集》，考证出《异域说》一文所载来献拂菻天马的拂菻使节，应当是教皇克莱孟五世（1305—1314 在位）派来中国传教的安德鲁一行人等。[2] 若此论得实，则可察知天主教徒与也里可温之间确有差别：无论《存复斋文集》还是王恽《中堂纪事》（其记佛朗国贡天马事迹，疑为东来的教皇使节马黎诺里）[3]，均不称该等来使为"也里可温"；作为使节，元朝政府专门提供其"阿拉发"[4]，在待遇与管理上和元代的"也里可温"也明显有差。当然，元代天主教徒与"也里可温"的关系不能凭借这一两个事例就下结论，这里仅是想通过这条材料说明，目前还难以厘清"也里可温"和天主教、希腊派、亚美尼亚派基督教的关系问题，尤其是在缺乏充足的史料以资论据的前提下，容易陷入空疏之论。

## 2.3　汉籍也里可温的 3 层涵义

汉文语境中的也里可温，其宗教内涵并非一目了然，在不同语境下，其内涵也表现各异。这大概是"也里可温"给人最直观的一个特点，同时也给世人造成了不少困惑。1930 年，穆尔在其《一五五〇年前

---

〔1〕参见夏鼐：《扬州拉丁文墓碑和广州威尼斯银币》，载《考古》1979 年第 6 期，页 532 – 537、572，收入中国社会科学院考古研究所编辑：《夏鼐文集》下册，社会科学文献出版社 2000 年版，页 117 – 126；耿鉴庭：《扬州城根里的元代拉丁文墓碑》，载《考古》1963 年第 8 期，页 449 – 451；杨钦章：《元代泉州天主教遗迹和遗物》，载《中国天主教》1991 年第 5 期，页 51 – 56；杨钦章、何高济：《对泉州天主教方济各会史迹的两点浅考》，载《世界宗教研究》1983 年第 3 期，页 148 – 151；杨钦章：《元代泉州方济各会遗物考》，载《泉州文史》1983 年第 8 期，页 62 – 73。Francis A. Rouleau, "The Yangchow Latin Tombstone as a Landmark of Medieval Christianity in China", *HJAS*, vol. 17, No. 3/4. (1954), pp. 346 – 365.

〔2〕陈得芝：《元仁宗时教皇使者来华的一条汉文资料》，原载《祝贺杨志玖教授八十寿辰中国史论集》，天津古籍出版社 1994 年版；后收入氏著《蒙元史研究丛编》，人民出版社 2005 年版，页 524 – 528。

〔3〕相关记载参见张星烺：《元代关于拂朗献马之文献》，收入《中西交通史料汇编》，页 358 – 369。

〔4〕阿拉伯语 alafah，意为"口粮"，元朝给予使臣人等的只应分例，参见陈得芝：《元仁宗时教皇使者来华的一条汉文资料》，页 527；并参见张星烺编注、朱杰勤校订：《中西交通史料汇编》，页 333。

的中国基督教史》一书中就指出,汉文"也里可温"含糊其辞,难明所以:

> 基督教徒的第二个也是更常用的一个称谓是"也里可温"(Yeh-li-k'o-wên,即 Ärkägün)。据多桑记载,《世界征服者史》记蒙古人称基督教徒为 arcaun。中国文人使用此词,或指聂斯脱里教徒,或单指基督教教士,抑或是笼统的称呼基督徒。从记载来看,有时他们把也里可温当成国家名,有时又作宗教名。这个词的来源虽然还不清楚,但其涵义可以认为是明确的[1]

而据笔者的初步考察,元代典籍中的"也里可温"除了穆尔指出的"基督教教士"、"国家名"之外,其基本涵义尚指一种"户计"。即是说,汉籍"也里可温"主要表现出 3 层基本内涵:其一,指一种户计;其二,指僧侣地主(即基督教教士);其三则指一国家或部族名。3 层涵义既并列又重叠,反映了时人对外来文化认识的模糊性。

## 2.3.1 户计

"也里可温"一词最早见于中统三年(1262),《元史》卷 5 有载:

> 三月……己未,括木速蛮、畏吾儿、也里可温、答失蛮等户丁为兵[2]

这里,也里可温显然被当做一类户计。按,木速蛮乃波斯文 Musulmān 的译音,指穆斯林,在元代又写作"普速蛮"、"谋速鲁蛮"或"木速鲁蛮回回"[3];答失蛮或译达失蛮、达识蛮、达实密、大石马,乃波斯文 Dāneshimand 的音译,原指学者、大学问家、科学家、有知识的人[4],在元代则特指伊斯兰教僧侣;畏吾儿即指回鹘人,属于当时的第二等级色目人。这条史料中的"户丁"皆非汉人,当无疑义。

中统四年又有诏曰:

---

〔1〕A. C. Moule, *Christians in China before 1500*, p. 218;参见郝镇华译:《一五五〇年前的中国基督教史》,页 246。

〔2〕《元史》卷 5,中华书局点校本 1976 年版,页 83。

〔3〕杨志玖:《元代回族史稿》,南开大学出版社 2003 年版,页 17。

〔4〕方龄贵校注:《通制条格校注》,注"一三五",中华书局 2001 年版,页 64。

[九月]甲戌,敕驸马爱不花蒲萄户,依民例输赋。也里可温、答失蛮、僧、道种田入租,贸易输税。[1]

诏文中的僧指佛教徒,道指道教徒。显然,与此对应,"也里可温"的宗教内涵不言自喻。僧、道在元代也属一种户计,比如,元代《吏学指南》"户计"条下就载有"儒、释、僧、尼、道、女冠、五戒、士农、工商、医、卜、商贾、称民、怯怜户、土著户、耆老、军"[2]等户,显然"僧、道"是作为一种户口进行管理的。不过,较之前引"中统三年"诏令,此处"也里可温"作为"户计"的内涵并不明显。

至元四年(1267)诏令则更加明确地揭示了"也里可温"的"户计"身份,其曰:

四年……二月,诏遣官签平阳、太原人户为军,除军、站、僧、道、也里可温、答失蛮、儒人等户外,于系官、投下民户、运司户、人匠、打捕鹰房、金银铁冶、丹粉锡碌等,不以是何户计,验酌中户内丁多堪当人户,签军二千人,定立百户、牌子头,前赴陕西五路西蜀四川行中书省所辖东川出征。[3]

在这里,也里可温不仅与僧、道、答失蛮并列,还和军、站户相提并论,其作为一种户计的社会分工更为明确。按,"军户"[4]和"站户"[5]乃元朝政府最根本的两种户计,有极其重要的战略意义。

"也里可温"称为"户"的例子,在《元史》和《元典章》中记载颇多,试简要列举如下:

[中统]五年,诏僧、道、也里可温、答失蛮、儒人凡种田者,白

---

〔1〕《元史》卷5,页95。

〔2〕〔元〕徐元瑞:《吏学指南》,江苏古籍出版社1988年版,页33-34。

〔3〕《元史》卷98,页2513。

〔4〕在元代,军队依靠从一种特殊的人户中征集组织,这种特殊人户在国家户籍上专列一类,称为军户。元代的军队成分复杂,有蒙古军、探马赤军、汉军、新附军之分,与之相应,在国家户籍上亦有蒙古军户、探马赤军户、汉军户、新附军户等不同的类别,待遇也各不相同。参见陈高华:《论元代的军户》,刊《元史论丛》第1辑,页72-90。

〔5〕元朝政府在全国范围内建立了周密的站赤制度,被政府签发承担站役的人户,在国家户籍上自成一类,称为站户。参见陈高华:《论元代的站户》,刊《元史论丛》第2辑,中华书局1983年版,页125-144。

地每亩输税三升，水地每亩五升。军、站户除地四项免税，余悉征之。[1]

[至元元年（1264）]癸卯，命诸王位下工匠已籍为民者，并征差赋，儒、释、道、也里可温、达失蛮等户，旧免租税，今并征之；其蒙古、汉军站户所输租减半。[2]

至元九年二月，敕奉圣旨，谕各路达鲁花赤、管民官、管站、打捕鹰房、僧、道、医、儒、也里可温、答失蛮头目诸色人等，近为随路可兴水利。[3]

[至元二十九年]也里鬼里、沙沙尝签僧、道、儒、也里可温、答赤蛮为军，诏令止隶军籍。[4]

[大德五年（1301）]钦奉圣旨节该："据中书省奏：'江浙省言，先为有力富强之家，诸色名项等户计影占，不当杂泛差役，止令贫难下户承充里正、主首，钱粮不办，偏负生受，已尝颁降圣旨，一例轮当。今有各管官司，往往别称事故，闻奏圣旨执把除免，乞奏定例事。'准奏。仰不以是何投下及运粮水手、香莎糯米、财赋、医儒、僧道、也里可温、答失蛮、火佃、舶商等诸色影蔽有田纳税富豪户计，即与其余富户一例轮当里正、主首，催办钱粮，应当杂泛差役，永为定例。其各管官司，今后再不得似前推称事故，别行闻奏，并依已降圣旨一例均当。"钦此。[5]

[延祐元年（1314）]诸王、驸马、权豪势要、僧、道、也里可温、答失蛮诸色人等，下番博易到物货，并仰依例抽解。如有隐匿，不行依理抽解，许诸人首告，取问是实，钱物没官，犯人决杖壹伯柒下，有官者罢职，仍于没官物内，壹半付首告人充赏。若有执把免

---

〔1〕《元史》卷93，页2358。

〔2〕《元史》卷5，页95。

〔3〕《元典章》卷23，页284下。同卷"复立大司农司"亦载："至元十年三月，钦奉圣旨，宣谕府州司县达鲁花赤、管民官、管军官、管站、人匠、打捕鹰房、僧、道、医、儒、也里可温、答失蛮头目诸色人等，据大司农奏，设立本司。"《元典章》卷23，页278上。

〔4〕《元史》卷17，页364。

〔5〕方龄贵校注：《通制条格校注》卷17，页497。

抽圣旨懿旨,仰行省、宣慰司、廉访司就便拘收。[1]

[致和元年(1328)]合役丁力,附近有田之民,及僧、道、也里可温、答失蛮等户内点倩。凡工役之时,诸人毋或沮坏,违者罪之。[2]

从上引文字来看,也里可温最基本的内涵,便是一种户计人口,他们在元代政治、社会、经济生活中履行一定的义务。基于也里可温与僧、道、答失蛮等户都有其宗教背景,在此,我们姑称之为宗教户。

元代是中国历史上的一个特殊时期,在管理上它结合了汉地的儒家统治秩序和草原的游牧军事管理制度。以户口管理为例,元代把全国人口按照分工的不同,分成不同的户计。蒙思明依照各户从事生产的性质及其在生产关系中所处地位之不同,将元代庞大的各色户计分为基本的3类。[3] 其一是民户,此等人主要为农业生产者,按规定种田纳地税,买卖纳商税,并承担一切杂泛差役。其二为军户、站户,这类人以供军役或站役的形式取代杂泛差役,种田享受4顷之内免输地税的优待;军、站户是一项固定的世袭职业,亦受严酷的剥削,其生活状况有时还比不得民户。[4] 其三为匠户,属朝廷或各投下诸色人匠总管府辖下的各种手工业户,如运司户、打捕鹰房、丹粉锡碌、盐户、淘金户、银冶户、炉冶户、采珠户等,主要从事相关行业的手工生产,按规定不纳税不当差,也无独立的生产和收入。民户是国家农业生产的基础,军、站户是维持帝国军事力量和驿站体系的重要力量,手工业户是一批有特殊技能的人。三者都担负着各自的封建义务,靠着他们的劳役支撑起庞大的帝国统治体系。

三分法未把僧、道、也里可温、答失蛮等户包含在内,主要是因为这些人占总户口的少数。有学者甚至提出,元代僧、道实际并不归入户部

---

[1]方龄贵校注:《通制条格校注》卷18,页533-534。

[2]《元史》卷65,页1640。

[3]蒙思明:《元代社会阶级制度·自序》,上海人民出版社2006年版,页3-4、153-176。

[4]前揭陈高华:《论元代的军户》、《论元代的站户》。

的全国户口统计。[1] 还有一个原因,恐怕也和该等人群的生产方式的不明确性有关。比如,在其宗教团体内部,便有各种分工,有种田的,有经商的,有专营贸易的;有在家居士,有住寺僧侣,不一而足,实难据其生产方式进行分类。总的说来,也里可温、僧、道、答失蛮虽然在规模上远不及民、军、站、匠等户,但却相应地享有更多的政治和经济特权。蒙思明把这种宗教团体称为"超种族阶级"[2],准确地抓住了该等人的阶级属性。这些"超种族阶级"的宗教团体最突出的特权就是种田免租税、免服徭役军役和经商免商税:

> 宗教团体之超种族阶级而存在,又为助成矛盾现象之另一造因焉。蒙人宗教信仰极为广泛,初则崇奉珊蛮,继复吸收西方及中土各教,后又产生新创各宗;而各派相容并包,并行不废;出家奉教,亦不因种族不同而有去取难易之殊。政府对于各教教会及其信徒,皆特为优遇,不同常人。如土地之免租也,商贩之免税也,一切杂泛差役之不承当也;虽其间间亦征取,要以豁免为原则。[3]

可见,宗教群体的优待和特权,是特别相对民户、军户、站户、匠户而言。不过,应注意的是,该等"特权"并非一成不变,而是因时而差的。陈垣曾做过极富历史感的概括,揭示该等宗教团体的"特权"在蒙元时代的历史变化:

> 大抵太祖(即成吉思汗,1206—1227)、太宗(即窝阔台,1229—1241)时,无论何人,均须纳税。至定宗(即贵由,1246—1248)、宪宗(即蒙哥,1251—1260)之间,则诸教士之田税、商税,均行豁免。既并江南以后,则定为教徒有家室者仍纳地税,无家室者豁免,地税仍旧征纳。武宗(即海山,1308—1311)以后,则无论

---

[1] 邱树森、王颋通过考察《至顺镇江志》中户口总数与《元史》户口数的差异,得出"贫弱、迁流及僧、道等都不属于户部的全国户口数"这一论点,参见邱树森、王颋:《元代户口问题刍议》,载《元史论丛》第2辑,页116–117。

[2] 蒙思明:《元代社会阶级制度》,页79。

[3] 蒙思明:《元代社会阶级制度》,页78。

田税、商税，均与平民一体征纳。[1]

可见，作为一种户计，宗教的自由和特权并不是毫无限制的。

元代的户口管理可说是史无前例的发明。以宗教户为例。僧、道很早就纳入中国历代政府的管理体系。南北朝以来，历朝政府对僧团群体一直奉行"设僧局以绾之，立名籍以纪之"[2]的政策，由礼部或祀部兼管，但并没有设立专门的管理部门。元代则不同，元修《至顺镇江志》卷3《户口》，列有"僧、道、土著、侨寓、客、单贫"，把僧、道列为两种专门的户计。而且，政府还专设宣政院[3]、集贤院[4]来管理全国僧、道事务。至于也里可温，也同样设有崇福司[5]管理。设立专门的部门分管各个群体也是元代户计管理的重要特色，除上述宗教群体外，又如军户乃由枢密院统领[6]，站户乃由通政院和中书省兵部管理，其他各匠户则由相关的手工业部门总管府管理。

不过，与僧、道不同的是，元代对"也里可温"并不按照其宗教背景进行归类。《至顺镇江志》中，也里可温与"蒙古"、"契丹"、"河西"、"回回"、"畏兀儿"、"汉人"等，载入了"侨寓"的别册。显然，其划分的标准是族属而非宗教——蒙古为第一等级，契丹、河西、回回、畏兀儿皆为第二等级的"色目"人，汉人属第三等级。这里，"也里可温"的色目背景是不言自喻的。就此点而论，钱大昕把"也里可温"归为色目之一种，也不是毫无道理。[7]

《至顺镇江志·户口》之记载在在表明了元代户口管理的复杂性，以致在划分上出现了多重标准：在一般的政府公文里，也里可温和僧、道并列，强调的是其宗教背景；而在户籍统计时，则主要参考其色目身

---

〔1〕陈垣：《元也里可温教考》，收入《陈垣学术论文集》第1册，页22；详参第八章《也里可温租税之征免》，页24－26。

〔2〕〔唐〕义净著，王邦维校注：《南海寄归内法传校注》卷2《衣食所须》，中华书局1995年版，页87。

〔3〕《元史》卷87，页2193。

〔4〕《元史》卷87，页2194。

〔5〕《元史》卷87，页2273。

〔6〕《元史》卷86，页2155。

〔7〕〔清〕钱大昕：《元史氏族表》卷2，页279。

份,按其种族划入侨寓的行列。"侨寓"一语,也暗示了也里可温与其他北方少数民族的移民身份。

## 2.3.2 僧侣地主

元代也里可温的僧侣地主身份,主要反映在元代白话碑文及法律文书中。

长期以来,元代白话文被清儒们讥为"文字荒芜,夷语可姗",陈垣独辟蹊径,挖掘出元代白话碑珍贵的史料价值。元代白话文的产生有其独特的历史背景,反映了当时社会政治、社会生活领域蒙汉文字互译的需求。元初依回回字创制蒙古新字以后,元世祖便下诏规定,但凡诏书制诰及官方文书,一律以蒙文为正本,附以各地区的文字。因此,从蒙文翻译成汉文的诏书制诰和官方文书便应运而生了[1]尽管译笔也可追求典雅,但当时盛行的还是直接译成白话文。《元史·泰定帝纪一》载有泰定帝登基时的诏书,就是直接从蒙古文译成白话文的典例。[2]清儒方浚师恶其诏文俚俗,还专门重新改校了一个典雅版的诏书。[3]白话文确实有俚俗难解的缺点,但却更原始地保存了当时社会、经济和法律等领域的实际情况,如元代最重要的史料《元典章》和《通制条格》就是用白话文撰成。可以说,对元代白话文史料的重新发现,是陈垣对元史研究的一大贡献。后来,不少学者沿着陈垣开拓的这条道路,取得了杰出的成就。[4]下面,我们就以元代白话碑作为考察的重点,探讨元代"也里可温"更深层次的宗教内涵。

立于至大四年(1311)的《大理崇圣寺圣旨碑》记载:

长生天气力里、大福荫护助里皇帝圣旨

军官每根底,军人每根底,管城子达鲁花赤官人每根底,来往使臣每根底宣谕的圣旨:

---

〔1〕参考马祖毅:《中国翻译简史(五四以前部分)》,收入《中国文库》第1辑,中国对外翻译出版公司2004年版,页202-208。

〔2〕《元史》卷29,页637。

〔3〕[清]方浚师撰、盛冬铃点校:《蕉轩随录·续录》卷12,中华书局1995年版,页479-480。

〔4〕蔡美彪:《元代白话碑文集录》,科学出版社1955年版。

成吉思皇帝、月古歹皇帝、薛禅皇帝、完泽笃皇帝、曲律皇帝圣旨里："和尚、也里可温、先生、不拣什么差发休着者,告天祝寿者"道来。如今依着在先圣旨体例里,不拣什么差发休着者,告天祝寿者么道。哈剌章有的大理崇圣寺里有的释觉性、释主通和尚根底,执把的圣旨与了也。这的每寺院房舍,使臣休安下者。铺马只应休与者,税粮休与者。但属寺家的产业、园林、碾、磨、店、铺席、浴房、人口、头疋、不拣什么休夺要者。

更这和尚每,拟着有圣旨么道,无体例的勾当休做者。若做呵,不怕那甚么。

圣旨。

猪儿年闰七月初五日,上都有时分写来。[1]

是碑乃朝廷颁给云南大理的佛教寺院崇圣寺的圣旨。在元代,这种圣旨碑非常多。从碑文看,这道圣旨从法律的角度赋予了崇圣寺诸多经济权益。比如,该寺的固定财产园林、碾、磨、店、铺席、浴房、人口和头疋等,受到法律保护,任何人不得抢占。元代白话圣旨碑总是以"成吉思皇帝、月古歹皇帝、薛禅皇帝、完泽笃皇帝、曲律皇帝圣旨里"作为开启,乃因为该等圣旨是有蒙古诸可汗圣旨作为习惯法依据。

在该等圣旨碑中,"也里可温"出现的语境有了变化,已经从"户计"人口中分离出来,指一种专职住寺的僧侣地主。作为僧侣阶层,他们领取朝廷粮俸[2],也拥有诸多地产(寺院、园林)和人口(佃户、奴仆),既不纳地税商税,也无需安顿过往使臣,提供铺马(这属于站户的义务)。[3] 该等人构成了元代僧侣的上层阶级。诚如蒙思明指出的:"元代僧侣虽在政治经济方面皆受特殊之优待,然其能跻于上层阶级之林者,亦惟高级僧侣为然耳。"[4]

不过,国家律令虽然明文保护僧、道、也里可温的经济权益,并不是

---

〔1〕蔡美彪:《元代白话碑文集录》,页61;参方龄贵:《云南元代白话碑校证》,载《云南民族学院学报》(哲学社会科学版)1994年第4期,页71–74。

〔2〕"[至元十九年]敕也里可温依僧例给粮。"《元史》卷12,页241。

〔3〕《元典章》卷33"寺院里休安下"条,页336上。

〔4〕蒙思明:《元代社会阶级制度》,页116。

说对这些僧侣阶层毫无约束,《元史》多次记载:

> [至元七年]九月庚子,敕僧、道、也里可温有家室不持戒律者,占籍为民。[1]

> [至元十三年]庚午,敕西京僧、道、也里可温、答失蛮等有室家者,与民一体输赋。[2]。

> [至元]十九年敕河西僧、道、也里可温有妻室者,同民纳税。[3]

可见,政府的权威始终凌驾于各教之上。一旦各教有任何违规违例之举,便"占籍为民",剥夺其作为僧侣地主的特权。由是再来看圣旨碑中的"无体例的勾当休做者",就能体会其中的威慑和警示作用。

圣旨碑还提到"人口、头疋休夺者",可说是当时各宗教群体发展现状的一个反映。作为专门服务于统治阶级的僧侣地主,他们拥有大量的佃户、奴仆。这些佃户和奴仆中不乏汉人,为逃避赋税而隐匿规避于各寺院名下;这些人中可能有部分富民[4],但主要还是流民和游食者。他们隐匿于寺院名下,以躲避杂泛差役。此种现象历史上并不乏见,但在有元一代却最为突出。究其根本,乃缘元代宗教政策最为宽松自由,各宗教享有的经济政治特权较高所致。各宗教团体既然享有种种优待,自然也吸引了大量为脱离政府剥削的人口投靠;由此造成各教为争夺人口(后来演变为土地和寺观),频频发生纠纷。《元典章》便记有一例,提及温州路的也里可温因与道士争夺人口以及"祝圣处祈祷去处"的次序,大打出手,"将先生人等殴打"。[5] 通过这些记载,也里可温僧侣的气焰嚣张可窥一斑。这个例子也揭示了江南也里可温发展及其与当地传统宗教之间势力消长的历史情况(详见本书第四章)。这里需加探讨的是,道士和也里可温们缘何为了"祝圣"和"祈祷"的次序,竟致剑拔弩张? 从前引白话圣旨碑文中可知,"告天祝寿"

---

〔1〕《元史》卷7,页131。

〔2〕《元史》卷8,页183。

〔3〕《元史》卷12,页247。

〔4〕蒙思明指出因避赋役的多为富民,他们施产入教,乃为保护财产。参见氏著:《元代社会阶级制度》,页78-81。

〔5〕《元典章》卷33"禁也里可温搀先祝赞",页340上。

乃也里可温、僧、道等宗教僧侣的职责和价值所在,是元代统治者赋予各宗教群体的义务和权利。《元史》有载:

> [三月]丙申,中书省臣言:"甘肃甘州路十字寺奉安世祖皇帝母别吉太后于内,请定祭礼。"从之。[1]

"十字寺"就是元代也里可温寺院的别称,"别吉太后"就是拖雷之妃、聂斯脱里教徒唆鲁和帖尼。这条材料反映了宫廷也里可温所行使的宗教职责。作为也里可温群体中的僧侣阶层,其职责和义务并不是孤立的,而是各教之间、各教与统治者之间关系的反映。祝圣次序并非无关紧要,实反映了各教相应的政治地位;而统治者的喜好当然也直接影响到各教的地位和发展。

尽管元朝统治者对诸教都持宽容态度,但各教之间的发展并不平衡,冲突不独存在于也里可温和道教之间,而普遍存在于当时的一切宗教团体,其中尤以佛道间的争斗最为激烈。[2] 朝廷虽然三令五申"人口、头疋休夺者",但并未调解各教之间的恶性竞争。《元典章》卷33"革僧道衙门免差发"条有如下记载:

> 至大四年(1311)四月,钦奉圣旨:和尚、先生、也里可温、苔失蛮不教当差发,告天咱每根底祝寿者么道来。和尚、先生、也里可温、苔失蛮、白云宗、头陀教每根底,多立着衙门的上头,好生骚扰他每,么道,说有,为那般上头,除这里管和尚的宣政院、功德使司两个衙门外,管和尚、先生、也里可温、苔失蛮、白云宗、头陀教等各处路府州县里有的他每的衙门,都教革罢了拘收了印信者。归断的勾当有呵,管民官依体例归断者。依着圣旨体例,和尚、先生、也里可温、苔失蛮在前不曾交当的差发休交当者,管民官休教他每当里正、主首者。休倚气力者,这般宣谕了呵,别人的人有罪过者。这和尚、先生、也里可温、苔失蛮等,倚着这般宣谕了也,么道,不依

---

[1]《元史》卷38,页826。

[2]《通志条格》记载了至元十七年僧道为争夺官院、一群道士殴打僧人的事情,最后道士们被处于死刑、割耳、割鼻、充军等重罚,这次冲突迫使朝廷颁布命令,每寺、观只许住100名以内的僧、道。参见方龄贵:《元通制条格校注》,页704-707。

自己教门行,做无体例勾当呵,不羞,不怕那甚么。

就是因为当时僧、道、也里可温、苔失蛮、白云宗、头陀教等在地方都设有管理机构,造成了政府司法领域的混乱。为此,朝廷不得不革除各教的地方"衙门",将判事权统一交由地方达鲁花赤和有司管理,只保留了中央所设的宣政院和功德使司。[1] 这一改革在《元史》亦有反映: "[至大三年]罢僧、道、也里可温、答失蛮、头陀、白云宗诸司。"[2]

元代白话碑文最集中地反映了也里可温的基督教僧侣阶层的身份。但这些白话碑多属佛教或道教之物,关涉基督教寺院(十字寺)的迄今还未发现。加之汉籍对当时的"也里可温十字寺"也无多少确切记载,故我们对元代也里可温教僧侣的职能并无更多的了解。除《元史》、《元典章》、《通制条格》以及白话碑所揭示的为统治者告天、祈福、祝寿的职能外,根据西方传教士的记载,我们还知道,也里可温僧侣担任着宫廷的医师[3]和教师[4]等职。后者显然属于也里可温群体中的上层人物,是元代宗教团体中受到优待的超种族阶级代表。也就是说,在所谓超种族阶级的宗教团体中间,只有教内的高级僧侣才能跻身于统治阶级之林。[5] 这些人,也就是位于宗教团体上层的僧侣地主,即本节讨论的对象,其不仅拥有大量固定资产,而且不事劳作、坐享其成,专为统治阶级告天、祝寿和"作佛事"。惜文献缺载,我们无法对也里可温教士阶级的活动作进一步的分析。

### 2.3.3 部族

元人对"也里可温"的认识是模糊的,表现之一就是,也里可温有时被当做一个国家或民族。这一点和答失蛮颇为相似。作为伊斯兰教士的答失蛮,亦有被当做氏族看待的情形。[6] 从蒙古语中的"福分人"

---

〔1〕同时亦保留有集贤院和崇福司,管理道教和也里可温,《元典章》未予说明。
〔2〕《元史》卷24,页542。
〔3〕何高济译:《鄂多立克东游录》,中华书局2002年版,页82-83。
〔4〕何高济译:《鲁布鲁克东行纪》,中华书局2002年版,页283。
〔5〕参见蒙思明:《元代社会阶级制度》,页116。
〔6〕杨志玖:《元代回族史稿》,页17。

到一个地理概念,差别甚大。[1] 下面拟就这种理解差异产生的历史社会原因略加分析。

戴良《鹤年吟藁序》云:

> 我元受命,亦由西北而兴,而西北诸国,如克烈、乃蛮、也里可温、回回、西蕃、天竺之属,往往率先臣顺,奉职称藩。其沐浴休光,沾被宠泽,与京国内臣无少异。积之既久,文轨日同,而子若孙,遂皆舍弓马而事诗书。至其以诗名世,则马公伯庸、萨公天赐、余公廷心,其人也。论者谓马公之诗似商隐,萨公之诗似长吉,而余公之诗则与阴铿、何逊齐驱而并驾。此三公者,皆居西北之远国,其去齐秦盖不知其几万里。而其为诗乃有中国古作者之遗风,亦足以见我朝王化之大行,民俗之丕变,虽成周之盛莫及也。[2]

克烈为蒙古,乃蛮、也里可温、回回乃属色目。[3] 戴良以汉族士大夫的立场,把西域诸族统统视为来华臣顺的外藩,认为他们受中华诗书礼仪的吸引,文轨日同,渐致归化。也里可温也因其来自西域之地,榜上有名。这在在表明了也里可温有别于汉族的"胡"族身份,也暗示了也里可温主要为色目人的种族背景。[4] 不少学者注意及此,陈垣也曾指出:

> 元亡,也里可温即绝迹于中国。盖也里可温皆色目人,现尚未发现有中国人为也里可温教者,更讲不到本色教会也。[5]

这一点和唐代的景教颇为相似。唐代景教徒以西域胡人为主,集中反映在西安大秦景教流行中国碑的叙利亚文景僧名录上;[6] 近年在洛阳

---

〔1〕参 A. C. Moule, *Christians in China before 1500*, p. 150, n. 17. 郝镇华译:《一五五〇年前的中国基督教史》,页 172,注 16。

〔2〕〔元〕戴良:《九灵山房集附补编》卷 13,丛书集成初编本,第 2094 册,中华书局 1985 年版,页 183。

〔3〕〔元〕陶宗仪:《南村辍耕录》卷 1,中华书局 1997 年版,页 13。

〔4〕钱大昕便直接把也里可温归入色目,见其著:《元史氏族表》,页 279。

〔5〕陈垣:《基督教入华史略》,收入《陈垣学术论文集》第 1 册,页 87。

〔6〕E. C. D. Hunter, "The Persian Contribution to Christianity in China: Reflections in the Xi'an Fu Syriac Inscriptions", in Dietmar W. Winkler, Li Tang (eds.), *Hidden Treasures and Intercultural Encounters: Studies on East Sytiac Christianity in China and Central Asia*, pp. 71 – 85.

发现的景教经幢,亦提示我们景教信徒中不乏入华的粟特后裔。[1] 这一发现与吐鲁番出土的粟特语景教残卷互证,揭示了唐代景教徒的文化背景。

戴良代表汉族精英分子,其字里行间也流露出对自身汉文化的优越感,这从其对西域地理认识的偏狭和局限也可窥一斑。在元代这并非个别现象。虽然蒙古建立了一个世界性的大帝国,版图跨越了欧亚大陆,驿道四通八达,中西交流异常频繁,但是,在元代出使西域的诸人之中,对西域地理的认识仍然十分有限,也没有出现像马可波罗这样的大旅行家。其中一个原因,就与汉族士人的中土观念有关。就拿上引所述之"西北诸国"来看,其大部分民族都已弃"弓马"而转为定居的农耕生活了,比如畏兀儿、唐兀等,但仍被视为落后游牧文化的代表。非汉即胡的观念根深蒂固,也里可温被当做西域的游牧民族,或许就在于其在文化上的外来性,而难得到汉人的认同,以至于那些华化了的也里可温,其种族背景、宗教背景也被慢慢淡化。最典型的例子便是汪古部的马祖常和赵世延了。[2] 若非后人潜心研究,中西互证,就汉籍反映的情况来看,实难将其与基督徒相联系。

又如余阙《青阳集》记马世德事迹,谓其"也里可温人"。[3] 根据汉人的表述习惯,在介绍某人时,主要交代其名、字、号和籍贯。余阙笔下的"也里可温",虽然今人从中解读出了基督教信仰的历史信息,但其原本的意思,应当是指一个部族或者地名。又如《元史·孝友一》有载:"马押忽,也里可温氏"[4],直接把也里可温目为一个族类。这样的例子在当时并不鲜见。正因为也里可温总被时人不自觉地当做一种部族或族群,钱大昕才会将它归入色目条下,但其具体的族源和地理

---

〔1〕张乃翥:《一件唐代景教石刻》,刊《中国文物报》2006 年 10 月 11 日 7 版;张乃翥:《跋洛阳新出土的一件唐代景教石刻》,载《西域研究》2007 年第 1 期,页 65 - 73;殷小平、林悟殊:《幢记若干问题考释——唐代洛阳景教经幢研究之二》,刊《中华文史论丛》2008 年第 2 期,页 269 - 292。

〔2〕陈垣:《元西域人华化考》,页 18 - 23、51 - 54。

〔3〕〔元〕余阙:《青阳先生文集》卷 3《合肥修城记》。

〔4〕《元史》卷 197,页 4452。

·欧·亚·历·史·文·化·文·库·

方位却又不甚明确,故云"不知所自出"[1]。此中矛盾,表面看是因为时人记载的模糊性,而根本原因还是在于人们对也里可温的宗教和民族属性的无知和隔阂。

以上两个例子,均出自当时社会的文化精英之手,只不过戴良是汉族代表,余阙是色目代表(其为唐兀人)。但两者对"也里可温"所持看法相同,确实饶有兴味。

## 2.4　汉籍有关基督教的3个别称

下面顺便讨论有关元代基督教的几个别称,即"迭屑"、"迷失诃"和"聂斯脱里"。3者虽不及也里可温一词流行,但也留下丰富的历史信息,引人遐思。

"迭屑"是中古波斯文(Pahlavi)tarsāg 或 tarsā 的音译,训为 Christian。[2] 迭屑一词的衍生义很宽泛,也代指畏兀儿——畏兀儿文就被称作"迭屑文"(literae tarsicae),其国则被称为 tarsa 国。正因为畏兀儿有不少基督教徒,所以波斯史家将其与基督教相混淆[3] 邱处机至阿姆河遇"迭屑"头目:

　　　　九月二日西行。四日,宿轮台之东,迭屑头目来迎[4]

伯希和说这人是基督徒,但窃以为其或许仅指回鹘人。

当"迭屑"作 Christian 理解时,与唐代《大秦景教流行中国碑》中的"达娑"乃同一涵义。景教碑中的"达娑"指的是基督教的"修士"和"僧侣",所谓"清节达娑,未闻斯美;白衣景士,今见其人"[5]。而到了元代,"迭屑"的基督教内涵并不彰显,我们只是在祥迈《辨伪录》中找

---

〔1〕〔清〕钱大昕:《元史氏族表》卷2,页279。

〔2〕D. N. MacKenzie, *A Concise Pahlavi Dictionary*, London, Oxford University Press, 1986, p. 82;参饶宗颐:《说"亦思替非"、"迭屑"与"也里可温"》,载《语文杂志》第11期,香港中国语文学会出版社1983年版,页65;又收入《饶宗颐史学论著选》,上海古籍出版社1993年版,页650。

〔3〕伯希和著,冯承钧译:《唐元时代中亚及东亚之基督教徒》,页62-63。

〔4〕《长春真人西游记》(上)。这里的迭屑并不一定指基督教徒,其或为畏兀儿人,也许是成吉思汗身边的译史。

〔5〕引文参见朱谦之:《中国景教》,页225。

到一例,其载曰:

> 释道两路,各不相妨,只欲专擅自家,逼他门户,非通论也。今
> 先生言"道门最高",秀才人言"儒门第一",迷屑人奉弥失诃,言
> "得生天",达失蛮叫空谢天赐与。细思根本,皆难与佛齐。[1]

引文中的"弥失诃"、"弥师诃",即 Missah(弥赛亚)的音译;在唐代文献
中,写作"弥施诃"。顾名思义,奉尊弥赛亚的迷屑人,指的是基督徒。
窃以为,至元《辨伪录》中的"弥失诃"明显刻上了蒙古游牧文化的烙
印。我们知道,在萨满教中,最高神为"天神",蒙文读作 Tengri,音译为
"腾格里"、"腾屹里"等,元代白话文中意译作"长生天"。[2] 其谓"迷
屑人奉弥失诃,言'得生天'",显然是受萨满教"长生天"观念影响的产
物。《至顺镇江志·僧寺》下"大兴国寺"记载:

> 教以礼东方为主,与天竺寂灭之教不同。且大明出于东,四时
> 始于东,万物生于东,东属木主生,故混沌即分,乾坤之所以不息,
> 日月之所以运行,人物之所以蕃盛,一生生之道也,故谓之长生天。

也把基督教信仰和"长生天"联系起来。只是《辨伪录》中的"得生天"
略有格义色彩,虽远不及后来耶稣会士翻译的"天主"妥帖,但毕竟脱
离了音译的故轨;而《至顺镇江志》中的"长生天",则完全是一种误解,
张冠李戴了。

关于"聂斯脱里",该词在元代汉文文献中也只出现过一例。元黄
溍《马氏世谱》开篇记云:"马氏之先,出西域聂斯脱里贵族",揭示了马

---

〔1〕《辨伪录》中这段记载,据说反映的是发生于忽必烈朝的一次僧道大辩论,但其中表述,
却似出自蒙哥之口。蒙哥时代汗庭亦有一次宗教大辩论,参加辩论的不仅有僧有道,更有伊斯兰
教徒和基督徒,后两者的争辩成为矛盾之焦点。鲁布鲁克曾亲历现场:"(5月25日)(汗)派他的
书记来找我,他们说:'我们的君王派我们来对你说,这里有你们基督徒、撒剌逊和脱因。你们各
自说自己的教义是最好的,你们的文书——就是书记也是最真的。所以,他希望你们都集一
处,举行一个辩论会,写下各自的教条,让他本人能够知道真理。'"虽然辩论中基督教略占上风,
但蒙哥汗对待各教的态度仍然十分明确:"(5月31日)蒙哥汗召我去见他……他向我谈他的信
仰:'我们蒙古人',他说,'相信只有一个神,我们的生死都由他掌握,我们也诚心信他'。……他
又说:'但是,如同神赐给我们五根不同的手指,他也赐给人们不同的途径。'"(何高济译:《鲁布
鲁克行纪》,页297、302。)

〔2〕方龄贵:《古典戏曲外来语考释词典》,汉语大词典出版社、云南大学出版社2001年版,
页119 – 121。

祖常家族与聂派基督教的历史渊源。[1]

元代基督教寺院称也里可温寺、也里可温十字寺或十字寺,但其教并不称"十字教",此点须明确。"教堂"的另一译名是"忽木剌",乃从突厥语 umra 音译而来,但元代仅《至顺镇江志》中使用过,亦非常见。

## 2.5  余语

经过学者们一个多世纪的探讨,也里可温乃指元代中国的基督徒,殆无异议。唯有关"也里可温"一词的语源问题,迄今仍无结论。但从学者们提出的一些中间环节仍可窥知 9 至 13 世纪欧亚内陆基督教流布的概貌。而就汉籍记载所反映的情况而言,元代"也里可温"主要表现为 3 种基本内涵:

其一,指一种宗教户计,常与僧、道、达失蛮等宗教人士并列相称。作户计解,反映了也里可温群体的社会性。

其二,指一国家名或一种族名,这反映了也里可温的民族属性,即其色目身份。作民族解时,也里可温与其他色目民族是并列关系。由是,我们也容易理解,为何元代著名的汪古、克烈、乃蛮等基督教部族,在当时的载籍中鲜有被称为"也里可温"的,仅几处例外,如前引汪古部落的马世德,以及汪古部著名文人雅琥等。这也在在提醒我们,在研究也里可温问题时不仅要关注它的宗教内涵,还要紧紧抓住该群体的民族属性。

其三,指教士,亦即僧侣地主。当其作为"教士""僧侣"解时,反映了"也里可温"的阶级性,即所谓僧侣地主阶级。

涉及也里可温传教内容的汉文记载十分稀少,这和也里可温这一外来群体,尤其是作为外来宗教文化传播的载体的身份很不相符。也

---

〔1〕〔元〕黄溍:《马氏世谱》,收入《金华黄先生文集》卷43,四部丛刊初编本;并参《续修四库全书》第1323 册,上海古籍出版社 2002 年版,页 531-533 上;李修生主编:《全元文》卷 962,江苏古籍出版社 2000 年版,页 36-40。

里可温究竟如何传播他们所信仰的宗教？他们进入中国内地后还保持了多少原来的信仰？这个群体在当时的社会起到了怎样的作用？他们与统治阶级和传统汉人士大夫的关系如何？种种问题，给我们留下很大的思考空间。要了解也里可温群体的社会活动、社会分工和社会地位，当从具体的"也里可温"人物进行分析，才能掌握这个群体的整体结构和特点。下面，笔者拟从一个个也里可温人物入手，考察也里可温群体在不同时空范围内的活动情况。

# 3  也里可温人物事略及身份分析

以人为本是陈垣宗教史研究的一个突出特点，[1]就元代基督教研究，他首先提出要为也里可温立传：

> 元史有儒学传，有释老传，独无也里可温传。前史所无，宋濂等不敢创例耳。然也里可温人物之散见诸其它记载者，时遇其人。掇拾零编，当可补成一元史也里可温传。[2]

陈垣为此而"特发其凡"，搜集了十余位也里可温的史料，加以考释，并总结道："有孝子、有良医、有名宦、有文臣学士。"就元代也里可温的社会身份问题首发其覆。

无独有偶，早在1914年，法国汉学家伯希和也提出，有必要把《元史》及元代其他文献中有关Georges、Jean、Marc、Serge、Denha、Pierre等基督教名的材料加以衰译。[3] 遗憾的是这个计划后来并未展开，否则，我们对元代基督教徒的身份应当有更深刻的认识。

历史研究的主题和主体是人。[4] 元代也里可温研究的一个薄弱环节，就是如何将也里可温的传播和分布落实到具体的人身上。事实

---

〔1〕如《明季滇黔佛教考》即一部佛门僧传，《元西域人华化考》也是对一个个色目人的考察，其所撰明季天主教人物之《休宁金声传》、《泾阳王征传》、《汤若望与木陈忞》等篇，也皆是以人为本的范例。

〔2〕陈垣：《元也里可温教考》，收入《陈垣学术论文集》第1册，页11。

〔3〕伯希和著，冯承钧译：《唐元时代中亚及东亚之基督教徒》，页64—65。

〔4〕知人论世乃历史研究的功能之一，近几年来，蔡鸿生教授极力提倡史学研究要以人为本。蔡先生指出：历史的主体是人，历史的主题也是人，唯有从人物出发，向人物回归，才能体现史学"知人论世"的价值。参考蔡鸿生：《历史研究要以人为本》，2005年12月22日下午中外关系史专业"学理与方法"讲课记录，收入《学理与方法——蔡鸿生教授执教中山大学五十周年纪念文集》，页25—30。

上,唯有厘清具体的、个别的也里可温之事迹,才能进一步分析该群体的身份、技艺及历史分布。从这个意义上讲,仅仅停留在90年前陈垣"有孝子、有良医、有名宦、有文臣学士"的认识层面是远远不够的。而如何以陈垣所开创的工作为起点,继续在人物研究这一薄弱环节作进一步的探讨,深化对元代基督教传播的历史认识,是元代基督教研究亟待开展的工作。

本节拟在陈垣研究基础上,结合一个多世纪以来的考古成果,对散见于元代典籍中的也里可温人物(包括疑似者)尽量辑录。在考其活动范围(时空)与事迹的同时,着重分析其身份和技艺,以进一步探讨也里可温在蒙元时期的社会分工和地位。

凡例:

(1)以时代先后为序,时代不详者单独辑录;

(2)着重考察其生活年代、活动范围及官宦经历;

(3)怯烈、汪古诸基督教家族,单独辑录;

(4)"元也里可温疑名录",收录散见于元代典籍中的其他疑似基督教人名。

## 3.1 也里可温人物事略

### 3.1.1 元以前的基督教徒

(1)和禄采思

黄溍《马氏世谱》载:"马氏之先,出西域聂思脱里贵族,始来中国者和禄采思。"[1]和禄采思大概在辽道宗咸雍(1065—1074)年间迁至甘肃临洮地区。引文中的"聂思脱里",无疑就是指 Nestorian Christianity,亦即通常称的景教。如是,汪古部马氏崇奉聂斯脱里派基督教,当无疑义。这也是汉文典籍载记"聂斯脱里"一词的最早出处,恐怕也是唯一的一例。和禄采思的景教信仰或可追溯到回鹘景教传统;但能否

---

〔1〕〔元〕黄溍:《马氏世谱》。

溯至唐代,则俟进一步考察。

(2)帖穆尔越哥

据《马氏世谱》:"和禄采思生帖穆尔越哥,以军功累官马步军指挥使,为政廉平而有威望,人不敢斥其名,惟称之曰'马元帅',因以为氏。"[1]马步军都指挥使,即军镇指挥官;帖穆尔越哥为人廉正公平,在军中素有威信。

(3)把骚马也里黜(1112—1178)

帖穆尔越哥之子,《马氏世谱》记作"把索麻也里",原居临洮之狄道,后迫迁辽东,最后定居于净州之天山。金熙宗(1135—1149)朝,"业耕稼畜牧,赀累巨万"。[2]

(4)马庆祥(1176—1222)

马庆祥,把骚马也里黜之子,名习礼吉思,字瑞宁,世居净州之天山。"习礼吉思"为 Sargis(Särgis)的译音[3],是一个常见的基督教人名。贞祐(1213—1217)末,马庆祥举家南迁汴上,擢凤翔府兵马都总管判官。后死于金元战争,赠辅国上将军,恒州刺史,谥忠愍。[4]凤翔府兵马都总管判官属于幕职官,从五品,掌纪纲总府众务,分判兵案之事。[5]

(5)药难(1178—1253,Yawnan)

名见内蒙古赤峰市松山区城子乡发现的一块叙利亚文—回鹘文瓷制白釉墓砖,该墓砖上绘一莲花十字架。回鹘文部分转写如下:

> 亚历山大帝王纪年一千五百六十四年(公元 1253 年),桃花石纪年牛年正月二十日。这位京帐首领药难——军队的将军,在他七十一岁时,完成了上帝的使命。愿这位大人的灵魂永久地在

〔1〕〔元〕黄溍:《马氏世谱》。

〔2〕〔元〕黄溍:《马氏世谱》。

〔3〕伯希和著、冯承钧译:《唐元时代中亚及东亚之基督教徒》,页56;P. Y. Saeki, *The Nestorian Documents and Relics in China*, pp.480, 483.

〔4〕〔金〕元好问:《恒州刺史马君神道碑》,载《遗山先生文集》卷27,四部丛刊初编缩本,上海商务印书馆1936年版,页272-274;〔元〕苏天爵:《元故奉训大夫昭功万户府知事马君神道碑》;陈高华、孟繁清点校:《滋溪文稿》卷19,中华书局1997年版,页324.

〔5〕《金史》卷57,中华书局校点本1975年版,页1306。按,金制在诸路各设兵马都总管府,州镇置节度使,沿边州则置防御使,参见《金史》卷44,页1002.

天堂安息吧！[1]

学者多认为墓主人是一位汪古人。在药难身上确实体现了兴起于金元之际漠南汪古部的历史特点：以军事见长，信奉基督教。

(6)(7)(8)可里吉思、灭里、撒必

3人均为大医(太医的别称)，即宫中掌医药的侍臣。《至顺镇江志》记载：

> 薛迷思贤(坚)在中原西北十万余里，乃也里可温行教之地。……十字者，取像人身，揭于屋，绘于殿，冠于首，佩于胸，四方上下以是为准。薛迷思贤，地名；也里可温，教名也。公(按，指马薛里吉思)之大父可里吉思、父灭里、外祖撒必为大医。太祖皇帝初得其地，太子也可那延病，公外祖舍里八、马里哈昔牙徒众祈祷，始愈。[2]

撒必用舍里八(一种回回药露，详后)治好了也可那延(即睿宗拖雷)，封为答剌罕。答剌罕乃一种勋爵，仅授予功勋大臣，受封者享受犯罪不罚、自由选择牧地、战时所获俘虏及财物可归己有等特权。[3] 此外，撒必还被任命为舍里八赤，掌管政府的舍里八制造和供给。

(9)马里哈昔牙(佚名)

上引《至顺镇江志》中主持"徒众祈祷"的马里哈昔牙，应该是一名宫廷教士。"马里哈昔牙"一词是叙利亚文 mar-hasia 的音译，意为"主教"[4]，是专门为统治阶级服务的僧侣阶层。[5]

(10)耶律子成

---

〔1〕〔法〕James Haminlton，牛汝极：《赤峰出土景教墓砖铭文及族属研究》，页78－83，引文见页79；有关研究参见鲍音：《古松州古回鹘文瓷碑考补》，刊《中国边疆史地研究》1996年第1期，页71－77；张松柏、任学军：《赤峰市出土的也里可温瓷碑》，刊《内蒙古文物考古文集》第1辑，中国大百科全书出版社1994年版，页672－676。

〔2〕《至顺镇江志》，中华书局景印本，页2740；江苏古籍出版社点校本，页365－366。

〔3〕关于元代答剌罕的起源和特权，参见韩儒林：《蒙古答剌罕考增补》，收入氏著《穹庐集》，上海人民出版社1982年版，页47－48。

〔4〕S. N. C. Lieu: "Nestorians and Manichaeans on the South China Coast", p.73, 84. n. 13, 14；中译文参见刘南强著，林悟殊译：《华南沿海的景教徒和摩尼教徒》，收入克里木凯特著，林悟殊翻译增订：《达·伽马以前中亚和东亚的基督教》，页170－171，注14、15。

〔5〕《至顺镇江志》，江苏古籍出版社点校本，页365－366。

1930 年,法国人马丁(D. Martin)在内蒙古四子王旗王墓梁地区耶律陵园发现一块题为"管领诸路也烈□□答耶律公神道之碑"[1]。墓主人"耶律公","讳子成",卒"年七十二","管领也里可温"。据学者考察,耶律子成为耶律楚材同时代人,先祖为"西域帖里薛人",即迭屑人(畏兀儿人)[2]。从耶律子成"管领也里可温"这一职权来看,四子王旗地区一定有为数不少的也里可温。考古学家目前也在该地区发现了大约 17 块基督教墓顶石,其碑体多刻有古叙利亚文及十字架图案,愈加证明了当地曾流行过聂斯脱里派基督教[3]。

## 3.1.2　忽必烈时代(1260—1294)

(1)三达

三达,马庆祥长子,累有战功,曾任中书左司郎中。中书左司郎中为正五品官,主要掌理吏、礼、户部之事[4],即所谓"凡陶冶四海之官,与夫经国之赋,议礼制者,皆出乎手"[5]者。

(2)(3)(4)天下闾、灭都失剌、约实谋

3 人为三达之子,事迹均不详[6]。"约实谋"疑为基督教常见名 Joseph 的音译。

(5)天民

天民,马庆祥次子[7]。曾任山东诸路榷盐使,从伐宋,佩金虎符,

---

〔1〕盖山林:《阴山汪古》,内蒙古人民出版社 1991 年版,页 275－276。

〔2〕Desmond Martin, "Preliminary report on Nestorian Remains North of Kuei-hua,Suiyüan"; Ch'en Yüan, "On the damaged tablets discovered by Mr. D. Martin in Inner Mongolia", 中文本《马定先生在内蒙发现之残碑》;佐伯好郎:《内蒙古百靈廟附近於ける景教徒の墓石》;盖山林:《元"耶律公神道之碑"考》,载《内蒙古社会科学》(汉文版)1981 年第 1 期,页 78－80;并参氏著:《阴山汪古》,页 272。

〔3〕盖山林:《阴山汪古》,页 276－278。

〔4〕《元史》卷 85,页 2123。

〔5〕〔元〕姚燧:《布色君神道碑》,载《牧庵集》卷 17,转引自陈高华、史卫民:《中国经济通史·元代经济卷》,经济日报出版社 2000 年版,页 67。

〔6〕〔金〕元好问:《恒州刺史马君神道碑》。

〔7〕〔元〕黄溍:《马氏世谱》记为"三达、天民和月忽难";〔金〕元好问:《恒州刺史马公神道碑》记作"三达、多剌和福海",有一女。此处从《马氏世谱》说,下同。

太平、江州诸路达鲁花赤。[1] 按,榷盐使亦称税盐使,掌食盐专卖、征课盐税。天民有二子,名奥剌罕和保禄赐。

（6）月合乃（1216—1263）

月合乃,马庆祥第三子,字正卿。月合乃被目为 Yohanna 的音译。[2] 蒙哥时期入断事官卜只儿幕（燕故城,今河南滑州）,于汴、蔡、汝、颍诸州商农安业;1261 年（中统二年）拜礼部尚书,1263 年卒于上都,年四十八,追谥忠懿。[3]

（7）兀咱儿撒（撒）里马

《元史》卷 12 载:"至元十九年九月,杨廷璧招抚海外南番,[4]寓俱蓝国。也里可温兀咱儿撒（撒）里马,亦遣使奉表,进七宝项牌一,药物二瓶。"[5] 俱蓝,今译奎隆,印度西南海岸换船港,是元代商人访问最远的港口之一。[6] 俱蓝毗邻马八儿,史载"海外诸蕃国,惟马八儿与俱蓝足以纲领诸国,而俱蓝又为马八儿后障,自泉州至其国约十万里"[7]。马八儿也是印度洋上重要港口,更是南印度重要的东方教会中心。[8] 在元代,俱蓝、马八儿与泉州港有着密切的商业贸易往来,经济的交流同时也带动了两地的宗教文化交流,此条记载是为一证。

（8）爱薛（1227—1308）

爱薛,西域拂菻人,历世祖、成宗、武宗和仁宗朝。1246 年前后,爱薛应贵由之召来到蒙古。后创办京师医药院,"掌西域星历、医药二司事"。医药院后改广惠司,爱薛仍然管领。曾"奉诏使西北宗王阿鲁浑所",回国后,受到忽必烈的赞赏,并得到重用,"擢秘书监,领崇福使,

〔1〕《金史》卷 124;〔元〕黄溍:《马氏世谱》。

〔2〕伯希和著、冯承钧译:《唐元时代中亚及东亚之基督教徒》,页 56。

〔3〕本传见《元史》卷 134,页 3244－3245;又参〔元〕马祖常:《故礼部尚书马公神道碑铭》,《全元文》卷 1041,江苏古籍出版社 2000 年版,页 499－502。

〔4〕中华本无断句,此据上下文点断。

〔5〕《元史》卷 12,页 245;卷 210,页 4670。

〔6〕参见陈国栋:《东亚海域一千年:历史上的海洋中国与对外贸易》,山东画报出版社 2006 年版,页 35－50。

〔7〕《元史》卷 210,页 4469。

〔8〕I. Gillman & H. J. Klimkeit, *Christians in Asia before 1500*, pp. 166－177。

迁翰林学士承旨,兼修国史"。1297 年(大德元年),授平章政事[1]到了仁宗朝,受封为秦国公。卒后追封太师、开府仪同三司、上柱国、拂菻忠献王[2] 爱薛原籍地拂菻,并不指东罗马,而只是沿用中国史书旧名。该地的具体位置,尚难确定,伯希和认为是富浪(France)对音,并肯定爱薛来自叙利亚西部某个说阿拉伯语的基督教部落[3] 元史称爱薛通西域诸种语言,伯希和更利用波斯文献加以考证,认为他曾以孛罗丞相的译人身份,随行出使波斯,觐见阿鲁浑汗;[4]拉施特《史集》中的译人 Isa,就是汉籍中的爱薛[5] 对比强烈的是,孛罗后来留在伊儿汗国,而爱薛却冒险返回中国。爱薛也因此得到了元世祖忽必烈的嘉奖:"博啰生吾土,食吾禄,而安于彼。爱绥生于彼,家于彼,而忠于我。相去何远耶?"[6]自波斯回国后,爱薛被委以重任,奠定了家族在元朝的尊崇地位。

爱薛生六男、四婿、三孙,皆为大官近侍。

(9)撒剌(Sarah)

撒剌,又作沙喇,爱薛妻,克烈部人,原系贵由后斡兀立海迷失的侍女[7] 撒剌是一个典型的基督教名字,《圣经》中亚伯兰(Abram)的妻就叫做 Sarah[8]

(10)马薛里吉思

马薛里吉思原籍中亚撒马尔干,活动的时代主要在忽必烈朝。他

---

〔1〕《元史》卷 134,页 3248 – 3249。

〔2〕参阅程矩夫:《拂林忠献王神道碑》,收入《全元文》卷 535,页 324 – 326;《谥忠献制》,《雪楼集》卷 4;韩儒林:《爱薛之再探讨》,收入氏著:《穹庐集》,页 93 – 108。伯希和著、冯承钧译:《唐元时代中亚及东亚之基督教徒》,页 65 – 67。

〔3〕伯希和著、冯承钧译:《唐元时代中亚及东亚之基督教徒》,页 65。

〔4〕萧启庆:《元代的通事和译史:多元民族国家中的沟通人物》,收入氏著:《元朝史新论》,台北允晨文化 1999 年版,页 348。

〔5〕伯希和著、冯承钧译:《唐元时代中亚及东亚之基督教徒》,页 65 – 66。

〔6〕程矩夫:《拂林忠献王神道碑》,页 325;《元史》省文。

〔7〕程矩夫:《故妻沙喇氏追封拂林王夫人制》,《雪楼集》卷 4。

〔8〕原名撒莱(Sarai),耶和华让她改名撒拉,亚伯兰也改名亚伯拉罕(Abraham),如此亚伯拉罕和撒拉就生了儿子以撒。见《圣经·创世纪》17、18、19,新标点和合本,中国基督教协会,页 17 – 24。

早期主要是在滇、闽、浙地区制造回回药露"舍里八"。平定江南后，担任镇江府副达鲁花赤并侨寓镇江。镇江任职期间，马薛里吉思于镇江和杭州等地建立了7所也里可温寺院。[1] 马薛里吉思是迄今被中外学者研究最多的元代也里可温人物。其事迹详见后章，此处不赘。

（11）安震亨

安震亨，居镇江。《至顺镇江志》卷15记载："也里可温人，嘉议大夫。至元二十年（1283）七月二日至，二十三年二月二十八日代。"[2]嘉议大夫为正三品文散官。

### 3.1.3　成宗到宁宗（1295—1332）

（1）也里牙（Elijah）

也里牙，《拂林忠献王神道碑》作"额哩叶"，爱薛长子。曾任崇福使、太医院使，领司天台事[3]，娶仁宗朝权相铁木迭儿之女为妻，封秦国公。[4] 按，太医使乃是太医院的长官，"掌医事，制奉御药物，领各属医职"，正二品官。[5]

（2）腆合（Denha）

腆合，《拂林忠献王神道碑》作"塔尔哈"，爱薛次子，翰林学士承旨（从一品），资善大夫，兼修国史。[6] 翰林学士承旨掌内名诏旨、顾问应对，一般由皇帝亲近大臣担任。[7]

（3）黑厮

黑厮，《拂林忠献王神道碑》作"哈斯"，爱薛第三子，光禄卿。[8]

---

〔1〕《至顺镇江志》卷9《僧寺》，页365-366；方龄贵校注：《通制条格校注》卷29，页720-721。

〔2〕《至顺镇江志》卷15，页595。嘉议大夫为正三品文散官，参《元史》卷91，页2320。

〔3〕《元史》卷134，页3248-3249；程矩夫：《拂林忠献王神道碑》，页325-326；韩儒林：《爱薛之再探讨》，页93-108。

〔4〕《元史》载曰："[至顺元年七月]铁木迭儿子将作使锁住，与其弟观音奴、姊夫太医使野理牙，坐怨望、造符录、祭北斗、咒咀，事觉，诏中书鞫之。"《元史》卷34，页761；并参韩儒林：《爱薛之再探讨》，页93-108。

〔5〕《元史》卷88，页2220-2221。

〔6〕《元史》卷134，页3249；程矩夫：《拂林忠献王神道碑》，325-326。

〔7〕《元史》卷87，页2189-2190。

〔8〕《元史》卷134，页3249；程矩夫：《拂林忠献王神道碑》，页326。

光禄卿乃主管宫廷祭祀、膳食、饮宴事务,隶宣徽院。[1]

(4)阔里吉思(Georges)

阔里吉思,《拂林忠献王神道碑》作"克呀济苏",爱薛第四子,太中大夫,同知泉府院事。[2] 前者为从三品清散官,后者实职,但未授予正官之名,掌征税。

(5)鲁合(Luke)

鲁合,《拂林忠献王神道碑》作"老哈",爱薛第五子,昭信校尉(正六品武散官),广惠司提举(正三品职官),[3]后者"掌修制御用回回药物及和剂,以疗诸宿卫士及在京孤寒者"[4]。

(6)约尼(Johnny)

约尼,爱薛子,《元史·爱薛传》缺载,名见程矩夫《拂林忠献王神道碑》,任兴圣宫宿卫。[5]

(7)阿纳昔木思(Onesimus)

阿纳昔木思,爱薛女。[6]

(8)失列门

失列门,秘书少监(从四品)。元《秘书监志》卷9载:"秘书少监失列门,大德十一年六月二十五日上,也里可温人。"[7]按,元制秘书监"掌历代图籍并阴阳禁书,……其监丞皆用大臣奏荐,选世家名臣子弟为之"[8]。失列门自然属于"世家名臣子弟"这一类人。

(9)吴唵哆呢嗯(Antonious)

1984年11月,华侨大学叶道义在泉州涂门外津头埔村水渠闸门

[1]《元史》卷71,页1800–1801。

[2]《元史》卷134,页3249;程矩夫:《拂林忠献王神道碑》,页326。

[3]《元史》卷134,页3249;程矩夫:《拂林忠献王神道碑》,页326。

[4]《元史》卷88,页2221。

[5]程矩夫:《拂林忠献王神道碑》,页326。按,兴圣宫立于武宗朝,掌医监,后此处常有作佛事,极具宗教礼仪色彩。

[6]《元史》卷34,页761。

[7][元]王士点、商企翁编次,高荣盛点校:《秘书监志》卷9,浙江古籍出版社1992年版,页171;[清]钱大昕:《元史氏族表》卷2,页279。

[8]《元史》卷90,页2296。

边发现一块元碑（见图 1-2），碑体背面阴刻竖行汉字 14 行，正文字径 2 厘米，曰：

> 于我明门，公福荫里。匪佛后身，亦佛弟子。无憾死生，升天堂矣。时大德十年（1306）岁次丙午三月朔日记。管领泉州路也里可温掌教官兼住持兴明寺吴唵哆呢嗯书。[1]

从碑文内容看，撰碑者吴唵哆呢嗯时任泉州掌教司长官，也是兴明寺的主持；这说明元代管理地方也里可温的掌教司，主要管理寺院僧人，在本质上和佛教的僧官制度类似。兴明寺自然是一座也里可温十字寺，元代诗人哈剌（金元素）诗《寄大兴明寺元明列班》有云："寺门常锁碧苔深，千载灯传自莿林。"[2] "列班"是叙利亚文 Rabban 的音译，指教师、长老；佛教、道教和伊斯兰教都无此称谓。[3] "莿林"即拂林。这座驻有列班、点着莿林长明灯的大兴明寺，自是一座聂斯脱里派基督教寺院。吴氏纪念之人，应该是泉州地区某位德高望重的也里可温（聂斯脱里派）教士。有研究指出墓主人肯定是一位汉人信徒，因碑文使用的是工整押韵的四字格汉文，不像泉州发现的其他碑铭勒刻了其他民族语言，而且书法十分讲究。[4] 吴幼雄怀疑撰碑者吴唵哆呢嗯是一位深谙汉文的回鹘人或汪古部人。[5] 两种说法目前均未能坐实。

（10）马世忠

世忠，礼部尚书月合乃长子，官常平仓转运使。常平仓是古代救荒良法，世祖至元六年始立。其法"丰年米贱，官为增价籴之；歉年米贵，

---

〔1〕《泉州宗教石刻》（增订本），页 419；吴幼雄：《福建泉州发现的也里可温（景教）墓碑》，载《考古》1988 年第 11 期，页 1014-1016。

〔2〕见其《南游寓兴诗集》，转引自萧启庆：《元色目文人金哈剌及其〈南游寓兴诗集〉》，原文发表于《汉学研究》第 13 卷第 2 期，1995 年，页 1-14，后收入氏著：《元朝史新论》，页 308。

〔3〕伯希和著，冯承钧译：《唐元时代中亚及东亚之基督教徒》，页 58。

〔4〕前揭黄子刚博士论文《元代基督教研究》（2004），页 63-64。不过作者在论证的过程中，前后略有出入：他首先肯定墓主人是一个汉人教徒，而在结论的时候，又指出吴唵哆呢嗯或为汉人或为华化的外国教徒；后一种可能性其实推翻了他之前考订墓主人身份的前提。论及此碑的文辞和书法，平心而论，其文工整但并无文采，其书亦如是。参《泉州宗教石刻》（增订本），页 419。

〔5〕《泉州宗教石刻》（增订本），页 418-421。

官为减价粜之。于是八年以和籴粮及诸河仓所拨粮贮焉"[1]。常平仓的建立和月合乃的建言有关。《元史·月合乃传》载:"性好施予,尝建言立常平仓。"[2]马世忠任常平仓转运使,当受乃父的影响。

世忠9子,分别为马润、马节、马礼、马渊、马遗、马道、马遵、马通、马迪。

(11)马世昌

世昌,月合乃次子,行尚书省左右司郎中(五品)。[3]

(12)马世显

世显,月合乃第三子,通州知州(从五品)。[4]《马氏世谱》作"世敬"。

(13)翰沙纳

翰沙纳,月合乃第四子,不仕。[5]

(14)马世靖

世靖,月合乃第五子,不仕。[6]

(15)马世禄

世禄,月合乃第六子,任中山府织染提举。[7] 按,元代诸路总管府下辖有染织局,但其官员称局使和副使,而不称提举。[8] 故此处的中山府可能是笔误,而应是织染人匠提举司下辖之中山织染提举司,此司方有专设一员提举。[9]

(16)马世吉

世吉,月合乃子,荫授绛州判官(从七品)。[10]

---

[1]《元史》卷96,页2467。

[2]《元史》卷134,页3245。

[3][元]黄溍:《马氏世谱》。

[4]"通州,下。唐为潞县。金改通州,取漕运通济之义,有丰备、通济、太仓以供京师。"(《元史》卷58"大都路"条,页1348。)

[5][元]黄溍:《马氏世谱》。

[6][元]黄溍:《马氏世谱》;[元]马祖常:《故礼部尚书马公神道碑铭》。

[7][元]马祖常:《故礼部尚书马公神道碑铭》;[元]黄溍:《马氏世谱》。

[8]《元史》卷91,页2316。

[9]《元史》卷85,页2150。

[10]《元史》卷58,页3180。

（17）马世荣

世荣，月合乃子，瑞州路总管（正三品）。[1]

（18）马世臣

月合乃子，大都平准库提领。[2]

（19）马审温

审温，月合乃子，历台州路、淮安路、瑞州路总管。[3] 按，三路皆为上路，总管为正三品。[4] “审温”应是基督教名 Simon（Siméon）的译音。[5]

（20）奥剌罕

奥剌罕，马天民长子，居镇江，曾担任扬子、丹徒二县达鲁花赤（正七品）。[6]《至顺镇江志》卷 16 载：“马奥剌憨，也里可温人，忠翊校尉。”元贞二年（1296）任丹徒县达鲁花赤。[7] 按，忠翊校尉为七品武散官。[8]

（21）保禄赐（Paulius）

保禄赐，马天民次子。官提举都城所（秩从五品，掌修缮都城内外仓库等事[9]），湘阴州达鲁花赤（从五品），同知南安路总管府事。《马氏世谱》谓“其文学政事有传存焉”[10]。

---

〔1〕〔元〕马祖常：《故礼部尚书马公神道碑铭》；〔元〕黄溍：《马氏世谱》。

〔2〕〔元〕黄溍：《马氏世谱》。

〔3〕〔元〕马祖常：《故礼部尚书马公神道碑铭》；〔清〕钱大昕：《元史氏族表》卷2，页231。

〔4〕“台州路，上。唐初为海州，复改台州，又改临海郡，又为德化军，宋因之。元至元十三年，置安抚司。十四年，改台州路总管府。”（《元史》卷62，页1498）；“淮安路，上。唐楚州……宋为淮安州。元至元十三年，行淮东安抚司。十四年，改立总管府。……二十年，升为淮安府路，……二十七年，革临淮府，以盱眙、天长隶泗州。”（《元史》卷59，页1415）“瑞州路，上。唐高安建成县曰高安，即其地置靖州，又改筠州。宋为高安郡，又改瑞州。元至元十四年，升瑞州路，领一司、三县。元贞元年，升新昌县为州。”（《元史》卷62，页1509）

〔5〕伯希和著、冯承钧译：《唐元时代中亚及东亚之基督教徒》，页56。

〔6〕〔元〕黄溍：《马氏世谱》。

〔7〕《至顺镇江志》卷16，页634。

〔8〕《元史》卷91，页2322。

〔9〕《元史》卷85，页2148。“都城所系在京五品衙门司吏。”见《元史》卷83，页2075。

〔10〕〔元〕黄溍：《马氏世谱》。

（22）马润（1255—1313）

马润，世忠长子，字仲泽。初授荆湖道宣慰司令史，迁吉州路经历，升两淮转运司经历，改太平路当涂县达鲁花赤，再调常州路武进县达鲁花赤，进奉训大夫；大德中（1297—1307）迁知光州，除漳州路同知；皇庆二年（1313）卒，年五十九。[1] 按，当涂、武进二县均为中县，达鲁花赤为正七品；光州[2]、漳州[3]二路均为下路，同知为从三品。马润有诗集《樵隐集》，惜未存世。[4]

（23）马节

马节，世忠次子，入王屋山为道士。[5] 按，道教圣地王屋山在今河南境内。马节由一也里可温入道教，陈垣已发其覆，不赘。[6]

（24）马礼

马礼，世忠第三子。宣政都事（从七品），居江浙松江。[7]

（25）马渊，不仕。[8]

（26）（27）（28）：马遗、马道、马遵，皆早卒。[9]

（29）（30）：马通、马迪，事迹不详。[10]

（31）马开

马开，世敬子，监在京仓。[11]

---

〔1〕《元史》卷143；袁桷：《漳州路同知朝列大夫赠汴梁路同知骑都尉开封郡伯马公神道碑铭》，见《清容居士集》卷26，四部丛刊初编缩本，上海商务印书馆1936年版，页395－396。

〔2〕"光州，下。唐初为光州，后改弋阳郡，又复为光州。宋升光山军。元至元十二年归附，属蕲黄宣慰司。二十三年，同蕲、黄等州，直隶行省。三十年，隶汝宁府。"见《元史》卷59，页1406。

〔3〕"漳州路，下。唐析闽州西南境置，后改漳浦郡，又复为漳州。宋因之。元至元十六年，升漳州路。"见《元史》卷62，页1507。

〔4〕参陈垣：《元西域人华化考》，页66。

〔5〕〔元〕马祖常：《故礼部尚书马公神道碑铭》。

〔6〕陈垣：《元西域人华化考》卷3，页50－51。

〔7〕〔元〕王逢：《题马季子怀静轩有序》，见《梧溪集》卷4，收入《北京图书馆古籍珍本丛刊》95册，书目文献出版社1988年版，页506上；并参见〔明〕黄纪：《怀静轩并序》，载《西效笑端集》卷1，四库全书本。

〔8〕〔元〕马祖常：《故礼部尚书马公神道碑铭》。

〔9〕〔元〕马祖常：《故礼部尚书马公神道碑铭》。

〔10〕〔元〕马祖常：《故礼部尚书马公神道碑铭》。

〔11〕〔元〕马祖常：《故礼部尚书马公神道碑铭》。

（32）马岳难（Johanan）

岳难，世靖子，武略将军（从五品散官），兰溪州达鲁花赤（从五品）。按，兰溪属江浙行省婺州路。[1]

（33）马雅古

雅古，世吉子，以孝闻。[2] 其名为典型基督教式，疑为 Yakub、Jaeques 或 Jacob 的译音。[3] 伯希和怀疑此人即《元史》之"马押忽"，惜乏确证，见后文"马押忽"条。

（34）失里哈

失里哈，马世禄长子，官河南行中书省左右司都事（从七品）。[4]

（35）继祖

继祖，大都宣课提举。[5]

（36）也里哈

也里哈，马世禄季子，不仕。[6]

（37）必吉男

必吉男，马世荣长子，《马氏世谱》作"必胡南"，同知兴国路总管府事。[7]

（38）祝饶

祝饶，世荣次子，富池茶监。[8]

（39）马世德

世德，字符臣，祖常从弟，也里可温氏。[9] 登至正二年（1342）进士第，授翰林应奉，历任枢密都事（正七品）、中书检校（正七品，掌检校左

〔1〕"兰溪州，下。本金华之西部三河戍，唐析置兰溪县，宋因之。元元贞元年，升州。"见《元史》卷62，页1497。

〔2〕〔元〕黄溍：《马氏世谱》。

〔3〕伯希和著、冯承钧译：《唐元时代中亚及东亚之基督教徒》，页56。

〔4〕〔元〕黄溍：《马氏世谱》。

〔5〕〔元〕黄溍：《马氏世谱》。

〔6〕〔元〕黄溍：《马氏世谱》。

〔7〕〔元〕马祖常：《故礼部尚书马公神道碑铭》；〔元〕黄溍：《马氏世谱》。

〔8〕〔元〕马祖常：《故礼部尚书马公神道碑铭》。

〔9〕〔清〕钱大昕：《元史氏族表》卷2，页279；〔元〕黄溍：《马氏世谱》。

欧·亚·历·史·文·化·文·库

右司六部公事呈启文牒稽失之事）、庸田佥事、淮西县尹,累官刑部尚书。按,枢密院总掌"天下兵甲机密之务",一般任职者限蒙古人,延祐五年(1318)后定置。[1]

马世德诗文收入《元诗选》癸集丁。[2]

(40)阙里奚思

阙里奚思,天民孙,奥剌罕子,官易县达鲁花赤。[3]

(41)Barqamca(? —1312)

Barqamca,逝于泉州,是一名女牧师(quštac)。[4]

(42)马里失里门(Mar Solemn)

Mar Solemn,名见1954年泉州通淮门外所获之突厥语叙利亚文—汉文双语碑(见图1-1)。[5] 汉文计两行,凡53字:

> 管领江南诸路明教秦教等也里可温马里失里门阿必斯古八马里哈昔牙。
>
> 皇庆二年岁在癸丑八月十五日帖迷答扫马等泣血谨志。

失里门是墓主名,马里(marï)、阿必斯古八(episkuba)、马里哈昔牙(marï hasïa)均译自叙利亚语,乃墓主人Solemn的头衔,义指主教。[6]

(43)帖迷答扫马

居泉州,同上"马里失里门"条。

(44)也里世八(Elisabeth,1284—1317)

也里世八,忻都之妻。名见于扬州出土汉文—突厥语叙利亚文景

---

〔1〕《元史》卷86,页2155。

〔2〕〔清〕钱大昕:《元进士表》,页131。

〔3〕〔元〕黄溍:《马氏世谱》。

〔4〕牛汝极:《泉州新发现的叙利亚文回鹘语景教碑铭》,载《西域研究》2004年第3期,页91 -93。

〔5〕《泉州宗教石刻》(增订版),页395-403。有关该碑的发现及研究状况,参阅林悟殊:《20世纪的泉州摩尼教考古》,载《文物》2003年第7期,页71-77。

〔6〕笔者曾经就这几个叙利亚语词请教过国际叙利亚语专家E. C. D. Hunter博士及Jacob Tekeparampil教授,他们都告诉我这几个叙利亚语就是基督教专有名词。关于此碑的研究,参见前揭夏鼐:《两种文字合璧的泉州也里可温(景教)墓碑》;S. Murayama, "Eine Nestorianische Grabinschrift in Türkischer Sprache aus Zaiton";S. N. C. Lieu, "Nestorians and Manichaeans on the South China Coast"; L. C. Goodrich, "Recent Discoveries at Zayton", JAOS, 77 (1957), pp.161-165.

教墓碑(见图3-1),该碑汉语铭文记曰:

> 岁次丁巳延祐四年三月初九日(1317年5月20日),三十三岁身故五月十六日(1317年7月25日)明吉大都忻都妻也里世八之墓。

突厥语叙利亚文经专家转写、释读为:

> (叙利亚文)以我们主耶稣基督的名义。(突厥语)亚历山大帝历一千六百二十八年(,)突厥历蛇年三月初九(1317年5月20日)大都留守(?)萨木沙之妻也里世八(Alïšba,即伊丽萨白)夫人,三十三岁时执行了上帝的命令(即亡故)。她的生命之福和身体安置在此墓中。她的灵魂将与天堂中的萨拉(Sarah)、丽菩恰(Rebekka)和腊蒴勒(Rahel)(三位)[1]圣母同在,千年万岁……(并)直到永远为(后人)所记忆。(叙利亚文)阿门,阿,阿门![2]

忻都是宣徽使达失蛮之次子,哈拉鲁氏人[3],累迁宣徽副使,天历间拜云南行省左丞,平乱有功,除上都留守,兼本路都总管府达鲁花赤,卒于后至元元年(1335)。[4] 据杨志玖研究,哈拉鲁氏主要信仰伊斯兰教;达失蛮、忻都便是元代回回人常用教名,二人当为穆斯林无疑。[5] 然而,忻都之妻,也即是墓主人也里世八,则是一典型的基督徒教名,其应是一名突厥种基督教徒。此碑提供了元代穆斯林和基督徒之间通婚的案例,其背后所隐藏的文化史意义,还有待学者进一步考察发覆。

---

〔1〕3位圣女名字最早由 J. P. Laut 成功释读(参耿世民:《古代突厥语扬州景教碑研究》,载《民族语文》2003年第3期,页42-44)。3位圣女事迹都见于《圣经》:Sarah 参前揭"撒剌"条注,Rahel 译"拉结"(《耶利米书》31:15),Rebekka 译利百加(《罗马书》9:10)。

〔2〕耿世民:《古代突厥语扬州景教碑研究》,页42-44;朱江:《扬州发现元代基督教徒墓碑》,载《文物》1986年第3期,页68-69。牛汝极:《从出土碑铭看泉州和扬州的景教来源》,页73-79;牛汝极:《回鹘语叙利亚文景教碑铭文献》,收入氏著:《阿尔泰文明与人文西域》,新疆大学出版社2003年版,页143-167。王丽燕:《基督教徒忻都妻也里世八墓碑》,载《图书馆工作与研究》2006年第4期,页63-64。

〔3〕哈拉鲁为色目之一种,参陶宗仪:《南村辍耕录》卷1,页13。

〔4〕〔元〕黄溍:《宣徽使太保定国忠亮公神道第二碑》,收入《金华黄先生文集》卷24,四部丛刊初编缩本,页12-14。〔清〕钱大昕:《元史氏族表》卷2,页282。

〔5〕杨志玖:《元代回族史稿》,页24-25。

（45）奥剌憨

奥剌憨为扬州商人，其事迹详见《元典章》卷36"铺马驮酒"条，其记曰：

延祐四年（1317）七月，行省准中书省咨御史台呈淮东廉访司申："延祐四年正月三十日，有御位下彻彻都苦思丁，起马四疋，前来扬州十字寺降御香，赐与功德主段疋酒等。至初二日，有脱脱禾孙吴也先，赉到崇福院元差苦思丁等差札，赴司覆说：'苦思丁答札内别无御赐酒醴。照得崇福院，奏奉圣旨，奥剌憨、驴驴各与一表里段子，别无御赐酒醴看详。为治之道，必先信其赏罚；赏之道，尤宜重其典礼。圣天子宗戚元勋、股肱大臣、勤劳王事者，特加御赐币帛酒醴等物，以旌其功，理所然也。彼奥剌憨者，也里可温人氏，素无文艺，亦无武功，系扬州之豪富，市井之编民。乃父虽有建寺之名，年已久矣。本以影射差徭，营求忽察宣慰等，包办扬州酒课，贪图厚利，害众成家。取讫招伏，拟决五十七下。申覆宪台照详，来奉明降，钦遇诏恩释免。较之此辈，未尝御前进侍，又非阀阅之家，圣上亦不知识。今崇福院传奉圣旨，差苦思丁等起马四疋，赉酒醴二瓶，前来扬州，传奉圣旨恩赐，是乃无功受赏。况崇福院奏奉圣旨事意内别无御酒二瓶，不见崇福院端的曾无奏赐酒醴，为此卑司，今抄崇福院答札在前，申乞照详。得此。照得延祐四年正月初四日，钦遇诏敕。钦此。'……崇福院官当元止是奏奉御香，别无所赐奥剌憨酒醴，又不经由省部宣徽院，有违定例。缘系延祐四年正月初十日已前事理，后有似此违例者，拟合钦依圣旨懿旨事意施行，仍令合干部分再行照会，相应具呈照详。"得此，都省咨请，依上施行。[1]

对这位扬州城内的豪富奥剌憨，一些学者误以为他就是汪古部马氏家族的奥剌罕。[2] 事实上，两人身份完全不同，不可混为一谈。按，汪古

---

[1]《元典章》卷36"铺马驮酒"条，页378 －379。

[2]有学者将二人混淆了，如朱谦之：《中国景教》，东方出版社1993年版，页182；牛汝极：《阿尔泰文明与人文西域》，页164。

部的奥剌罕曾担任扬州、丹徒等地达鲁花赤,不能说是"素无文艺,亦无武功"之徒;至若奥剌罕乃父马天民,曾担任过山东诸路榷盐使、太平、江州等路达鲁花赤,并无在扬州任职的经历,其在扬州建寺的可能性不大。窃以为,《元典章》记载的"扬州之豪富"、"市井之编民",确切地点明了该奥剌罕的真实身份。"编民"一词,对应"非阀阅之家"句。在元代,非王公贵族是不能享受"官酒"(也叫"宣徽酒"[1])的,这也是该条官文强调的重点。奥剌罕此事从一侧面反映了元代社会等级制度的特点。也里可温虽一宗教阶层,蒙思明甚至指其属于元代的超种族阶级,但真正拥有各种政治经济宗教特权的,主要还是指该群体中的僧侣阶层;普通的商人或编民,地位也不见得优越也。

(46)驴驴

驴驴,仁宗朝人,居扬州,事迹不详。[2]

(47)斡罗斯

斡罗斯,侨居镇江,"也里可温人,承务郎。天历二年(1329)八月至"[3]。元代进士二甲方授"承务郎",为从六品官[4]。

(48)玛尔达

玛尔达,畏兀儿人,1331年逝于泉州,名见泉州出土之古回鹘文景教碑(见图1-3)。[5] 该回鹘文碑铭经专家转译成汉文,记道:"幸福而圣洁的也里可温教徒贵妇玛尔达公主,于羊年腊月,满,二日,完成了上帝的使命。愿她在神圣的天堂(安息)。"[6]

〔1〕元代主管酿酒及供应的部门为各处尚酝局,隶属于宣徽院,所以称之为宣徽酒。参见陈高华、史卫民:《中国经济通史·元代经济卷》,页342-345。

〔2〕前揭《元典章》卷36"铺马趓酒"条。

〔3〕《至顺镇江志》卷16,页635。

〔4〕《元史》卷91,页2320;卷92,页2346。

〔5〕《泉州宗教石刻》(增订版),页385。此碑1941年出土于泉州东门外,1955年移入厦门大学人类学博物馆。其碑文最早由吴幼雄先生公布,而后杨钦章、Klimkeit、Hamilton、牛汝极等人都先后撰文对此碑进行释读。参吴幼雄:《福建泉州发现的也里可温(景教)碑》;杨钦章:《元代南中国沿海的景教会和景教徒》,载《中国史研究》,1992年第3期,页49-55;H. J. Klimkeit, *Christian Art on the Silk Road*, 1992;汉密屯(J. Hamilton)、牛汝极:《泉州出土回鹘文也里可温(景教)墓碑研究》,页274-275;牛汝极:《从出土碑铭看泉州和扬州的景教来源》,页75-76。

〔6〕《泉州宗教石刻》(增订本),页384-387。

欧·亚·历·史·文·化·库

（49）马祖常（1279—1338）

马祖常,字伯庸,寓光州；马润长子。延祐二年（1315）中进士,授翰林应奉（从七品）,擢监察御史（正七品）,至治间累迁翰林待制（正五品）,泰定元年（1324）除典宝少监（从三品）[1],历太子左赞善、翰林直学士（从三品）,拜礼部尚书（正三品）,至顺元年（1333）参议中书省事（正四品）,累迁南台中丞（正二品）。顺帝朝担任徽政院同知兼知经筵事,后改御史中丞（正二品）。后至元四年（1338）卒,年六十。谥文贞。[2] 马祖常是元代也里可温华化的典型代表。[3]

（50）马祖义

祖义,马润次子,历官翰林国史院编修官、郊祀法物库使。[4] 郊祀法物库使为太常礼仪院属官,秩从六品。[5]

（51）马祖烈

祖烈,马润第三子,官江浙行省宣使、汝宁府知事。[6]

（52）天合

天合,马润第四子,监杭州盐仓。[7] "天合"当为基督教人名Denha 的音译。[8]

（53）马祖孝

---

〔1〕典宝监系詹事院司署。"典宝监,秩正三品。卿、太监、少监、丞各二员,经历、知事各一员,吏属八人。至元十九年,立典宝署,从五品。二十年,升正五品。三十一年罢。大德十一年,立监,秩正三品。至大四年罢。延祐四年复立,七年罢。泰定元年复置。天历元年罢,二年复置"。见《元史》卷89,页2245－2246。

〔2〕〔元〕苏天爵：《元故资德大夫御史中丞赠摅忠宣宪协正功臣魏郡马文贞公墓志铭》,见《滋溪文集》卷9,页138－143。

〔3〕陈垣：《元西域人华化考》,页18－23、65－66、120。

〔4〕〔元〕袁桷：《漳州路同知朝列大夫赠汴梁路同知骑都尉开封郡伯马公神道碑铭》,见《清容居士集》卷26,页396；〔元〕黄溍：《马氏世谱》。

〔5〕《元卷》卷88,页2218。

〔6〕〔元〕袁桷：《漳州路同知朝列大夫赠汴梁路同知骑都尉开封郡伯马公神道碑铭》,页396；〔元〕黄溍：《马氏世谱》。

〔7〕〔元〕黄溍：《马氏世谱》。

〔8〕伯希和著、冯承钧译：《唐元时代中亚及东亚之基督教徒》,页56。

祖孝,祖常弟,马润第五子,延祐二年与祖常同榜进士[1],将侍郎[2],授陈州判官。[3]

(54)马祖信

祖信,马润第六子,国子生试中承事郎、同知晋宁路保德州事[4],保德州为下州,同知从六品。[5]

(55)马祖谦(1295—1336)

祖谦,字符德,祖常弟,润第七子。国子生进士,束鹿县达鲁花赤(正七品),昭功万户府知事(八品)。[6] 在元代,国子生乃七品朝官子孙方能入选。束鹿县隶保定路祁州[7],昭功万户都总使司是元代主管文宗僚属的机构,至顺二年(1333)置,掌付事钩稽省属案牍,总录诸案及管辖吏员之事。[8]

(56)马祖恭

祖恭,祖常弟,马润第八子,国子生。[9]

(57)马祖中

祖中,马礼长子,浙西监仓使,某副使。[10]

(58)马祖周

〔1〕〔清〕钱大昕:《元进士表》,页131。

〔2〕《续通典·职官·文散官》:文散官,元代正八品曰登仕郎、将侍郎。

〔3〕〔元〕袁桷:《漳州路同知朝列大夫赠汴梁路同知骑都尉开封郡伯马公神道碑铭》,页396。

〔4〕〔元〕袁桷:《漳州路同知朝列大夫赠汴梁路同知骑都尉开封郡伯马公神道碑铭》,页396。

〔5〕"保德州,下。本岚州地,宋始置州。旧有倚郭县,元宪宗七年废县。至元二年,省陕州、芭州入本州岛。三年,又并岢岚军入焉。四年,割岢岚隶管州,陕州仍来属。"参见《元史》卷61,页1378。

〔6〕〔清〕钱大昕:《元史氏族表》卷2,页279;〔元〕苏天爵:《元故奉训大夫昭功万户府知事马君墓碣铭》,见《滋溪文集》卷19,页324-325。

〔7〕束鹿县隶祁州:"祁州,中。唐为义丰县,属定州。宋改为蒲阴县。金于县置祁州,属真定路。元至元三年,立附郭蒲阴县及以束鹿、深泽二县来属,隶保定。……束鹿。中。"参《元史》卷58,页1355-1356。

〔8〕"昭功万户都总使司,秩正三品。都总使二员,正三品。同知一员,从三品。副使二员,正四品。经历、知事、照磨各一员,令史六人,译史六人,知印二人,怯里马赤二人,奏差六人,典吏四人。至顺二年立,凡文宗潜邸扈从之臣,皆领于是府。其属则宫相、膳工等司。"参见《元史》卷89,页2262。

〔9〕〔元〕黄溍:《马氏世谱》。

〔10〕〔元〕黄溍:《马氏世谱》;〔元〕王逢:《题马季子怀静轩有序》,页506上。

祖周,马礼次子,乡贡进士,授广西廉访司知事。[1] 按,岭南广西廉访司乃至元十五年增设,正八品官。[2]

(59)马祖善

祖善,马礼第三子,进士,授河东宣慰司经历(从二品)。[3] 有元一代,宣慰司"掌军民之务。分道以总郡县,行省有政令则布于下,郡县有请则为达于省";河东宣慰司置在大同路,设宣慰使三员。[4]

(60)马祖良

祖良,马礼第四子。[5]

(61)马祖元

祖元,乡贡进士,官信州路教授,市舶提举。[6]

(62)马祖某

祖某,马渊次子,某路儒学教授。[7]

(63)马叔清

叔清,马渊第三子。事迹不详。

(64)马祖宪

祖宪,字符章,马世禄孙,失里哈次子,祖常堂兄弟。由胄监释褐同知陈州(正七品);[8] 至正七年(1347)选为长州县达鲁花赤。[9]

(65)马祖仁

祖仁,阙里奚思子,国子生,灵璧县主簿。[10]

---

〔1〕〔元〕黄溍:《马氏世谱》。

〔2〕《元史》卷86,页2179。

〔3〕〔元〕黄溍:《马氏世谱》。

〔4〕《元史》卷91,页2308。

〔5〕〔元〕黄溍:《马氏世谱》。

〔6〕〔元〕马祖常:《故礼部尚书马公神道碑铭》;〔元〕黄溍:《马氏世谱》。

〔7〕〔元〕黄溍:《马氏世谱》。

〔8〕"陈州,下。唐初为陈州,后改淮阳郡,又仍为陈州。宋升怀德府。金复为陈州。元初因之。"参见《元史》卷59,页1402。

〔9〕〔元〕干文传:《重修学记》,见《吴都文粹续集》卷4,四库丛书本。〔元〕黄溍:《马氏世谱》。

〔10〕〔元〕黄溍:《马氏世谱》。按,灵璧为汴梁路归德府宿州属下县。主簿为县衙内掌管文书的低级官员。参《元史》卷59,页1408。

（66）苏剌哈

苏剌哈,也里哈子,枣阳县主簿。[1]

（67）雅琥（Yakub,Jacob,Jacques）

雅琥,初名雅古,字正卿,汪古部也里可温人,年代与马月合乃之孙雅古合,疑为同一人。元《秘书监志》载:"雅古,著作佐郎,赐进士出身,字正卿,也里可温人,泰定元年（1324）十一月二十六日,以承事郎上。"[2]著作佐郎为史官,是著作郎的辅佐（正七品）;[3]承事郎为正七品文阶官。此外,雅琥还任过奎章阁学士参书、静江路同知（正七品）、福建盐运司同知、峡州路达鲁花赤（从五品）等职。[4]雅古是也里可温华化的一个典型,其事迹陈垣已有详述[5],不赘。

（68）马易朔

易朔,Jesus[6],官南台监察院书吏（正七品）。南台是江南诸路行御史台的简称,以别于内台。[7]

（69）马禄合（Luke）

禄合,官保定路行唐县尹（从七品）。[8]

（70）乌斯提克·塔斯汉（nǐng oɣlǐ ustǐɣ tasqan）

此人原籍高昌,1301 年逝于泉州,名见泉州出土的一方叙利亚语—回鹘语景教碑铭（见图 3-2）。其碑转写后汉译作:"以圣父、圣子和圣灵的名义。亚历山大帝王纪年 1613 年,桃花石纪年牛年十月二十六日。火州城人吐克迷西·阿塔·艾尔（Balïq-lïqtuɣmïs ata är）之子乌

---

〔1〕〔元〕黄溍:《马氏世谱》。按,枣阳乃襄阳路属下六县之一,"至元十四年,属南阳,十九年来属"。参《元史》卷 59,页 1409。

〔2〕《秘书监志》卷 10,页 196。

〔3〕《元史》卷 90,页 2296。

〔4〕参见桂栖鹏:《元代进士研究》,兰州大学出版社 2001 年版,页 14-15、186。峡州路为下路:"峡州路,下。唐改夷陵郡,又为峡州。宋隶荆湖北路,后徙治江南。元至元十三年归附,十七年升为峡州路。"参见《元史》卷 59,页 1418。

〔5〕陈垣:《元西域人华化考》,页 66-67。

〔6〕伯希和著、冯承钧译:《唐元时代中亚及东亚之基督教徒》,页 56。

〔7〕《元史》卷 86,页 2179。

〔8〕〔清〕钱大昕:《元史氏族表》卷 2,页 232-234。行唐隶属中书省保定路,参见《元史》卷 58,页 1354。

斯提克·塔斯汉在他六十七岁时,这位圣人和智者……完成了上帝的使命。他的灵魂将在天国安息。阿门!"[1]

(71)叶氏(? —1311)

叶氏,女,逝于泉州,名见泉州北门城墙出土的一方八思巴文—汉文十字碑(见图3-3)。碑高42.2厘米,宽32.3厘米,厚9.7厘米。碑体为灰绿色岩石。其汉字铭文作:"至大四年辛亥,仲秋朔日谨题。"[2]

(72)翁叶杨氏

翁叶杨氏,女,泉州,逝于1314年(见图3-4)。碑铭为蒙古八思巴文—汉文,汉文部分作:"延祐甲寅,良月吉日。"[3]

(73)阔里吉思

据《至顺镇江志》,阔里吉思为"也里可温人。至大初,少中大夫、镇江路总管府达鲁花赤,因居于此"[4]。复据同志卷15:"阔里吉思,也里可温人,少中大夫。至大元年(1308)八月六日至,皇庆元年(1312)十二元九日代。"[5]知其抵镇江时为至大元年。少中大夫即中大夫、亚中大夫,从三品,旧为少中,延祐改亚中。[6] 镇江路总管府达鲁花赤,秩从三品。

(74)鲁合(Luke)

鲁合,"阔里吉思子。朝列大夫、潭州路兼扬州达鲁花赤"[7]。朝列大夫为从四品文散官;潭、扬二州均为上路,达鲁花赤为秩正三品。

(75)太平

据《至顺镇江志》,太平为"也里可温人,嘉议大夫。皇庆元年十二月九日至,延祐三年(1316)十一月二日代"[8]。嘉议大夫为正三品文

---

[1]牛汝极:《泉州叙利亚——回鹘双语景教碑再考释》,页33-34。

[2]《泉州宗教石刻》(增订本),页406-407。

[3]《泉州宗教石刻》(增订本),页409-411。

[4]《至顺镇江志》卷19,页772。

[5]《至顺镇江志》卷15,页596。

[6]《元史》卷91,页2320。

[7]《至顺镇江志》卷19,页773。

[8]《至顺镇江志》卷15,页596-597。

散官。

(76)康里不花

陶宗仪《书史会要》载:"康里不花,字普修,也里可温人,官至海北廉访使,笃志坟籍,至于百氏术数,无不研览,书宗二王。"[1] 海北道于至元三十年(1293)设肃政廉访司,大德九年(1303)与其他 9 道廉访司划入江南道御史台统领。康里不花当即在至元三十年后方至岭表。康里不花在文化上和道教、阴阳家相近,并擅长书法,被陈垣当做华化的代表之一。[2]

(77)易公刘氏

易公刘氏,名见泉州北门城基出土之八思巴文—汉文十字碑(如图 3 - 5)。汉文部分铭刻:"时岁甲子,仲秋吉日。"[3] 据推测,刘氏可能在泰定元年(1324)逝于泉州。

(78)阿兀剌编帖木剌思(1291—1327)

阿兀剌编帖木剌思,名见内蒙古阿伦苏木一方景教碑(图 3 - 6)。原是京兆府(今陕西西安)达鲁花赤,后任怯怜口都总管府副都总管(隶属詹事院,正五品)。其碑记曰:

> 这坟阿兀剌编帖木剌思的,京兆府达鲁花赤……花赤,宣来后来怯怜口都总府副都总管,又……宣二道,前后总授宣三道,享年三十六岁,终。泰定四年六月二十四日记。[4]

怯怜口,蒙语口语作 ger-in k'e'ù,书面语作 er-ün köbegüd,指家中儿郎,即僮仆或奴隶工匠。

<hr />

〔1〕陶宗仪:《书史会要》卷 7,并参《佩文斋书画谱》卷 37;四库本《书史会要》改"康里不花"为"喀喇巴哈",改"也里可温"为"伊里河温"(814 册,页 645)。
〔2〕前揭陈垣:《元基督教徒之华学》;陈垣:《元西域人华化考》,页 86。
〔3〕《泉州宗教石刻》(增订本),页 407 - 408。
〔4〕盖山林:《阴山汪古》,页 271 - 272;并参盖山林:《中国北方草原地带的元代基督教遗迹》,载《世界宗教研究》1995 年第 3 期,页 96 - 103。

### 3.1.4 元末:顺帝朝(1333—1368)

(1)金元素

金元素,名哈剌,赐姓金[1],也里可温人。[2] 1330 年(天历三年)登进士第。[3] 至顺间为钟离县达鲁花赤(从七品)、工部郎中(从五品)、江南浙西道肃政廉访司佥士、升参知政事(从二品,副宰,亚于右左丞)、中政院使(正二品,掌中宫财赋营造供给,并番卫之士、汤沐之邑)[4]、江浙行省左丞(正二品)等,有《南游寓兴诗集》传世(今藏日本)。贾仲明《录鬼簿续编》云其为康里人:

> 金元素,康里人氏,名哈剌。故元工部郎中,升参知政事。风流蕴藉,度量宽宏。笑谈吟咏,别成一家。尝有《咏雪》〔塞鸿秋〕,为世绝唱。后随元驾北去,不知所终。[5]

按,康里是北方的一个突厥语部族。[6] 但《南游寓兴诗集》的序作者刘仁本(? —1367)称金元素是雍古部人,赵正由则称其为薛林人。三种说法,使元素的族属更显扑朔迷离,难辨孰是。金元素是元代杰出的曲家,又擅书法。陶宗仪《书史会要》指出:"哈剌,字元素,也理可温人,能文辞,其书宗巙正斋。"[7]"巙正斋"即指康里巙巙,也是一名华化较深的色目人。[8] 此外,《康熙凤阳府志》还称元素"能反冤狱,政为诸

---

〔1〕《康熙凤阳府志》卷 25《名宦》,并参见《隆庆中都志·名宦志》。

〔2〕《万历杭州府志·职官表》载:"元时可考者,有江浙行省左丞哈剌,也里可温人,又曾为江南浙西道肃政廉访司佥士,世次无考。"

〔3〕元素有诗《简德刚元帅》,写道:"天历三年同应举,锦衣行乐帝城春,花枝压帽闲骑马,竹叶倾杯醉劝人。"见其《南游寓兴诗集》,转引自萧启庆:《元色目文人金哈剌及其〈南游寓兴诗集〉》,页 309。

〔4〕《元史》卷 88,页 2230 – 2231。

〔5〕〔元〕贾仲明:《录鬼簿续编》,收入〔元〕钟嗣成:《录鬼簿》(外 4 种),上海古籍出版社 1978 年版,页 108。

〔6〕陆峻岭、何高济:《元代的阿速、钦察、康里人》,载《文史》第 16 辑,中华书局 1982 年版。

〔7〕四库本作"哈喇"、"伊哩克温",参〔元〕陶宗仪《书史会要》卷 7。

〔8〕参陈垣:《元西域人华化考》,页 84 – 92。

邑最"[1]者。可见,金元素在吏治、曲艺及书法方面都卓有成就,是一名华化较深的也里可温。[2]

(2)金文石

金文石,金元素之子,居金陵,《录鬼簿续编》载:

> 金文石,元素之子也。至正间,与弟武石俱父荫补国子生。因其父北去,忧心成疾,卒于金陵。幼年从名姬顺时秀歌唱,其音律调清巧,无毫厘之差,节奏抑扬或过之。及作乐府,名共大夫、伶伦等辈,举皆叹服。[3]

文石也是一位华化较深的也里可温,擅长音律和曲艺。

(3)金武石

金武石,文石弟,国子生。从元素、文石和武石父子3人的事迹可知,该家族已全都华化。

(4)囊加台

囊加台,秘书监奏差。元《秘书监志》载曰:"奏差囊加台,字符道,后至元三年(1337)八月二十九日参,也里可温人。"[4]秘书监奏差属七品以下吏员。

(5)秃鲁

秃鲁,也里可温人,后至元二年(1336)任南台御史(从一品)。[5]

(6)王茾道公(? —1349)

原籍河北阜平县人,卒于泉州。名见1946年泉州出土的一方双文墓碑。碑体正面(见图3-7)为卷云十字架图案,书以叙利亚文碑铭,碑体背面勒刻五行汉文(见图3-8):

> 大元故氏教尉光平路阜平县王茾道公至正己丑七月念四日

---

〔1〕《隆庆中都志·名宦志》亦有记载:"元哈剌,字元素,赐姓金,也里可温人,赐进士出身。至顺间为钟离县达鲁花赤,能反冤狱,政为诸邑最。豪州学正曾好问为着碑。累官廉访金士,江浙行省左丞,拜枢密院使。"参〔明〕柳瑛:《隆庆中都志》卷6,转引自萧启庆:《元色目文人金哈剌及其〈南游寓兴诗集〉》,页302。

〔2〕陈垣:《元基督教徒之华学》,页52;《元西域人华化考》,页127-128。

〔3〕贾仲明:《录鬼簿续编》,页108。

〔4〕《秘书监志》卷11,页120;〔清〕钱大昕:《元史氏族表》卷2,页279。

〔5〕《至正金陵新志》卷6,收入《宋元方志丛刊》第6册,中华书局1990年版,页41、62。

73

·欧·亚·历·史·文·化·文·库·

何□□志[1]

至正己丑为元顺帝至正九年（1349）。汉语铭文字迹拙朴，与碑体正面舒展流畅的古叙利亚文书写形成鲜明的反差，显然，是碑乃汉文程度较低之人所勒刻。

（7）脱别台

脱别台，也里可温人，至正十年（1350）任大名兵马指挥副使[2]。元代设兵马司主管京师治安，南北城各置一司[3]。

（8）聂只儿

聂只儿，广惠司卿。按，广惠司卿乃英宗至治年间定置（设司卿四员、少卿二员），掌广惠司事；属下有大都、上都路回回药物院。杨瑀《山居新话》载：

> 元统甲戌（1334）三月二十九日，瑀在内署退食余暇，广惠司卿聂只儿（也里可温人）言："去岁在上都，有刚哈剌咱庆王，今上皇姊之驸马也，忽得一证，偶坠马，扶起，则两眼黑晴俱无，而舌出至胸。诸医束手，惟司卿曰："我识此证。"因以剪刀剪之，剪下之舌尚存，亦异症也。广惠司者，回回医人隶焉[4]。

此事陶宗仪《南村辍耕录》也有记载，可资参证：

> 今上之长公主之驸马刚哈剌咱庆王，因坠马，得一奇疾，两眼俱无，而舌出至胸，诸医罔知所措，广惠司卿聂只儿，乃也里可温人也。尝识此证。遂剪去之。项间，复生一舌，亦剪之，又于真舌两侧各去一指许，却涂以药而愈。时元统癸酉（1333）也。广惠司者，回回之为医者隶焉[5]。

---

[1]《泉州宗教石刻》（增订本），页383。

[2]《正统大名府志》卷5，中国科学院图书馆选编：《稀见中国地方志汇刊》（3），中国书店1992年版，页736。

[3]其设都指挥使二员，副指挥使五员，其余知事、提供案牍各一员，吏十四人。"至元九年改千户所为兵马司，隶大都路。而刑部尚书一员提调司事，凡刑名则隶宗正，且为宗正之属。二十九年，置都指挥使等官，其后因之。一司于北城，一置司于南城。"见《元史》卷90，页2301。

[4]杨瑀：《山居新话》，知不足斋丛书本，转引自陈垣：《元也里可温教考》，收入《陈垣学术论文集》第1册，页11－12。

[5]陶宗仪：《南村辍耕录》卷9"奇疾"，页109。

两条记载仅差一年,但都是顺帝朝初期事。聂只儿的事迹为元代也里可温之擅医又添一证,但其使用的具体为何种医术,尚待考证。

（9）马武子

武子,祖常长子。曾任太常太祝(从八品)、中书省掾、奎章阁典签兼经筵参赞官、承务郎(从六品文散官)及湖广行中书省检校官等职。[1]

（10）马文子

文子,祖常次子,曾任征事郎(从七品文散官),秘书监著作郎(从六品)。[2]

（11）马献子

献子,父马祖义,为国子进士,任含山县达鲁花赤。[3]

（12）马惠子

惠子,父马祖烈。任高邮府知事;后至元间任钟离县尉。[4]按,县尉为低级官员,下县方置。[5]

（13）马季子

季子,父马祖中。季子随祖父马礼居于松江,书房号"怀静轩"。王逢《题马季子怀静轩(有序)》载:

> 怀静轩者,居延马季子之所创也。季子之先曰月哥,曰理术,自雍古特部族,居静州天山。一传为习礼吉思,仕金死节,谥忠愍,血食汴之褒忠庙。二传为忽那,北入见宪宗皇帝,以白衣官断事,从世皇南征,以劳拜礼部尚书,谥忠懿。三传为世昌,尚书省郎中。四传为礼,宣政都事。五传为祖中,浙西监仓使。仲氏祖常,纍进士第一人,官至翰林大学士。六传为季子,随都事公居于淞之竹冈。轩以怀静名,示不忘本也。敬题诗曰马石田世系于此得详:"尔家

---

〔1〕〔元〕苏天爵:《元故资德大夫御史中丞赠掘忠宣宪协正功臣魏郡马文贞公墓志铭》;〔元〕黄溍:《马氏世谱》。

〔2〕〔元〕苏天爵:《元故资德大夫御史中丞赠掘忠宣宪协正功臣魏郡马文贞公墓志铭》。

〔3〕〔元〕黄溍:《马氏世谱》。

〔4〕〔元〕黄溍:《马氏世谱》。

〔5〕《元史》卷91,页2318。

世德肇居延,忠义勋名两代传,碧血溅波归九地,白衣扶日上中天。凤毛麟角联青紫,春雨秋霜隔陇阡。惟有终身诚孝切,祈连如见气苍然。"[1]

一般认为"怀静"是为了表明季子不忘本(所谓"静州天山"),但马氏汪古原居地其实在金代净州之天山县,元代属净州路。[2] 因此,把"怀静"解为"心怀静州",无如解作取意于"宁静致远",这和马季子的华化身份颇吻合。

(14)明安沓尔

明安沓尔,马祖周子。事迹不详。[3]

(15)伯嘉讷

伯嘉讷,父马祖仁。事迹不详。[4]

(16)马氏

马氏,祖常孙女,云南提举冯文举妻。明玉珍攻云南时,马氏与冯文举双双自杀殉国。[5]

(17)马某火者

马某火者,至正十八年(1358)十一月除崇福司使。[6] 佐伯好郎认为此名当为 Mar Moses 之音译,存疑。[7]

(18)月景辉

月景辉事迹不见载于正史,唯贾仲明《录鬼簿续编》有简略的记载,其曰:

也里可温氏,居京江,与陈敬斋同接。官至令尹。公人物俊伟,襟怀洒落,吟诗和曲,笔不停思。尤善于隐语。与人交,始终不偷其节。其视功名为蔽履,盖时人多不及也。[8]

---

〔1〕〔元〕王逢:《题马季子怀静轩有序》,页 506 上;并参见黄纪:《怀静轩并序》,页 51。
〔2〕《金史》卷 24,页 566;《元史》卷 58,页 1353。
〔3〕〔元〕黄溍:《马氏世谱》。
〔4〕〔元〕黄溍:《马氏世谱》。
〔5〕《天启成都府志》卷 40,并见同志卷 27。
〔6〕《元史》卷 113,页 2856。
〔7〕P. Y. Saeki, *The Nestorian Documents and Relics in China*, p.498.
〔8〕〔元〕贾仲明:《录鬼簿续编》,页 109。

看起来月景辉华化较深,擅长音律和诗文。陈敬斋为元末明初人,《皇元风雅后集》录其诗三首[1]。

### 3.1.5 年代不详者

(1)大德黄公

大德黄公,名见 1946 年泉州北门城基内出土之莲花华盖十字碑(见图 3-9)。是碑正面勒刻为叙利亚语,背面局部为汉文,记曰:"大德黄公,年玖三岁。"[2]大德一词原指佛僧,在我国常用以称呼年长的僧侣。唐代景教传入后,"大德"被用来称呼景教的高僧,如阿罗本和景净便是[3]。故笔者推测,此处的大德黄公是元代泉州基督教团一位德高望重的教士[4]。

(2)马押忽

马押忽,"也里可温氏,事继母张氏,庶母吕氏,克尽子职"[5]。马押忽有庶母,其父纳妾似不符合基督教教义。鲁布鲁克曾指责蒙古汗庭的景教士是重婚者[6],马押忽此条正好作一脚注[7]。元代也里可温确存在戒律不严的问题,此亦元时宗教界之一通病。至元年间元廷曾两下圣旨"敕僧、道、也里可温有家室不持戒律者,占籍为民"[8],"敕西京僧、道、也里可温、答失蛮等有室家者,与民一体输赋"[9],可窥一斑。伯希和认为此马押忽即汪古部的雅古(Yakub,Jacques)[10],

---

〔1〕《皇元风雅后集》卷3,四部丛刊初编本。

〔2〕《泉州宗教石刻》(增订本),页 404-405。

〔3〕参见《大秦景教流行中国碑》以及《尊经》之附录。

〔4〕该碑曾被疑为摩尼教遗物,据林悟殊教授考证,其当为一景教碑刻。参见氏文:《泉州"摩尼教墓碑石"为景教墓碑石辨》,收入前揭克里木凯特著、林悟殊翻译:《达·伽玛以前中亚和东亚的基督教》,页 178-188。

〔5〕《元史》卷 197,页 4453。

〔6〕何高济译:《鲁布鲁克东行纪》,页 255。

〔7〕身为也里可温而纳妾,在元代并不鲜见。前揭马祖常之父马润,便有两位夫人白氏、张氏(参前揭袁桷《漳州路同知马公神道碑铭》),马祖常也有一妻一妾,分别为索氏和克烈氏(参〔元〕苏天爵:《元故资德大夫御史中丞赠摅忠宣宪协正功臣魏郡马文贞公墓志铭》)。

〔8〕《元史》卷7,页 131。

〔9〕《元史》卷7,页 183。

〔10〕伯希和著,冯承钧译:《唐元时代中亚及东亚之基督教徒》,页 56。

待考。

（3）安马里忽思

安马里忽思，"也里可温人，居镇江，中宪大夫（正四品文散官），同知广东道宣慰使司副都元帅（从三品）。"[1]

（4）也里牙

也里牙，"安马里忽思子，以父荫忠翊校尉，南安路大庾县达鲁花赤（秩正七品），今昭信校尉，同知潭州路浏阳州事"[2]。按，忠翊校尉、昭信校尉分别为七品、六品武散官。

（5）朱云（音译）

朱云，名见1954年泉州北门城基出土的八思巴文卷云十字墓碑（见图3-10）。蔡美彪初步拟出其音读，为："Kaj Šan zèu jen kó tash'uin mú"，拟字"开珊朱延珂子云墓"，即开珊人朱延珂之子朱云墓[3]。而牛汝极的释读为"凯珊·居延女儿云之墓"；他还指出，可孜、珂子、可訾为回鹘语 qiz-i "姑娘"、"女儿"的译音，认为墓主是一位畏兀儿人[4]。两种解读分歧较大，但可以断定的是，墓主人绝非汉人，否则必定会以汉字书写。蔡译把墓主人判断为山西开珊人，我们知道山西是元代也里可温的重要分布地，五代辽金元时期这里一直胡汉杂居，所以这个释读有其合理性。牛译将墓主人目为畏兀儿人，元代畏兀儿人中确有不少基督徒；不过，若此论得实，则此碑铭当使用回鹘文书写方更合情理，毕竟为死者所撰之墓碑，应使用墓主人的民族语言为宜。故此处采用蔡美彪之说。

（6）塔海

塔海，"也里可温人，居京口（即镇江）。正议大夫（正三品文散官）、同知广东道宣慰使司，副都元帅（从三品）"[5]。

（7）柯存诚

---

〔1〕《至顺镇江志》卷19，页772；《元史》卷91，页2320、2309。

〔2〕《至顺镇江志》卷19，页772。

〔3〕《泉州宗教石刻》（增订本），页408-409。

〔4〕牛汝极：《从出土碑铭看泉州和扬州的景教来源》，页79。

〔5〕《至顺镇江志》卷19，页772；《元史》卷91，页2309。

柯存诚,侍者长,逝于泉州(见图 3 – 11)。[1] 侍者乃佛教僧职名词,指随侍长老之侧之人。柯存诚可能是教中的一位中高级教士。

### 3.1.6 别录

元代著名的聂斯脱里教部落有克烈、汪古、乃蛮、畏兀儿、阿速、钦察等部,尤以克烈、汪古最为闻名。汪古部早在辽代就出现了聂斯脱里信仰,近人更在其领地内发现大量基督教遗迹。克烈部的景教公主们,事迹更是远播中亚,名闻教廷。但这并不是说,该等部落已彻底基督教化。事实上,上述诸部信仰仍十分复杂,其基本信仰当为游牧地区固有的萨满教崇拜,佛教的影响也不小,亦多有信奉伊斯兰教者,须谨慎对待。[2] 另外,在元代典籍中,出自以上部落的基督教徒鲜有被称为“也里可温”者,故作别录于此。

#### 3.1.6.1 怯烈(克烈)部

克烈部据称较早就改信了基督教,事在公元 1007 年。[3] 钱大昕《元史氏族表》收录怯烈部人物计 59 位,但很难判断其中孰为基督徒。此处辑录其中较为重要且被考订为基督教徒者。

唆鲁和帖尼,克烈部公主,睿宗拖雷之妻,虔诚的基督徒。[4] 不仅如此,唆鲁和帖尼还是蒙元统治阶级中一位杰出的“政治家”——就是在她的努力下,蒙古大权才从窝阔台系转入拖雷系。[5] 她的几个儿子,蒙哥、忽必烈是中国的统治者,旭烈兀则统治西亚。在这 3 位大汗统治时期,亚洲的基督教徒受到了优待和礼遇。

---

〔1〕《泉州宗教石刻》(增订本),页 405 – 406。

〔2〕参盖山林:《阴山汪古》第八章《汪古领地的宗教》,该章讨论了汪古地区佛教、道教、景教及伊斯兰教文化的历史遗痕。

〔3〕E. C. D. Hunter, "The Conversion of the Kerait to Christianity in AD 1007"。

〔4〕[波斯]志费尼著、何高济译、翁独健校订:《世界征服者史》,江苏教育出版社 2005 年版,页 457 – 460。

〔5〕[美]罗莎比(Morris Rossabi):《忽必烈家族中妇女的政治作用》,载《蒙古学资料与情报》1991 年第 1 期,页 17 – 23。

·欧·亚·历·史·文·化·文·库·

镇海,中书右丞相,掌管畏兀儿蒙古字书,后为蒙哥所杀[1]。3 子,分别为:要束木(Joseph),勃雇思(Bacchus),阔里吉思(Georges)。伯希和已指出 3 人是聂斯脱里教徒[2]。孙按摊不花,任淮东廉访副使[3]。

博剌海,据伯希和的考察,是一名景教徒[4]。

按摊,也先不花[5]子。授海南宣慰使,1309 年拜中书右丞,行浙东宣慰使。后因奔父丧于武昌哀毁而卒,追谥贞孝[6]。按摊或为 Adam 的音译。

### 3.1.6.2　雍古(汪古)部

(1)赵氏汪古

赵氏家族最早定居云中,降元后编入蒙古汉军,世袭统帅,镇守四川行省。世人皆以其为基督教世家,缘其族属汪古,而汪古为著名的景教部落,且赵氏族中亦有不少基督教式人名。不过,在汪古部几个大族之中,赵氏作为基督教世家的证据最为薄弱。赵氏汪古以军事见长,但族中声望最显赫的赵世延却是一名大儒。

黟公,仕金,为群牧使,赠御史中丞,追封云中郡公,谥贞毅。其率所牧马投靠成吉思汗,与其结盟,是为根脚之家。故终元一代,赵氏都得到当朝者的倚重。

按竺迩(1195—1263),世居云中,于平四川有功,因居成都,蒙古

---

〔1〕〔清〕钱大昕《元史氏族表》卷 2,页 75 - 76。伯希和著,冯承钧译:《唐元时代中亚及东亚之基督教徒》,页 54。〔法〕贝凯、韩百诗译注,耿昇译:《柏朗嘉宾蒙古行纪》,中华书局 2002 年版,页 102、159,注 189;〔瑞典〕多桑著,冯承钧译:《多桑蒙古史》,页 231。

〔2〕伯希和著,冯承钧译:《唐元时代中亚及东亚之基督教徒》,页 54;并参〔清〕钱大昕《元史氏族表》卷 2,页 75 - 77。

〔3〕〔清〕钱大昕:《元史氏族表》卷 2,页 77。

〔4〕伯希和著、冯承钧译:《唐元时代中亚及东亚之基督教徒》,页 54 - 55。

〔5〕也先不花,父字鲁欢(事睿宗,因党附阿里不哥伏诛),初袭父职为必阇赤长,大德二年(1298)迁湖广行省平章,八年迁平章河南行省,九年升湖广行省行中书省左丞相,至大二年(1309)卒,谥文贞。按摊为其第五子。

〔6〕〔清〕钱大昕:《元史氏族表》卷 2,页 74。

汉军征行元帅,赠太保,追封秦国公,谥武宣,一作忠宣,《元史》有传。[1] 子11人,史载者3。按竺迩当为Andrew的译音。[2]

彻里(Charles)[3],平四川有功,袭父职为元帅。1260年授奥鲁元帅,改征行元帅;1264年致仕。[4]

国宝,原名黑梓,国宝是其字。积功授蒙古汉军元帅,兼文州吐蕃万户府达鲁花赤,赠平章政事。1267年卒,追封梁国公,谥忠定。[5]

国安,原名帖木尔,袭兄职,授蒙古汉军元帅,兼文州吐蕃万户府达鲁花赤,赐金虎符,进昭勇大将军、昭毅大将军、招讨使。[6]

步鲁合荅,彻里子,管军千户,云南万户府达鲁花赤。[7]

忙古不花,步鲁合荅之子,袭管军千户。[8]

赵世荣,国宝子,又名那怀,"袭怀远大将军、蒙古汉军元帅,兼文州吐蕃万户府达鲁花赤。后以功进安远大将军、吐蕃宣慰使议事都元帅,佩三珠虎符"[9]。怀远大将军、安远大将军均为从三品武散官。[10]

赵世延(1260—1336),字子敬,号迁轩,居成都、金陵。曾任南台治书、四川廉访使、西台侍御史、江浙行省参政、中书省侍御史、中书参政、御史中丞、翰林承旨、四川行省平章、集贤大学士、南台中丞、奎章阁大学士、中书平章政事等官,封鲁国公、凉国公,赠太保,谥文忠。[11]《元史》本传总结其一生,曰:

世延历事凡九朝,扬历省台五十余年,负经济之资,而将之以

---

〔1〕《元史》卷122,页2982－2987;〔清〕钱大昕:《元史氏族表》卷2,页225。〔元〕程钜夫:《谥武宣制》,见《雪楼集》卷4;屠寄:《蒙兀儿史记》卷47。

〔2〕张星烺认为是Antony的音转,参张星烺编注、朱杰勤校订:《中西交通史料汇编》(1),页394。

〔3〕张星烺编注、朱杰勤校订:《中西交通史料汇编》(一),页394。

〔4〕〔清〕钱大昕:《元史氏族表》卷2,页225。《元史》卷132,页3207。

〔5〕〔清〕钱大昕:《元史氏族表》卷2,页225－226。

〔6〕《元史》卷121;《元史氏族表》卷2,页227－228。

〔7〕〔清〕钱大昕:《元史氏族表》卷2,页225－226。

〔8〕《元史》卷132;《元史氏族表》,页225。

〔9〕《元史》卷132,页2985;〔清〕钱大昕:《元史氏族表》卷2,页225－226。

〔10〕元制一品至五品为宣授,以制命之。

〔11〕《元史》卷180,页4162－4166;〔清〕钱大昕:《元史氏族表》卷2,页226;陈垣:《元西域人华化考》,页51－54;陈垣:《元基督教徒之华学》,页47－49。

忠义,守之以清介,饰之以文学,凡军国利病,生民休戚,知无不言,而于儒者名教,尤拳拳焉。为文章,波澜浩瀚,一根于理。尝较定律令,汇次《风宪宏纲》,行于世。[1]

总的来看,赵世延主要是在监察系统任职,即"扬历省台五十余年";其被诬入狱,便是因弹劾权臣帖木迭儿所致。徐成式在总结元代监察体系时,曾有"台臣遭陷之多"[2]的慨叹,世延之诬狱便是一证。赵世延虽出色目基督教世家,但却是当时儒学的代表人物,本传说他"喜读书,究心儒者体用之学",但据陈垣的考察,赵世延实则由儒入道。

野峻台,赵世延长子。由四川行省左右司郎中、西行台监察御史、河西廉访使转黄州路总管,升四川行省参政。元末死战,赠陕西行省平章政事,追封凉国公,谥忠壮。[3]

月鲁,任江浙行省理问官。

伯忽,曾任夔州路总管。天历(1328—1330)初,囊加台据四川叛乱,伯忽死于难,特赠推忠秉义效节功臣、资善大夫、中书右丞、上护军,追封蜀郡公,谥忠愍。[4]

赵鸾,赵世延女,中书参政许有壬妻,工于书法,通孔老之学[5],为元代华化色目妇女的典范。其生平事迹见陈旅所撰《鲁郡夫人赵氏墓志铭》。[6]

(2)阿剌兀思剔吉忽里系

汪古部阿剌兀思剔吉忽里系信仰景教的证据颇多,不仅见于西方

---

〔1〕《元史》卷180,页4166。

〔2〕徐成式:《中国监察史略》,中华书局1937年版,页98。

〔3〕《元史》卷195,页4423;〔清〕钱大昕:《元史氏族表》卷2,页226–227。

〔4〕《元史》卷195,页4423;〔清〕钱大昕:《元史氏族表》卷2,页226–227。

〔5〕陈垣:《元基督教徒之华学》,页52;并见氏著:《元西域人华化考》卷7《女学篇》,页127–128;张斐怡:《从墓志碑传论蒙古色目女子的"汉化"及其相关问题》,"宋代墓志史料的文本分析与实证运用"国际学术研讨会论文(台湾,东吴大学)。

〔6〕〔元〕陈旅:《鲁郡夫人赵氏墓志铭》,见《安雅堂集》卷11,四库全书本。

旅行家传教士的游记,也有其领地内发现的大量景教墓碑石可资证明。[1] 该系汪古部族活动范围主要限于所属领地(德宁、砂敬、净州、集宁等路)。有元一代,该部较好地保持了固有的基督教信仰。

阿剌兀思剔吉忽里,汪古部长,从成吉思汗平乃蛮部,后为部下所杀,追谥忠武。[2]

镇国,阿剌兀思剔吉忽里之侄,封北平王。[3]

孛要合,阿剌兀恩剔吉忽里子,尚成吉思汗女阿剌海别吉公主。[4]

拙里不花,孛要合子。[5]

君不花,孛要合子,尚定宗贵由汗之女叶里迷失公主。元代景教僧拉班·扫马西行,途经东胜,曾受到君不花和爱不花的接见。[6]

爱不花,孛要合子,尚忽必烈汗之女月烈公主,屡立战功,谥武襄。[7]

阔里吉思(?—1298),爱不花子,1295 年封高唐王驸马,1298 年死于征边叛乱之战,谥忠献。阔里吉思名闻西方基督教史,其事迹见于方济各会士约翰·孟高维诺的信札、马可波罗游记及各种教史记载,

〔1〕张星烺编注、朱杰勤校订:《中西交通史料汇编》,页 322 - 323;Samuel Hugh Moffett, A History of Christianity in Asia I: Beginnings to 1500, pp. 450 - 451, 456 - 459. 盖山林《元代汪古部地区的景教遗迹与景教在中西方文化交流中的作用》,载《亚洲文明论丛》,1986 年,页 143 - 155;盖山林:《中国北方草原地带的元代基督教遗迹》,页 96 - 103;盖山林:《中国北方草原的元代基督教遗迹与赵王城罗马教堂的发现》,载《纪念孟高维诺宗主教来华七百周年国际学术会议文集》,思高圣经学会出版社 1994 年版,页 297 - 305;前揭〔日〕佐伯好郎:《内蒙古百靈廟附近に於ける景教の遺跡に就いて》,佐伯好郎:《再び百靈廟附近に於ける景教の遺跡に就いて》文;樱井益雄:《汪古部族考》,载《东方学报》,东京,1938 年,页 1 - 22;江上波夫:《オングト部にぉける景教の系统とその墓石》;江上波夫:《百靈廟老龍蘇木之元代汪古部王府府址發掘報告》,载《东方学报》,13 - 1,1942 年;正茂:《元代汪古部基督教浅谈》,载《内蒙古社会科学》1993 年第 6 期,页 82 - 86;周良霄:《元和元以前中国的基督教》。

〔2〕《元史》卷 118,页 2923 - 2924;〔清〕钱大昕:《元史氏族表》卷 1,页 57;《蒙兀儿史记》卷 36。

〔3〕《元史》卷 118;〔清〕钱大昕:《元史氏族表》卷 1,页 60 - 61。

〔4〕〔清〕钱大昕:《元史氏族表》卷 1,页 57;《元史》卷 118,页 2923。

〔5〕〔清〕钱大昕:《元史氏族表》卷 1,页 60。

〔6〕《元史》卷 118;伯希和著、冯承钧译:《唐元时代中亚及东亚之基督教徒》,页 58 - 59。

〔7〕〔清〕钱大昕:《元史氏族表》卷 1,页 58 - 59。

兹不赘引。[1] 惜汉籍难找到相关佐证。陈垣认为他是元代西域基督教世家华化的代表。[2]

襄加台，君不花子，尚亦怜真公主，卒谥忠烈。[3]

邱邻察，《元史》作"乔邻察"，君不花子，尚回纥公主，卒谥康僖。[4]

术忽难(Johanan)，阔里吉思弟，嗣高唐王。1309 年(至大二年)封赵王，次年薨，追谥惠襄。[5]

叶里弯，阔里吉思妹，1298 年曾有一部为她所撰的叙利亚文福音书，其教名盖为 Sarah。[6]

术安(Jean)，阔里吉思子，尚晋王女阿剌的纳八剌公主，嗣高唐王，谥简穆。[7]

马札罕，襄加台子，尚桑哥八剌公主。泰定元年(1324)封赵王。[8]

怀都，嗣赵王。[9]

聂古台，镇国子，尚独木干公主，嗣北平王，略地江淮，薨于军。[10]

---

〔1〕《元史·阿剌兀思剔吉忽里传》；阎复：《驸马高唐忠献王碑》，载《国朝文类》卷 23，四库丛书本；〔清〕钱大昕：《元史氏族表》卷 1，页 58－59；伯希和著，冯承钧译：《唐元时代中亚及东亚之基督教徒》，页 60－62；张星烺编注、朱杰勤校订：《中西交通史料汇编》，页 322－323；Samuel Hugh Moffett, *A History of Christianity in Asia I: Beginnings to 1500*, pp. 450－451,456－459.

〔2〕陈垣：《元西域人华化考》，页 23－25。

〔3〕〔清〕钱大昕：《元史氏族表》卷 1，页 57。

〔4〕〔元〕柳贯：《谥康僖制》，见《柳待制文集》卷 7，页 90。〔清〕钱大昕：《元史氏族表》卷 1，页 57－58。

〔5〕《元史》卷 180；柳贯：〔元〕《谥惠襄制》，见《柳代制文集》卷 7，页 90 下。周清澍：《汪古部统治家族——汪古部事辑之一》，载《文史》第 9 辑，中华书局 1980 版，页 165－166。

〔6〕叶里弯之名见载于阎复：《驸马高唐忠献王碑》。有关叶里弯与该福音书作者之关系的考证，详参伯希和著，冯承钧译：《唐元时代中亚及东亚之基督教徒》，页 61－62。Pier Giorgio Borbone, "Princess Sara's Gospel Book, A Syriac Manuscript Written in Inner Mongolia?" in *Jingjiao: The Church of the East in China and Central Asia*, pp. 347－348.

〔7〕〔元〕柳贯：《谥简穆制》，见《柳待制文集》卷 7，页 90；周清澍上揭文《汪古部统治家族——汪古部事辑之一》；《元史氏族表》卷 1，页 58－59。

〔8〕《元史》卷 180；《元史氏族表》卷 1，页 57；《王傅德风堂碑记》，载盖山林：《阴山汪古》，页 420－421。

〔9〕上揭《王傅德风堂碑记》。

〔10〕《元史》卷 180；〔清〕钱大昕：《元史氏族表》卷 1，页 60－61。

火思丹,拙里不花子,尚宗王卜罗出女竹忽真公主。[1]

### 3.1.6.3　元也里可温疑名录

伯希和氏所倡议裒辑元代典籍中基督教人名的计划,操作起来较有难度,而且,单就名字论其信仰,实非我国史学研究的传统。故本篇辑录仅是一个初步的尝试,存疑不论。至于个人事迹,限于文献多所阙载,未能多及,俟来日开拓。以下辑录乃教名疑似 Yohanna, Nicolas, Sargis, Solemn, Josoph 及 Denha 者。

（1）Yohanan

Yohannan,元时多译作月忽难、月合乃、药难、岳合乃等。除前述所辑录汪古部月忽难、马岳难,散见于元代典籍中还有数人,兹收录如次。

月忽乃,燕京人,历柳州路达鲁花赤(从三品),至元二十五年改肇庆路(见图 3 - 12)。[2] 柳州[3]、肇庆[4]皆为下路,达鲁花赤为从三品官。

岳合难,大德十年(1307)任象山县达鲁花赤。[5] 象山县隶庆元路,中县,达鲁花赤为秩正七品。

月忽难,至大元年(1308)、皇庆二年(1313)两任南台御史,延祐三年(1316)进南台经历(从五品)。[6]

月忽难,至顺间为徽州路总管(正三品)。[7]

月忽难,后至元六年(1340)任庆元市舶同提举。[8] 庆元市舶司是元代三市舶司(泉州、广州、庆元)之一,延祐元年(1314)改立,管理海

---

〔1〕〔清〕钱大昕:《元史氏族表》卷 1,页 60。

〔2〕《高要金石录》卷 4。

〔3〕"柳州路,下。唐改龙城郡,又改柳州。元至元十三年,置安抚司。十六年,改柳州路总管府。"见《元史》卷 63《地理六》"柳州路"条,页 1533。

〔4〕"肇庆路,下。唐初为端州,又改高要郡,又仍为端州。宋升肇庆府。元至元十三年,徇广东,惟肇庆未附。十六年,广南西道宣慰司定之,因隶广西。十七年,改为下路总管府,仍属广东。"见《元史》卷 62《地理五》"肇庆路"条,页 1517。

〔5〕《延祐四明志》卷 3,收入《宋元方志丛刊》第 6 册,中华书局 1990 年版,页 6175。

〔6〕《至正金陵新志》卷 6,页 41、53、55。

〔7〕《弘治徽州府志》卷 4,页 25 下。

〔8〕"月忽难承务郎至元六年十一月二十五日之任"《至正四明续志》卷 2,收入《宋元方志丛刊》第 7 册,中华书局 1990 年版,页 6456 上。

85

外贸易,从五品。[1]

月忽难,字明德,江浙行省掾史选为临江路经历,入为工部主事,至正九年(1349)累迁江浙财赋副总管,至正十一年以足疾去官。其任职临江[2]期间,为百姓解除民患,受到嘉许。刘基《诚意伯文集》记述甚详,兹予引录:

> 余昔宦游高安。高安与临江邻。临江故多虎狼之卒,凡居城郭者,非素良家,咸执鞭以为业,根据蔓附,累数百千辈。以鹰犬于府县,民有忤其一,必中以奇祸。官斥弗任,则群构而排去之。狱讼兴灭,一自其喜怒,有诉于官,非其徒为之所,虽直必曲,获其助者反。是百姓侧足畏避,号曰"笳鼓人"。莫解其意,或曰:"谓其部党众而心力齐也。"余每闻而切齿焉,无能如之何也。会朝,议以蒙古色目氏参佐簿书曹官,于是江浙行省掾史月忽难公获选为临江路经历。下车访民瘼,按宿狱,凡壅滞不决者,皆笳鼓之徒为之。督所属逮捕,穷其奸状,而上下夹为覆冒,公执正议愈奋,曰:"吾誓不与鼠子俱立于此!"众不能沮,于是事露者伏其辜,余党悉敛迹退散。农民入城市相谓,曰:"微经历,我与尔敢来此乎?"予闻甚喜,且庆朝廷之用得其人也。后数岁,乃识公于京师。公时奉使自湖广还,民誉独籍籍,予又为大喜。至正己丑,公为江浙财赋副总管,因得相与为文字交。公素有足疾,辛卯六月以病去。荐绅之士咸祖送北门外,酒酣有起而歌者,曰:"湛卢可以断犀而以之割鸡,隋珠可以照车而以之弹鸟,吁,嗟兮,吾安所如!"客有和之曰:"松柏在山兮,匠石求之;夜光在璞兮,卞和识之;物固有遇兮,

---

[1] "市舶提举司。至元二十三年,立盐课市舶提举司,隶广东宣慰司。三十年,立海南博易提举司。至大四年罢之,禁下番船只。延祐元年,弛其禁,改立泉州、广东、庆元三市舶提举司。每司置提举二员,从五品。同提举二员,从六品。副提举二员,从七品。知事一员。"见《元史》卷91,页2315。

[2] "临江路,上。唐改建成为高安,而萧滩镇实高安境内。南唐升镇为临江县,属洪州,后又属筠州。宋即清江县置临江军,隶江南西道。元至元十三年,隶江西行都元帅府。十四年,改临江路总管府。"见《元史》卷62《地理五》"临江路"条,页1510-1511。

遇当有时。"因相顾大笑,赋诗为别,而刘基序焉。[1]

(2)Solomn

元代典籍中失里门又作失烈门、昔列门、失里门,锡礼门、式列门等,是 Solomn(今译所罗门)的音译。汪辉祖《三史同名录》载《元史》失列门 7,昔列门 2,失烈门、失里门 3。名存 12,实为 6 人（1 人待考）。[2] 下面以其生活年代为序,并增补见载于同时代其他典籍者,整理如次。

失列门,克烈部大将,克烈王子桑昆部下。[3]

失里门,又作"失烈门",博尔忽孙,许兀慎氏。[4]

失列门,亦作"昔列门"、"昔列门",定宗贵由子,太宗窝阔台立为嗣,后谪为探马赤,被溺杀。[5]

失列门,亦作识烈门[6]、失烈门[7]、失里门[8],英宗朝徽政院使,权相铁木迭儿党羽,后伏诛。[9]

失列门,彻里子,阿速氏,天历元年授左卫阿速亲军都指挥使司佥事。[10]

式列门,至治二年任瑞州路治中。[11]

失列门,并作实理门[12],顺帝朝重臣,历任枢密院事,左丞相（正一

---

〔1〕刘基:《送月忽难明德江浙府总管谢病去官序》,见《诚意伯文集》卷 5,四部丛刊初编缩本,上海商务印书馆 1936 年版,页 1125 - 1126。

〔2〕汪辉祖:《三史同名录》卷 26,丛书集成初编本,第 3292 册,中华书局 1985 年版,页 248 - 249。

〔3〕《元史》卷 120,页 2962。

〔4〕《元史》卷 119,页 2948。

〔5〕《元史》卷 114,页 2869。《元史》卷 170;屠寄:《蒙兀儿史记》卷 37。志费尼:《世界征服者史》,页 463 - 505。

〔6〕"延祐三年春,议建东宫,时丞相铁木迭而欲固位取宠,乃议立英宗为皇太子,又与太后幸臣识烈门潜帝于两宫,浸润久之,其计遂行。"(《元史》卷 31,页 693。)

〔7〕"癸卯,以故徽政使失烈门妻赐燕铁木儿。"(《元史》卷 32,页 715。)

〔8〕《元史》卷 250,页 4580。

〔9〕《元史》卷 27,页 599。

〔10〕《元史》卷 135,页 3284。〔清〕钱大昕:《元史氏族表》卷 2。

〔11〕《崇祯瑞州府志》卷 14。

〔12〕《元史》卷 44,页 925、931;卷 459,页 937 - 938;卷 113,页 2853 - 2854。

品),中书、湖广、岭北诸行省平章政事(从一品)。[1]

锡礼门,朵里别歹氏,任濮州达鲁花赤。[2]

识里木,珊竹氏,答失八都答弟,至正十二年授襄阳路达鲁花赤,至正十六年拜云南行省左丞。[3]

### (3) Sargis, Georges

撒吉思,畏吾氏,中统元年授北京宣抚(正三品),中统三年平李璮之乱,擢山东行省大都督,兼益都达鲁花赤。卒年六十六,赠安边经远宣惠功臣,谥襄惠。[4]

昔尔吉思,幼从太祖征回回、河西诸国。太宗时,从睿宗西征,护主有功。[5]

阔里吉思,蒙古按赤歹氏,官至湖广平章(从一品)、征东省平章(从一品)、云南诸路行中书省左丞(正二品)。[6]

薛里吉思,至正二十四年任杭州路达鲁花赤(正三品)。[7]

昔里思,皇庆元年任西安县达鲁花赤(正七品)。[8] 西安隶衢州路,中县。

刘乞列吉思,保定路总管,皇庆二年除河西陇北道廉访使。[9]

昔里吉思,怯烈氏,炮手军千户。[10]

---

〔1〕《元史》卷42,页898;卷47,页986;卷113,页2853-2854、2857-2858、2860-2861、2864、2701。

〔2〕〔清〕钱大昕:《元史氏族表》卷1。

〔3〕〔清〕钱大昕:《元史氏族表》卷1,页29。

〔4〕《元史》卷134,页3143-3144;并参〔元〕欧阳玄:《高昌偰氏家传》,见《圭斋文集》卷11;〔清〕钱大昕:《元史氏族表》卷2,页142;屠寄:《蒙兀儿史记》卷45;吴廷燮:《元行省丞相平章政事年表》,页37上。

〔5〕《元史》卷122,页3015-3016。

〔6〕《元史》卷134,页3261-3262;〔清〕钱大昕:《元史氏族表》卷1,页101。

〔7〕《万历杭州府志》卷14,页29。按,"杭州路,上。唐初为杭州,后改余杭郡,又仍为杭州。……元至元十三(1276)年,平江南,立两浙都督府,又改为安抚司。十五年,改为杭州路总管府。二十一年,自扬州迁江淮行省来治于杭,改曰江浙行省。"《元史》卷62,页1491。

〔8〕《嘉靖衢州府志》卷2,页24下。

〔9〕《元典章》卷36"官员之任脚力",页381上。

〔10〕〔清〕钱大昕:《元史氏族表》卷1,页82。

阔里吉思,汪古部马月合乃之婿,官广东道副都元帅。[1]

（4）Nicolas

元时有捏古思、捏古伦、捏古来者,疑为基督教名 Nicolas 之音译。

捏古来,阿速氏,阿尔思兰子。代宗时,中流矢死。[2]

捏古思,捏古台氏,忽都达尔[3]子,至正二年山东乡试第二,任吴江县同知。[4]

捏古伦,拂林国人,"元末,其国人捏古伦入市中国,元亡不能归。太祖闻之,以洪武四年八月召见,命赍诏书还谕其王",遂遣之去国。[5]

（5）Josoph

元时要束木、药失谋等人名,疑为基督教徒常用名 Josoph 之音译。除前引镇海之子"要束木"、三达之子"约实谋"外,尚有数例散见于元代史籍之 Josoph,辑录如次。

药失谋,蒙古按赤歹氏,又作"要束沐",前引蒙古按赤歹氏阔里吉思之父。中顺大夫（正四品）,金刚台达鲁花赤,屡迁光州、安东州、潞州（皆从五品）,河中府（正四品）及温州（正三品）等路府达鲁花赤,大德元年任建康路达鲁花赤（从三品）,致仕。[6]

要束木,桑哥党羽,任湖广行省平章（从一品）。桑哥败,伏诛。[7]

要束谟,镇江,怯烈人,均州达鲁花赤（从五品）。[8] 父忽而哥。[9]

岳石木,历任兵部刑部尚书（从三品）,后至元五年累官南台治书

---

〔1〕〔元〕马祖常:《故礼部尚书马公神道碑铭》。

〔2〕《元史》卷123,页3038;张星烺编注,朱杰勤校订:《中西交通史料汇编》,页342－344。

〔3〕忽都达尔（1296－1349）,字通叟,居濮阴。延祐五年右榜进士第一,授秘书监著作郎,除湖广行省员外郎,至治三年迁南台御史,改江浙员外郎,累迁饶州路同知,移衡州路,升济南路总管,以疾归。至正九年起为婺州路总管,未上卒,年五十四。

〔4〕〔清〕钱大昕:《元史氏族表》卷1,页104－105。

〔5〕《明史》卷326,页8459。

〔6〕《元史》卷134,页3261。《至正金陵新志》作"药束谋"（卷6,页66）;〔清〕钱大昕《元史氏族表》作"药失"（卷1,页101）。

〔7〕屠寄:《蒙兀儿史记》卷48,页12下;《新元史》卷223,页19;吴廷燮:《元行省丞相平章政事年表》,页17。

〔8〕《至顺镇江志》卷19,页772。

〔9〕忽而哥,居镇江,累官嘉议大夫、福建闽海道肃政廉访司,迁中奉大夫、江浙行省参政。参见《至顺镇江志》卷19,页772。

89

侍御史（正三品），改淮西廉访使[1]，除湖广行省参政（从二品），历大都留守（正二品）[2]，行宣政使（从一品），至正三年升江浙行省右丞（正二品）。[3]

（6）Denha

安天合，回鹘译史。天合母舅马庆祥为金季著名的译史。马庆祥对天合"躬自教督，踰于所，习诸国语，洎字书授之"[4]，天合因而成材。金亡以后，天合得到镇海引荐，官至相臣。[5]

以上辑录也里可温（包括疑似者）概有183人。其中，元以前有10人，忽必烈朝有11人，元成宗至宁宗朝有78人，顺帝朝有18人，年代不详7人，别录59人。当然，此数绝非完备，遗于史册的也里可温实不知凡几。据《至顺镇江志》卷3《户口·侨寓》记载：

> 户三千八百四十五。录事司，三千三百九十九。丹徒县，二百九十九。丹阳县，一百二十。金坛县，三十七。……也里可温二十三。录事司，一十九。丹徒县，三。金坛县，一。
>
> 口一万五百五十五。录事司，八千九百七十八。丹徒县，七百八十一。丹阳县，六百四。金坛县，一百九十二。……也里可温一百六。录事司，九十二。丹徒县，七。金坛县，七。
>
> 驱二千九百四十八。录事司，二千七百二十。丹徒县，八十。金坛县，六十。……也里可温一百九。录事司，一百二。金坛县，二。[6]

---

〔1〕淮西廉访使司于至元二十三年（1286）增置，拨隶内台，置在黄州。见《元史》卷86，页2180。

〔2〕大都留守司长官，"掌守卫宫阙都城，调度本路供亿诸务，兼理营缮内府诸邸、都宫原庙、尚方车服、殿庑供帐、内苑花木，及行幸汤沐宴游之所，门禁关钥启闭之事。"见《元史》卷90，页2277。

〔3〕朱德润：《江浙行省右丞岳石木提调海漕政碑铭》，见《存复斋文集》卷1，收入李修生主编：《全元文》第40册，江苏古籍出版社2004年版；程端礼：《监抽庆元市舶右丞资德要束木公去思碑》，见《畏斋集》卷5，四库全书本，页18；《至正金陵新志》卷6，页39下。

〔4〕〔金〕元好问：《恒州刺史马公神道碑》，页274。

〔5〕《元史》卷146，页3463；洪金富：《元代蒙古语文的教与学》，台北蒙藏委员会1990版，页17－21。

〔6〕《至顺镇江志》卷3，页90－93。

仅镇江一地，就有也里可温约 23 户，计 350 人，其中或不乏地位低下之人，如"躯"（此等人在史籍中无迹可寻），可知也里可温的实际情况远比我们所掌握者要复杂。

另据前文第一章引《元典章》卷 33 记载，大德年间温州路也里可温掌教司因为发展过于迅猛，乃至与道士争夺民户及祝赞次序，最后争讼到礼部。[1] 从中亦可窥见温州地区也里可温的繁荣。然就笔者所辑人物而言，温州路也里可温仅录入 1 例（"别录"之按赤歹人药失谋）。由是可推论，阙载于史册的也里可温不可胜数。举《至顺镇江志》和《元典章》这两例，是为了说明，本书所辑录的也里可温人物，不过是见于史传、碑刻者，实际只是也里可温群体中的"一小撮"。尽管我们无从得到有关该群体的全部资料，但透过对这部分样本的分析，对我们探讨元代基督徒的分布传播、群体身份及历史技艺等，仍能提供足够的信息，所谓一斑可窥全豹也。

## 3.2 也里可温之历史分布

有关蒙元基督教徒的分布问题，比较系统的研究始于张星烺。1930 年，先生利用马可波罗游记及相关汉文史料，循元代中国内地教堂之分布，勾勒出当时基督教在华的传播地图，个中包括大都、大同、沙州、肃州、甘州、凉州、鄜州、额里合牙、黄河外套、喀什噶尔、叶尔羌、赤斤塔拉斯、伊犁、东北、扬州、镇江、杭州、温州、泉州、云南省城等地。[2] 其主要反映了马可波罗东来之时，亦即忽必烈统治时期的基督教分布情况；部分地区如温、泉二州，则参考到忽必烈朝以后的文献。

张星烺以后，学界于元代基督教的分布问题，更趋向于对某一区域的考察，其中以罗香林《唐元二代之景教》为代表。罗著分别探讨了元代汪古部、克烈部、江浙等地的景教传播。[3] 此后 30 年，国人对中

---

〔1〕《元典章》卷 33"禁也里可温搀先祝赞"，页 340 上。
〔2〕张星烺：《元代中国各地教堂考》，收入氏著：《中西交通史料汇编》（一），页 395 - 406。
〔3〕前揭罗香林：《唐元二代之景教》。

国基督教史的研究已基本停滞。直到20世纪80年代,始有周良霄从宏观角度,考察元及元以前蒙古和中国内地的基督教分布[1]。两年之后,刘迎胜进一步拓宽视野,探讨蒙元时代中亚地区聂斯脱里教的分布问题[2]。

以上诸学者之研究,实际已将蒙元时代中亚和中国地区基督教分布之相关资料网罗殆尽。此后有关元代基督教分布之研究,无论是考察范围还是史料利用,鲜见有显著的超越,唯内蒙古和泉、杨二州,因近30年来考古时有新发现,故能不断补充材料,揭示出更多细节[3]。至于某些次要地区,如辽阳、云南等地的基督教情况,囿于资料,仍一直无法勾勒其貌。

综观以往对元代基督教地理分布之研究,多是通过梳理文献及考古资料所披露之教徒活动地点,再进行概括总结。这一横向考察法,难以体现元代基督教在历史纵向发展过程中地理分布的变化和特点。笔者认为,唯有建立一个以"地理"为横轴、以"时间"为纵轴的研究坐标,将具体的也里可温"人物"纳入整个研究框架,才能看到"时间"与"空间"之关联性,从而揭示元代也里可温的历史分布走向。既然时空关系是历史分布研究之重点,故年代不详的也里可温暂不列入分析的范围。

### 3.2.1 元以前(宋辽金朝)散见之基督徒

唐贞观九年(635)基督教正式传入中国,官方称"波斯教"、"波斯经教"和"大秦教",其教徒自称"景教"。唐代景教重视上层路线,与宫廷关系密切,曾受到太宗、高宗、玄宗、肃宗、代宗和德宗等几代唐皇的优待,发展迅速。但其缺乏民众基础,受政治左右,一旦朝廷态度有变,境况立受影响。是以,会昌五年(845)武宗灭法,唐代景教会即告势衰。加之唐末五代时局动荡、中亚地区伊斯兰化等内外因素,10世纪以后中国本土的基督徒殆已湮灭。宋太宗雍熙初年(984—987),纳吉

[1]前揭周良霄:《元和元以前中国的基督教》。
[2]前揭刘迎胜:《蒙元时代中亚的聂斯脱里教分布》。
[3]相关研究请参见牛汝极:《十字莲花——中国出土叙利亚文景教碑铭文献研究》,上海古籍出版社2010年版;吴文良著、吴幼雄增订:《泉州宗教石刻》(增订本);盖山林:《阴山汪古》。

兰（Najran）景僧到中国传道，却带回中国基督教被消灭，教徒悉遭横死，教堂皆被毁坏，无人可资传教的消息。[1]

唐代景教会消亡的历史颇多暧昧，留有不少疑点。王媛媛质疑唐末景教灭绝一说，认为会昌灭佛后景教潜入河北地区，藏迹于佛教之中发展。[2] 若此论得实，我们也可以判断，这种变异之"景教"早已与西亚景教会组织脱离联系，在数百年的佛化过程中，其基督教特色应已丢失殆尽。是故，当元代基督徒以"也里可温"的身份重新登上历史舞台时，笔者认为，他们与唐代景教徒之间并无直接的继承关系。不过，在梳理蒙元时代基督徒相关史料时，吾辈发现，早在蒙古军队武力征服南宋政权、建立正统王朝以前，在中国西北及内蒙古草原地区，基督徒之活动并不乏见。（见表3-1）他们是一批突厥语背景的草原基督徒，称不上是唐代"景教之遗绪"[3]。

表3-1辑录了17位基督徒。其中，可里吉思、灭里、撒必来自中亚撒马尔干；马里哈昔牙为蒙古宫廷教士（亦有可能是撒必本人），事迹不详；有7人来自汪古部落，他们在辽金时期活动于甘肃（临洮）、内蒙古（松州、净州）、辽东等地；1人为畏兀儿人；4人来自蒙古草原北部的克烈部。

汪古部是辽金元时期活动于河套以北至黑水流域的一支突厥语系民族，其中马氏汪古家族属于回鹘后裔"花门贵种"，在历史上，该家族与高昌回鹘景教有一定的渊源关系。[4] 汪古部马氏家族之景教信仰，元时有明文记载，黄溍《马氏世谱》开篇有云："马氏之先，出西域聂斯脱里贵族。"这也是目前所知与唐代景教历史联系最为密切的一批基督徒。

---

〔1〕Bayard Dodge（ed. & tr.），*The Fihrist of al-Nadim*，Chapter IX，Columbia University Press，New York，1970，pp. 836-837. 中译本参裕尔撰、考迪埃修订、张绪山译：《东域纪程录丛》，页87-88。

〔2〕前揭王媛媛：《唐后景教灭绝说质疑》。

〔3〕洪钧：《元史译文证补》卷29，页454。

〔4〕拙文：《马氏汪古由景入儒的转变历程》，页95-110。

表3-1　元以前也里可温之分布

| | 人名 | 族属 | 活动地区 | 身份、履迹 |
|---|---|---|---|---|
| 1 | 和禄采思 | 汪古 | 临洮 | 畜牧 |
| 2 | 帖穆尔越哥 | 汪古 | 临洮 | 以军功累官马步军指挥使 |
| 3 | 把骚马也里黜 | 汪古 | 辽东、净州 | 业耕稼畜牧,赀累巨万 |
| 4 | 马庆祥<br>（Sarghis） | 汪古 | 净州、汴上、凤翔 | 名习礼吉思,字瑞宁,凤翔兵马判官;死于金元战争,赠辅国上将军,恒州刺史,谥忠愍 |
| 5 | 唆鲁和帖尼 | 克烈 | 和林 | 拖雷妻,忽必烈、蒙哥、旭烈兀众汗之母 |
| 6 | 镇海 | 克烈 | 和林,内蒙古北部 | 中书右丞,掌畏兀儿蒙古字书,为蒙哥所杀 |
| 7 | 要束木（Joseph） | 克烈 | 同上 | 镇海子 |
| 8 | 勃雇思<br>（Bacchus） | 克烈 | 同上 | 镇海子 |
| 9 | 阔里吉思<br>（Georges） | 克烈 | 同上 | 镇海子 |
| 10 | 药难（Yohanna） | 疑为汪古 | 今内蒙古赤峰 | 生卒（1178—1253）,京帐首领 |
| 11 | 可里吉思<br>（Georges） | 撒马尔干 | 和林 | 太医 |
| 12 | 灭里 | 撒马尔干 | 和林 | 太医 |
| 13 | 撒必 | 撒马尔干 | 和林 | 太医、舍里八赤 |
| 14 | 马里哈昔牙<br>（mar hasia） | 不详 | 和林 | 宫廷教士 |
| 15 | 耶律子成 | 西域帖里薛<br>（迭屑） | 今内蒙古四子王旗 | 管领诸路也里可温 |
| 16 | 文公 | 汪古 | 云中 | 金群牧使,后投靠成吉思汗,赠御史中丞,追封云中郡公,谥贞毅 |
| 17 | 按竺迩<br>（Andrew） | 汪古 | 云中、成都 | 蒙古汉军征行元帅,赠太保,追封秦国公,谥武宣,一作忠宣 |

克烈部也是蒙元时代著名的突厥语系基督教部落。据东方教会史料,该部落早在 1007 年就已皈依了聂斯脱里教。[1] 清人钱大昕曾搜集考订元代 59 位克烈人,但目前尚难断定其中孰是也里可温。此处辑录的 4 人,乃事迹较为突出且经前人考订确认者。

撒马尔干是东方教会在中亚地区最重要的主教区。[2] 撒马尔干籍基督徒,主要是蒙古西征后被迫从中亚地区迁徙而来。公元 1220年,成吉思汗率大军攻陷并血洗了河中重镇布哈拉和撒马尔干。不过,根据《世界征服者史》记载,当时有"三万有手艺的人被挑选出来,成吉思汗把他们分给诸子和族人"[3]。这 3 万人中,就包括了撒必、可里吉思、灭里等基督徒。虽然,蒙古西征对中亚地区造成了巨大的破坏,但其以暴力方式打造出来的"鞑靼的和平",却促进了基督教在欧亚地区的传播。有一技之长的基督徒,尤其该群体中的医生、工匠和主教,以战俘身份大量流入蒙古草原,进而涌入中原地区。这是元代大量中亚籍也里可温东来的历史背景。

尽管元朝建立以前,中国北方草原的基督徒尚不以"也里可温"著称,但他们与元代也里可温明显有一脉相承的关系。例如,和禄采思、帖穆尔越哥、把骚马也里黜及马庆祥等人,其后人马祖常、马世德便以"也里可温"见载史册。又如撒马尔干这一东方教会都主教驻锡地,在元代《至顺镇江志》中也明确指出是"也里可温行教之地"。尽管我们对蒙古入主中原以前漠北基督徒的情况了解不多,但从鲁布鲁克游记留下的相关记载来看,其数不少。例如,和鲁布鲁克交往过密的匈牙利金匠威廉,就是速不台西征时俘至漠北的。[4] 我们也知道,和林建有一座基督教堂,以满足城内基督徒的宗教需求。[5] 在蒙古人入主中原

〔1〕E. C. D. Hunter, "The Conversion of the Kerait to Christianity in AD 1007".

〔2〕Cf. Brian. E. Colless, "The Nestorian province of Samarqand", *Abr -Nabrain* , 24 (1986), pp.51 –57; E. C. D. Hunter, "Syriac Christianity in Central Asia".

〔3〕〔波斯〕志费尼著,何高济译、翁独健校订:《世界征服者史》,页 96。

〔4〕何高济译:《鲁布鲁克东行纪》,页 293。

〔5〕何高济译:《鲁布鲁克东行纪》,页 292;冯承钧译:《马可波罗行纪》,上海书店 2000 年版,页 134。

建立正统王朝以前,内蒙古地区的基督教徒已然小有规模。

随着蒙古统治在中原特别是南部中国的确立,大量西域人涌入,元代也里可温的历史分布也呈现出更丰富的特点。下面就以时代为序,分别讨论。

### 3.2.2 忽必烈时代:承前启后

忽必烈朝是元制创立的时期。1260 年,忽必烈继承蒙古大汗位,循中原王朝传统,建元"中统"。自中统元年,到改年号"大元"(1271),蒙古大军平江南、灭南宋(1279),确立了对中原地区的统治。随着蒙古大军南下,大量蒙古人和中亚人涌入中国内地,也逐渐改变了中国社会阶层的结构,"也里可温"这一基督教群体,遂逐步浮现于中国史册。

忽必烈时期草创的国家官僚体系中,"宗教官较前朝为重"[1]。以专管全国也里可温事务的崇福司为例,乃新朝特有,前朝所无。它的设立,是元代基督教发展史上的一个里程碑,标志着基督教被纳入了国家的管理体系,与佛教、道教等传统宗教有了同等地位。崇福司的设置也反映出元代社会阶层中,基督徒形成了一股不容忽视的力量。

"也里可温"一名首见于中统三年。《元史》卷 5 有载:"三月……己未,括木速蛮、畏吾儿、也里可温、答失蛮等户丁为兵。"[2]引文中与也里可温相提并论的"户丁",皆非汉族,这也反映出元代官方文献中的"也里可温",主要为一外来族群。也里可温的外族背景,在表 3 - 2 中也有体现。

---

〔1〕邓之诚:《中华二千年史》卷 4,中华书局 1959 年版,页 371。

〔2〕《元史》卷 5,页 83。

表 3 - 2　元初(忽必烈朝[1260—1294])也里可温之分布

| | 人物 | 族属 | 活动地区 | 身份、履迹 |
|---|---|---|---|---|
| 1 | 拙里不花 | 汪古 | 汪古部领地 | 字要合子 |
| 2 | 君不花 | 汪古 | 同上 | 尚叶里迷失汗公主 |
| 3 | 爱不花 | 汪古 | 同上 | 尚月烈公主,高唐王阔里吉思之父 |
| 4 | 阔里吉思(Georges) | 汪古 | 同上 | 高唐王,大德二年死于征边之战,谥忠献 |
| 5 | 襄加台 | 汪古 | 同上 | 君不花子,尚亦怜真公主,谥忠烈 |
| 6 | 邱邻察 | 汪古 | 同上 | 君不花子,尚回纥公主,谥康僖 |
| 7 | 术忽难(Johanna) | 汪古 | 同上 | 阔里吉思弟,嗣高唐王,至大二年封赵王,谥惠襄 |
| 8 | 叶里弯 | 汪古 | 同上 | 阔里吉思妹 |
| 9 | 三达 | 汪古 | 大都 | 马庆祥长子,任中书左司郎中 |
| 10 | 天下间 | 汪古 | 大都 | 不详 |
| 11 | 灭都失剌 | 汪古 | 大都 | 不详 |
| 12 | 约实谋 | 汪古 | 大都 | 不详 |
| 13 | 天民 | 汪古 | 山东、太平、江州 | 马庆祥次子,曾任山东诸路榷盐使、太平、江州诸路达鲁花赤 |
| 14 | 月合乃(Yohanna) | 汪古 | 河南、上都 | 生卒(1216—1263),马庆祥次子,蒙哥时期在汴、蔡、汝、颍诸州商农安业,中统二年拜礼部尚书 |
| 15 | 彻里 | 汪古 | | 中统元年授奥鲁元帅,改征行元帅,至元二年致仕 |
| 16 | 黑梓 | 汪古 | | 字国宝,蒙古汉军元帅,兼文州吐蕃万户府达鲁花赤,赠平章政事,至元四年卒,追封梁国公,谥忠定 |
| 17 | 赵国安 | 汪古 | | 又名帖木尔,蒙古汉军元帅,兼文州吐蕃万户府达鲁花赤,赐金虎符,进昭勇大将军、昭毅大将军、招讨使 |

续表 3－2

| | 人物 | 族属 | 活动地区 | 身份、履迹 |
|---|---|---|---|---|
| 18 | 赵世荣 | 汪古 | | 国宝子,又名那怀,袭怀远大将军、蒙古汉军元帅,兼文州吐蕃万户府达鲁花赤,后以功进安远大将军、吐蕃宣慰使议事都元帅 |
| 19 | 赵世延 | 汪古 | 成都、金陵 | 南台治书、四川廉访使、西台侍御史、江浙行省参政、中书省侍御史、中书参政、御史中丞、翰林承旨、四川行省平章、集贤大学士、南台中丞、奎章阁大学士、中书平章政事,封鲁国公、凉国公,赠太保,谥文忠 |
| 20 | 步鲁合荅 | 汪古 | 云南 | 彻里子,管军千户,云南万户府达鲁花赤 |
| 21 | 忙古不花 | 汪古 | | 步鲁合荅之子,袭管军千户 |
| 22 | 兀咱儿撒里马 | 也里可温 | 俱蓝国 | 遣使 |
| 23 | 爱薛 | 拂菻 | 大都 | 广惠司提举、崇福使、翰林学士承旨、平章政事,封秦国公 |
| 24 | 撒剌（Sarah） | 克烈 | 克烈部 | |
| 25 | 马薛里吉思（Mar Sarghis） | 撒马尔干 | 云南、福建、镇江路、杭州路 | 镇江路副达鲁花赤 |
| 26 | 安震亨 | 不详 | 镇江 | 嘉议大夫 |

　　表 3－2 记录了也里可温 26 人,除 2 人族属不详外,其余概为汪古、克烈、拂菻和撒马尔干人。在分布上,随着蒙古大军对中国南方的逐步统一,也里可温从元以前的中亚、内蒙古及西北地区,开始扩展到山西、山东、云南、四川、河南、福建、江浙等地,其中尤以腹里地区最为集中。

　　也里可温在元代各行省之兴起,适与蒙古统治者(蒙哥、忽必烈)征服金、大理、南宋的步伐一致,可见元代也里可温传播与当时的军事活动有着密切联系。以镇江路副达鲁花赤马薛里吉思为例,其最早在蒙古宫廷配制舍里八,1270 年随廉希宪到了云南,1275 年又到了闽浙,行止所至,均为推广舍里八。直到 1277 年,他才抵达镇江(此城 1275 年降元)。在这一游历各地的过程中,马薛里吉思也从一名专造回回药露舍里八的宫廷职官,转变为地方政府的行政长官[1](详见本书第四章)马薛里吉思之行状,从一侧面反映了蒙古政权统治在内地的逐步实现。这种随军进入的传播模式,使得外来的基督教能在短时间内得以迅速发展。

### 3.2.3 成宗朝至宁宗朝:内迁、发展、华化

清人赵翼曾就元代蒙古色目人散居内地的情况作一概括,其曰:

> 元时蒙古色目人听就便散居内地。如贯云石乃功臣阿里海牙之孙而居江南。葛逻禄乃颜随其兄宦游而居浙之鄞县。萨都刺本答失乃蛮氏而为雁门人。泰不华本伯牙吾氏,其父塔不台始家台州。余阙本唐兀氏,其父始居庐州。肖乃台本秃伯怯烈氏而家东平。忽都铁木禄本赤合鲁氏而家南阳。彻里本燕只吉台氏,以曾祖太赤封徐、邳二州,遂家徐州。怯烈本西域人而家太原。察罕本西域人,铁连本乃蛮人,而皆居绛州。孟昉本西域人而居北平。纥石烈希元本契丹人而居成都。伯颜师圣本哈喇鲁氏而居濮阳。石抹宜孙以其父镇台州,遂家于台。《明史》:道同,河间人,其先蒙古族也。又赵荣,其先本西域人,元时入中国,家闽县,遂为闽人。如此类者甚多。顾嗣立《元诗选》所谓元时漠北诸部仕于朝者多散处内地是也。按《元史》:世祖至元二十三年,以从官南方者多不归,遣使尽徙北还。可见自初色目人已多散处他邑[2]

可见,元代蒙古人、色目人之迁居内地,业已成为一个普遍现象,以至官方图以行政手段干预,将该等因"从官南方者多不归"的蒙古、色目官员"尽徙北还",实在耐人寻味。本文所考察之也里可温,到元朝中期,

---

[1]《至顺镇江志》卷 9,页 365 – 366。

[2]〔清〕赵翼:《陔余丛考》卷 18,中华书局 2006 年版,页 355。

也呈现出向江南集中的趋势。

元中期之也里可温,已是入华中亚人的第二、三代移民了,作为元代社会阶层中的第一二等级,绝大多数也里可温在政府任职,因宦游关系而广泛分布于从大都到岭南的中国内地。详见表3-3:

表3-3 元中期(成宗朝至宁宗朝)也里可温分布

| | 人物 | 族属 | 分布 | 身份、履迹 |
|---|---|---|---|---|
| 1 | 也里牙 | 拂菻 | 大都 | 崇福使、太医院使、领司天台事 |
| 2 | 腆合 | 拂菻 | 大都 | 翰林学士承旨、资善大夫、兼修国史 |
| 3 | 黑厮 | 拂菻 | 大都 | 光禄卿 |
| 4 | 阔里吉思 | 拂菻 | 大都 | 太中大夫、同知泉府院事 |
| 5 | 鲁合 | 拂菻 | 大都 | 昭信校尉、广惠司提举 |
| 6 | 约尼 | 拂菻 | 大都 | 兴圣宫宿卫 |
| 7 | 阿纳昔木思 | 拂菻 | | |
| 8 | 失列门 | | 大都 | 秘书少监 |
| 9 | 吴唉哆呢嗯 | | 泉州路 | 管领泉州路也里可温掌教官、兴明寺主持 |
| 10 | 马世忠 | 汪古 | 大都 | 常平仓转运使 |
| 11 | 马世昌 | 汪古 | 大都 | 行尚书省左右司郎中,吏部尚书 |
| 12 | 马世显(世敬?) | 汪古 | 通州 | 通州知州 |
| 13 | 马世荣 | 汪古 | 瑞州路 | 瑞州路总管 |
| 14 | 马世靖 | 汪古 | | 不仕 |
| 15 | 马世禄 | 汪古 | | 中山织染局提举 |
| 16 | 马世吉 | 汪古 | 绛州 | 绛州判官 |
| 17 | 马世臣 | 汪古 | 大都 | 大都平准库提领 |
| 18 | 马审温 | 汪古 | 台州路、淮安路、瑞州路 | 台州路、淮安路、瑞州路总管 |
| 19 | 翰沙纳 | 汪古 | | |
| 20 | 奥剌罕 | 汪古 | 镇江 | 扬子、丹徒二县达鲁花赤 |

| | 人物 | 族属 | 分布 | 身份、履迹 |
|---|---|---|---|---|
| 21 | 保禄赐 | 汪古 | 南安路、(天临路)湘阴州 | 提举都城所 |
| 22 | 马润 | 汪古 | 吉州路、太平路、常州路、漳州路、汝宁府(光州) | 荆湖道宣慰司令史、吉州路经历、两淮转运司经历、当涂县达鲁花赤、武进县达鲁花赤、奉训大夫、光州、漳州路同知 |
| 23 | 马节 | 汪古 | 河南 | 王屋山道士 |
| 24 | 马礼 | 汪古 | 松江府 | 浙江道宣慰司都事 |
| 25 | 马渊 | 汪古 | 杭州 | 江浙行省中书省左右都事 |
| 26 | 马遗 | 汪古 | | |
| 27 | 马道 | 汪古 | | |
| 28 | 马遵 | 汪古 | | |
| 29 | 马通 | 汪古 | | |
| 30 | 马迪 | 汪古 | | |
| 31 | 马开 | 汪古 | | 监在京仓 |
| 32 | 岳难 | 汪古 | 婺州路 | 兰溪州达鲁花赤 |
| 33 | 马雅古 | 汪古 | | 以孝闻 |
| 34 | 失里哈 | 汪古 | 汴梁路 | 河南行中书省左右司都事 |
| 35 | 继祖 | 汪古 | 大都 | 大都宣课提举 |
| 36 | 也里哈 | 汪古 | | 不仕 |
| 37 | 必吉男 | 汪古 | 兴国路 | 同知兴国路总管府事 |
| 38 | 祝饶 | 汪古 | | 富池茶监 |
| 39 | 马世德 | 汪古 | 大都 | 至正二年进士;翰林应奉、枢密都事、中书检校、庸田金事、淮西县金、刑部尚书 |
| 40 | 阙里奚思 | 汪古 | 保定路 | 易县达鲁花赤 |
| 41 | Barqamca | 畏兀儿 | 泉州 | 女牧师 |
| 42 | 马里失里门 | | 泉州 | 管领江南诸路也里可温阿必斯古八马里哈昔牙 |
| 43 | 帖迷答扫马 | | 泉州 | |

101

续表 3－3

| | 人物 | 族属 | 分布 | 身份、履迹 |
|---|---|---|---|---|
| 44 | 也里世八 | | 扬州 | 某路都总管府达鲁花赤忻都之妻 |
| 45 | 奥剌憨 | | 扬州 | 商人 |
| 46 | 驴驴 | | 扬州 | 不详 |
| 47 | 斡罗斯 | | 镇江 | 承务郎 |
| 48 | 玛尔达 | 畏兀儿 | 泉州 | 贵妇 |
| 49 | 马祖常 | 汪古 | 光州、大都 | 延祐二年进士；翰林应奉、监察御史、翰林待制、典宝少监、太子左赞善、翰林直学士、礼部尚书、参议中书省事、南台中丞、徽政院同知兼知经筵事、御史中丞 |
| 50 | 马祖义 | 汪古 | | 郊祀法物库使、翰林国史院编修官 |
| 51 | 马祖烈 | 汪古 | 杭州、汝宁府 | 江浙行省宣使、汝宁府知事 |
| 52 | 天合 | 汪古 | 杭州 | 监杭州盐仓 |
| 53 | 马祖孝 | 汪古 | 陈州 | 延祐二年进士；将侍郎、陈州判官 |
| 54 | 马祖信 | 汪古 | 晋宁路 | 国子生试中承事郎、同知晋宁路保德州事 |
| 55 | 马祖谦 | 汪古 | 保定路 | 国子进士；束鹿县达鲁花赤，昭功万户府知事 |
| 56 | 马祖恭 | 汪古 | | 国子生 |
| 57 | 马祖中 | 汪古 | 浙西 | 浙西监仓使、某副使 |
| 58 | 马祖周 | 汪古 | 常宁 | 乡贡进士；广西廉访司知事 |
| 59 | 马祖善 | 汪古 | 大同路 | 进士；河东宣慰司经历 |
| 60 | 马祖良 | 汪古 | | 不详 |
| 61 | 马祖某 | 汪古 | | 某路儒学教授 |
| 62 | 马叔清 | 汪古 | | 不详 |
| 63 | 马祖宪 | 汪古 | 中庆路、汴梁路 | 同知陈州、长州县达鲁花赤、吴州达鲁花赤 |

|  | 人物 | 族属 | 分布 | 身份、履迹 |
|---|---|---|---|---|
| 64 | 马祖元 | 汪古 | 信州路 | 乡贡进士、信州路教授、市舶某提举 |
| 65 | 马祖仁 | 汪古 | 汴梁路 | 国子生、灵璧县主簿 |
| 66 | 苏剌哈 | 汪古 | 襄阳路 | 枣阳县主簿 |
| 67 | 雅琥 | 汪古 | 静江路、峡州路 | 赐进士出身；著作佐郎、奎章阁学士参省、静江路同知、福建盐运司同知、峡州路达鲁花赤 |
| 68 | 马易朔 | 汪古 | 建康 | 南台监察院书吏 |
| 69 | 马禄合 | 汪古 | 保定路 | 行唐县尹 |
| 70 | 乌斯提克·塔斯汉（nïng o·yl·ïustï·y tasqan） |  | 原籍高昌，逝于泉州 | 不详 |
| 71 | 叶氏（女） |  | 逝于泉州 | 不详 |
| 72 | 阔里吉思 | 也里可温人 | 镇江 | 少中大夫、镇江路总管府达鲁花赤 |
| 73 | 鲁合 | 也里可温人 | 潭州、扬州 | 朝列大夫、潭州路兼扬州达鲁花赤 |
| 74 | 太平 | 也里可温人 | 镇江 | 嘉议大夫 |
| 75 | 康里不花 | 也里可温人 | 广东 | 海北廉访使 |
| 76 | 翁叶杨氏（女） |  | 泉州 | 不详 |
| 77 | 易公刘氏 |  | 泉州 | 不详 |
| 78 | 阿兀剌编帖木刺思 |  | 京兆府、内蒙古阿伦苏木 | 京兆府达鲁花赤、怯怜口都总管府副都总管 |
| 79 | 阔里吉思（Georges） | 不详，疑为汪古 | 广东 | 月合乃婿、广东道副都元帅 |

通过表 3-3 所辑录的 79 位也里可温，可知元代中期基督教徒广布全国，按当时的行政区划（行省、路、府、州）归类，包括：

（1）中书省（腹里地区）：大都路、通州、恒州、净州、保德州、绛州、行唐县、束鹿县、大同府；

（2）江浙：杭州路、扬州路、常州路、镇江路、庆元路、衢州路、兰溪县、台州路、徽州路、太平路、泉州路、漳州路、松江府、淮安路、建康、温州路；

（3）陕西四川：京兆府；

（4）江西：赣州路、临江路、瑞州、江州路、肇庆路；

（5）湖广：兴国路、静江路、高州路、潭州、湘阴州、柳州路；

（6）河南江北：陈州；黄州路；汴梁路；襄阳路；

（7）云南：长州。

这一分布亦印证了赵翼对元代色目人散居内地的历史概括。不过，如果对上述名录作进一步分析，可以发现在元代也里可温"随便居住"内地的普遍性中，仍有其重点，表现为以江浙诸路行省为重心。该时期也里可温定居江南主要通过以下 3 个途径：

（1）宦游南下，遂侨居江南。此种类型占据了大多数。如镇江路总管府达鲁花赤阔里吉思，潭州路、扬州路达鲁花赤鲁合，吴州达鲁花赤马祖宪，扬子、丹徒二县达鲁花赤奥剌罕等人，均属此列。

（2）因经商贸易，择江南而居者，如扬州富商奥剌憨。由于文献之阙载，我们对此类经商的也里可温所知不多，但根据元代贸易之繁荣以及海陆二道之通畅，元时因经商贸易而定居江南的也里可温自不在少数。

（3）还有一些从教人员，因地方教区之发展以及崇福司事务之管理，而留居江南。如泉州也里可温掌教司官员吴唵多呢嗯，管领江南诸路也里可温的马里哈昔牙，等等。江南从教人员的存在，从一侧面反映出江南地区是当时基督教发展的重心。特别是泉州、杭州、扬州这些最繁荣的商业城市，据当时游历中国的方济各会修士鄂多里克（1322—1328 在华）记载，就是基督徒比较活跃的地区；扬州不仅有天主教教堂，也有聂斯脱里教堂。[1]

"随便居住"带来的必然结果是民族的大杂居和文化的大融合。江南作为经济、文化最发达的地区，在促进民族大融合以及西域人华化的过程中，是一个关键的地域因素。我们也看到，到了元代中期，也

---

〔1〕何高济译：《鄂多立克东游录》，页 71－78。

里可温群体出现了"华化"的新趋势。这和也里可温深入到江南地区与汉人杂居的历史大背景是密不可分的。

### 3.2.4　元末（顺帝朝）：延续和尾声

元末也里可温见载于史籍者为数极少，笔者目前仅搜集到大约19人。见表3－4。

表3－4　元末（顺帝朝）也里可温之分布

| | 人物 | 族属 | 分布 | 身份、履迹 |
|---|---|---|---|---|
| 1 | 金元素 | 康里 | 安丰路（钟离县）、金陵 | 进士；钟离县达鲁花赤、工部郎中、江南浙西道肃政廉访司金士、参知政事、中政院使、江浙行省左丞 |
| 2 | 金文石 | 康里 | 金陵 | 荫补国子生 |
| 3 | 金武石 | 康里 | 金陵 | 国子生 |
| 4 | 囊加台 | 也里可温人 | 镇江 | 秘书监奏差 |
| 5 | 秃鲁 | 也里可温人 | 镇江 | 南台御史 |
| 6 | 王苯道公 | | 阜平县、泉州 | 光平路阜平县教尉 |
| 7 | 脱别台 | 也里可温人 | 镇江 | 大名兵马指挥副使 |
| 8 | 聂只儿 | 也里可温人 | 大都 | 广惠司卿 |
| 9 | 马武子 | 汪古 | 大都，鄂州路 | 太常太祝、中书省掾、奎章阁典签兼经筵参赞官、承务郎、湖广行中书省检校 |
| 10 | 马文子 | 汪古 | 大都 | 征事郎、秘书监著作郎 |
| 11 | 马献子 | 汪古 | 庐州路 | 国子进士；含山县达鲁花赤 |
| 12 | 马惠子 | 汪古 | 高邮府、安丰路 | 高邮府知事、钟离县尉 |
| 13 | 马季子 | 汪古 | 松江府 | 读书于怀静轩，不仕 |
| 14 | 明安沓尔 | | | |
| 15 | 伯嘉讷 | 汪古 | | |
| 16 | 马氏 | 汪古 | 云南 | 祖常孙女，元末自杀殉国 |
| 17 | 马某火者 | | 大都 | 崇福司使 |
| 18 | 月景辉 | 也里可温人 | 京江 | 令尹、曲家 |
| 19 | 捏古伦 | 拂林 | 不详 | 商人 |

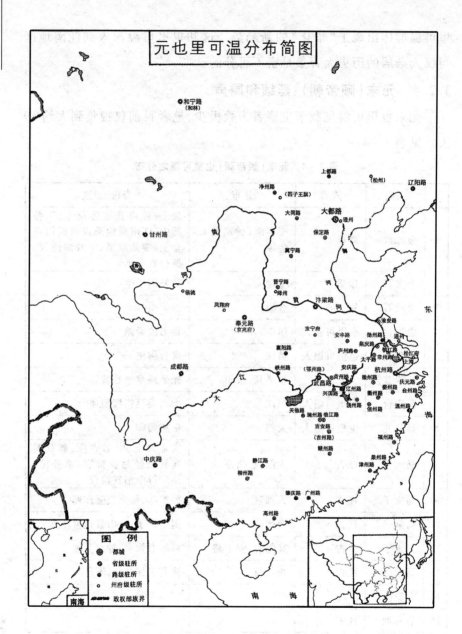

图 3 – 13　元也里可温分布简图

此图为笔者据《中国历史地图集》修订增补而成,图中标示地名乃文献所见的也里可温分布地。

表 3 - 4 中所述 19 名也里可温,除广惠司提举聂只儿居于大都、马祖常孙女居于云南之外,其他人都居住于江浙和湖广一带。

这一时期的也里可温华化者已近半数,其中,华学成就最高者为金元素。元素于文学、书画、曲学等方面均有极高成就,两个儿子也深受濡染,成为元代著名的曲家。

另外,通过元末也里可温之零散记录,引起我们去思考元代也里可温的最终走向问题。一直以来,学界就元代基督教之衰亡原因多有关注[1],但对其历史去向却鲜见具体论证。观诸本文所辑录的人物事迹,元末也里可温的结局并非无迹可寻。兹择要归纳如下:

(1)被明朝遣送回籍

元亡以后,建立中原正统的明朝,对外政策一反前代之开放,转向封闭和排外。最明显的,就是将大批西域人、蒙古人驱逐出境。元末来华拂菻商人捏古伦之遭遇正好为这一时代巨变作一注脚。《明史·拂菻列传》记载:

> 元末,其国人捏古伦入市中国,元亡不能归。太祖闻之,以洪武四年八月召见,命赍诏书还谕其王曰:"自有宋失驭,天绝其祀。元兴沙漠,入主中国百有余年,天厌其昏淫,亦用陨绝其命。……朕为臣民推戴即皇帝位,定有天下之号曰大明,建元洪武,于今四年矣。凡四夷诸邦皆遣官告谕,惟尔拂菻隔越西海,未及报知。今遣尔国之民捏古伦赍诏往谕。朕虽未及古先哲王,俾万方怀德,然不可不使天下知朕平定四海之意,故兹诏告。"已而复命使臣普剌等赍敕书、彩币招谕,其国乃遣使入贡。后不复至。[2]

需说明者,此处的拂菻已不指东罗马帝国,而概指拜占庭故地叙利亚。叙利亚地区早在 7 世纪就被阿拉伯人征服,伯希和即指出,元代拂菻人、崇福使爱薛便出身于一个说阿拉伯语的基督教部落。[3]

明朝对外国人的驱逐,令人联想到唐代之会昌法难。虽然会昌时

〔1〕参见本书第一章学术史回顾。

〔2〕《明史》卷 326,页 8459。

〔3〕伯希和著、冯承钧译:《唐元时代中亚及东亚之基督教徒》,页 65。

期的灭佛运动主要针对佛教,但作为唐代对外政策的重要转折,亦波及唐代中国的所有外来宗教及其教徒。就景教而论,由于其没有汉族信徒基础,故经会昌灭法后,景教渐至在中土湮没无闻。元末明初的也里可温,其遭遇大致与唐代景教徒相似,拂菻商人捏古伦的经历,是当时无数蒙古、色目人命运的缩影。被卷入这段历史大转折时期的也里可温,和唐代的景教徒一样,在政局变化和朝代更迭中,终走向沉寂。

(2)随元室返回漠北

以金元素为例,其人擅长音律、书法,为官清廉。《录鬼簿续编》记载:

> 金元素,康里人氏,名哈剌。故元工部郎中,升参知政事。风流蕴藉,度量宽宏。笑谈吟咏,别成一家。尝有《咏雪》〔塞鸿秋〕,为世绝唱。后随元驾北去,不知所终。[1]

金元素是来华西域人中之深度华化者。也许正是深受儒家文化忠君思想之影响,元朝倾覆之际,他毅然随驾北去。

(3)以遗民身份殉元

以汪古部马祖常的孙女马氏为例,《天启成都府志》卷40载其事迹曰:

> 冯文举,成都什邡人,初举乡试,授汉川州学正……明玉珍攻云南,文举谓妻马氏,曰:"我元进士,蒙恩厚,今天运至此,有死无二,汝光州马中丞孙女也,其从之乎?"氏曰:"夫既义亡,妾生何益!"乃焚香北叩,相对缢于学官。时副提举燮理闻之怃然,曰:"吾其可独生乎?"亦整衣冠自经。

自杀殉国是在政权交替时期儒家士大夫的尽忠之举,与基督教禁止自杀的教义背道而驰。是故,马氏舍生取义,与夫君共赴国难的深层原因,应当从其华化文化背景去寻找。汪古部马氏家族乃元代著名的聂斯脱里世家,其从辽代迁居中国,到元代马祖常时期,历有200多年历史。然而,在其不断内迁的过程中,整个家族已备受中原儒家文化的

---

〔1〕贾仲明:《录鬼簿续编》,页108。

熏陶,成为一个靠科举晋升之儒学世家(详见本书第五章)。马氏虽为女流,仍深受儒家礼教和忠孝观的影响,舍生取义,以不辱其"光州马中丞孙女也"之身份。

(4)其他

虽然笔者没有找到确凿的材料证明,但从元末明初其他西域人的事迹来看,于情于理,元朝灭亡时,也里可温当多有留居中土者,其或事新朝,或甘为"草原遗民"。后者自然是那些受儒家文化熏染较深的精英分子,如伯颜、丁鹤年等人[1]。作为遗民而留在中土的也里可温,或背离其基督教信仰,或继续固守原信仰,他们的命运仍是一个谜团,有待我们去揭示。

# 3.3 也里可温身份技艺述略

黑格尔说:"没有人能够真正地超出他的时代,正如没有人能够超出他的皮肤。"[2]我们在考察元也里可温的时候,也一定要紧紧把握元代的时代背景,才能理解该群体的历史特点。

元也里可温始终刻着元代社会族群统治政策的烙印。所谓"族群政策",指的是各族群在政治社会法律等领域分别享受不同待遇的政策[3],也就是我们通常所理解的元代社会四等级制度(蒙古、色目、汉人和南人四个等级),即蒙思明所谓之"种族阶级制度"。在元代四等人中,一二等级皆属于"胡"的体系,第三等级则以北方汉化较深的女真、契丹人为主,也包括其辖地之汉人;第四等级则为旧宋臣民。在此四等级中,又大略可分二级:蒙古、色目为一级,汉人、南人为一级。重要官署几乎都为一二等级所执掌。明白了元代阶级社会的特点,才可以更好地理解元代也里可温特殊的族群属性。

---

〔1〕萧启庆:《元明之际的蒙古色目遗民》,收入氏著:《元朝史新论》,页119-154。
〔2〕黑格尔:《哲学史讲演录》第1卷,商务印书馆1959年版,页48。
〔3〕参见蒙思明:《元代社会阶级制度》;萧启庆:《内北国而外中国:元朝族群政策与族群关系》,收入氏著:《元朝史新论》,页43-60;萧启庆:《西域人与元初政治》,台湾大学文学院1966年版。

### 3.3.1  也里可温之官员身份

蒙思明称元代宗教团体为"超种族阶级"[1],对也里可温而言虽不算错,但也不能说完全贴切,因为也里可温本身就属于社会的一二等级,其虽按宗教信仰定名,但又绝非一单纯的宗教群体。也里可温在族属上几乎是清一色的蒙古人和色目人,汉人鲜见。从中枢官署之中书省、枢密院、御史台,到地方路府州县总管达鲁花赤,也里可温分布在元代政治社会的多个层面和部门,多具官员身份。下面略作归纳。

(1)中央省台各部

元代官制,中书省总政务,枢密院秉兵柄,御史台司黜陟。其中枢密院主要由蒙古人执掌。中书省宰执有左右丞相、平章政事、参政、参议中书省事、左右司郎中等,皆高级官员。元也里可温人中,克烈部镇海、按摊品位最高,官至中书右丞;顺帝朝失列门官至中书左丞;爱薛、赵世延官至中书平章政事;金元素、赵世延官至中书参政;马月合乃(礼部)、马祖常(礼部)、马世德(刑部)、岳石木(兵部、刑部)等官至尚书,其中马祖常、赵世延还任过御史台丞相。

与中书省、御史台并行的是行省和行台。元代行台又称南台,乃江南诸路行御史台的简称;后来增设陕西诸路行御史台,简称西台。马祖常、赵世延、秃鲁、岳石木、月忽难、赵世延都长期担任过行台的长官。而在行省中担任平章、左丞、参政、郎中等职的也里可温也非常多,计有:岳石木、野峻台(四川行省左右司郎中、参知政事)、阔里吉思(福建平海省、征东行省平章政事)、马世昌(行尚书省左右司郎中)、马祖烈(江浙行省宣使)、金元素(江浙行省左丞)、赵世延(江浙行省参政、四川行省平章)、识里木(云南行省左丞)、失列门(顺帝朝,中书湖广岭北诸行省平章政事)等人。

(2)以达鲁花赤为主的地方各级官员

元也里可温中,担任各级地方政府达鲁花赤职务的非常多。按,达鲁花赤乃元代官制所特有,蒙古语意为"镇守者",或译"宣差",是蒙古

---

[1]蒙思明:《元代社会阶级制度》,页78。

人控制地方政权所设置的监管官员。叶子奇《草木子·杂制篇》记载：

> 元路州县各立长官曰达鲁花赤，掌印信，以总一府一县之治，
> 判署则用正官，在府则总管，在县则县尹。达鲁花犹华言荷包上压
> 口捺子也，亦犹古言总辖之比。[1]

达鲁花赤多以蒙古人担任，其次为色目人。前文所辑，任各级达鲁花赤、总管者有：马天民，江州达鲁花赤；马薛里吉思，镇江路副达鲁花赤；马润，当涂县、武进县达鲁花赤；马祖谦，束鹿县达鲁花赤；马祖宪，长州县、吴县达鲁花赤；马岳难，兰溪州达鲁花赤；阿兀剌编帖木剌思，京兆府达鲁花赤；阔里吉思，镇江路达鲁花赤；鲁合，潭州路、扬州路达鲁花赤；金元素，钟离县达鲁花赤；也里牙(安马里忽思子)，南安路大庾县达鲁花赤；月忽乃(燕京人)，柳州路、肇庆路达鲁花赤；雅琥，峡州路达鲁花赤；锡礼门，濮州达鲁花赤；识里木，襄阳路达鲁花赤；撒吉思，益都达鲁花赤；薛里吉思(顺帝朝)，杭州路达鲁花赤；昔里吉思(仁宗朝)，西安县达鲁花赤；药失谋，金刚台、光州、安东州、河中府、温州、潞州、建康路达鲁花赤；要束谟(怯烈人)，均州达鲁花赤。又有：赵世延，安溪、绍兴路总管；野峻台，黄州路总管；马世荣，瑞州路总管；马审温，台州、瑞州、淮安路总管；马世显，通州知州；必吉男，兴国路同知；马禄合，行唐县尹；月忽难，徽州路总管，等等。

元代的达鲁花赤有民政军政之分，重要的地方军政长官首推万户府达鲁花赤，除蒙古人外，终元一代仅20色目人当任。[2] 因此，汪古部赵世延家族的重要地位便值得大书特书。该家族就是以军事起家，终元一代掌握军政大权，担任蒙古汉军的指挥权：按竺迩授蒙古汉军征行元帅；彻里封奥鲁元帅、征行元帅；国宝、国安、赵世荣世袭蒙古汉军元帅、文州吐蕃万户府达鲁花赤；步鲁合荅任云南万户府达鲁花赤、管军千户等。

元也里可温中也有不少中低级军官，如怯烈部昔里吉思任炮军千

〔1〕〔明〕叶子奇：《草木子》卷3，中华书局1997年版，页64。对达鲁花赤的相关任命，参蒙思明：《元代社会阶级制度》，页39－41,45－46。
〔2〕前揭箭内亘：《元代社會の三階級》。

户,马惠子任钟离县尉,马世吉任绛州判官等。

(3)其他

中央机构中的秘书监、典宝监、宣徽院、集贤院、中政院、翰林院中均有也里可温。如秘书少监失列门,光禄卿黑厮,典宝少监、翰林直学士、徽政院同知马祖常,集贤大学士、翰林承旨赵世延,中政院使金元素,宣徽院使失列门等等。

也有在地方宣慰司、廉访司、转运司、市舶司任职的也里可温。如常平仓转运使马世忠,同知泉府院事爱薛之子阔里吉思,浙东道宣慰司都事马礼,广西廉访司知事马祖周,河东宣慰司经历马祖善,海北廉访使康里不花,广东宣慰使司副都元帅安马里忽思,海南、浙东宣慰使按摊,四川廉访使赵世延,江南浙西道肃政廉访司佥士金元素,淮西廉访使岳石木,庆元市舶提举月忽难等等。

不少也里可温被赐予各种文武清散官、国子生,这是元代入仕的一个重要途径。如马薛里吉思赐威武大将军,安震亨、太平授嘉议大夫,阔里吉斯(镇江)授少中大夫,鲁合(镇江)授朝列大夫,金文石、金武石俱荫补国子生,马祖谦由国子生中进士,安马里忽思授中宪大夫,也里牙荫忠翊校尉、授昭信校尉,塔海授正议大夫等等。

其他如马世禄中山织染局提举,马渊京仓监,马祝饶富池茶场监,马天合杭州盐仓监,均为低级官吏。

### 3.3.2 也里可温之宗教职责

邓之诚在评价元代制度时指出,元代官制一个重要特点是"宗教官较前朝为重"[1]。的确如此。元代设宣政院管佛教、喇嘛教,集贤院管道教,崇福院管也里可温,其中宣政院的职权最大。不过宣政院和集贤院的执掌并不局限于佛、道事务,前者兼隶治吐蕃[2],后者还掌管学

---

〔1〕邓之诚:《中华二千年史》卷4,页371。

〔2〕"宣政院,秩从一品。掌释教僧徒及吐蕃之境而隶治之。遇吐蕃有事,则为分院往镇,亦别有印。如大征伐,则会枢府议。其用人则自为选。其为选则军民通摄,僧俗并用。至元初,立总制院,而领以国师。二十五年,因唐制吐蕃来朝见于宣政殿之故,更名宣政院。"见《元史》卷87,页2193。

校、阴阳等事[1];只有崇福院是纯粹处理也里可温宗教事务的管理机构。

《元史·百官五》"崇福司"条载：

> 崇福司，秩[从]二品。掌领马儿哈昔列班也里可温十字寺祭享等事。司使四员，从二品。同知二员，从三品。副使二员，从四品。司丞二员，从五品。经历一员，从六品。都事一员，从七品。照磨一员，正八品。令史二人，译史、通事、知印各一人，宣使二人。至元二十六年置。延祐二年，改为院，置领院事一员，省并天下也里可温掌教司七十二所，悉以其事归之。七年，复为司，后定置已上官员。[2]

崇福司设于1289年，初时有各级官吏计20人。崇福司下，设掌教司于各地方路府，管理地方也里可温十字寺祭享事务。1315年，元代各地已有掌教司72所，可见各地也里可温力量之壮大；也是在这一背景下，崇福司升为院，品位同集贤院。作为一新兴外来宗教的管理部门，其能在短短数十年间，便与传统道教平起平坐，元代基督教发展之迅速，也可窥一斑了。

就目前所载录的史事来看，元代崇福司官员，文献备录有名姓者，计有爱薛、也里牙(爱薛子)、马某火者，以及1名低级宣差苦思丁，仅4例耳。而这些崇福司官员之相关事迹，阙载史册，使我们对该机构之职权所知甚少。现仅就目前所掌握的资料作一简单勾勒。

根据《元史》记载，崇福司作为一宗教管理机构，主要负责主持宫廷宗教祈福仪式，即"掌领马儿哈昔列班也里可温十字寺祭享等事"。按，此处之"马儿哈昔"，乃衍于景教叙利亚文 mar-hasia。mar 是尊称，相当于中文的"圣、主教"，hasia 解作"使徒"；mar-hasia，可释为"主教"。[3]

早在崇福司设置以前，蒙古宫廷中便已有 mar hasia 活动。根据

---

[1]"集贤院，秩从二品。掌提调学校、征求隐逸、召集贤良，凡国子监、玄门道教、阴阳祭祀、占卜祭遁之事，悉隶焉。"见《元史》卷87，页2192。

[2]《元史》卷89，页2273。

[3]S. N. C. Lieu: "Nestorians and Manichaeans on the South China Coast", pp. 73, 84. n. 13, 14；中译本见刘南强著，林悟殊译：《华南沿海的景教徒和摩尼教徒》，页170－171，注释14、15。

《至顺镇江志》所记载,早在 13 世纪 20 年代成吉思汗西征撒马尔干时,宫廷中便有"马里哈昔牙徒众祈祷",为拖雷治病。此处的马里哈昔牙,即 mar hasia,且不管他究竟是宫中御医撒必的尊称,还是另有其人,但可以肯定,他是一位来自中亚东方教会的高级僧侣。这位主教大人既然要率领"徒众祈祷",则其地位崇高为宫中景教僧徒的领袖,自不待言。一般而言,这些景教僧侣,因为本身所受之医学、语言和宗教训练,身兼数职,也不奇怪。正如鲁布鲁克在蒙古所闻见,当时在蒙古汗庭服务的景教僧,便有担任宫廷教师、译人、御医等职。相较之下,宫廷景教士的宗教职能,反而被忽略了。

《元史》卷 32 有云:"[天历元年九月]命高昌僧作佛事于延春阁。又命也里可温于显懿庄圣皇后神御殿作佛事。"[1]"显懿庄圣皇后"即拖雷之妻,忽必烈、蒙哥、旭烈兀众汗之母唆鲁和帖尼。她是一位虔信基督教的克烈部公主,闻名教史。引文中"作佛事"的"也里可温"显然指元代宫廷景教士;其所做"佛事",自然是景教之宗教仪式。蒙古统治阶级中这部分景教信徒(尤其以女性为主),正是元代宫廷十字寺祭享仪式存在和发展的信徒基础。

元朝推行宗教宽容政策,对包括基督教在内的各种宗教一概利用、扶持。在元代的法律文书中,常见僧、道、也里可温等告天、祝寿、祈福之语。《元典章》卷 33 有载:"至大四年四月,钦奉圣旨:和尚、先生、也里可温、苔失蛮不教当差发,告天咱每根底祝寿者么道来。"[2]"告天"、"祝寿"即元代各宗教职业者之职责,早在成吉思汗时期就已成定例。而正史所云"十字寺祭享"之事,便主要指此类为蒙古统治阶级祈祷、告天、祝寿等职责。

崇福司的设立是基于宗教管理的立场,但在崇福司内任职的崇福司官员,倒不见得要由教士阶层担任。比如元代最著名的崇福使爱薛和也里牙,未闻有何重要的传教事迹。又如元代积极传教建寺的马薛

---

〔1〕《元史》卷 32,页 711。
〔2〕《元典章》卷 33"革僧道衙门免差发"条,页 335 上。

里吉思,也并不曾在崇福司里担任一官半职。[1] 也就是说,崇福司是元朝管理也里可温的官方机构,是世俗的,并不同于西方的教会机构。其隶属于礼部,当遇到与他教之间的诉讼纷争,一般由礼部的官员出面进行调解。

前文"奥剌憨"条所引《元典章》之记载,也揭示出元代崇福院之职责,仅限于与也里可温"祭享"有关之事务,绝不能擅越。一方面,崇福院派遣宣差苫思丁至扬州,赐给奥剌憨和驴驴二人缎匹、御香和御酒,乃为奖赏二人捐助扬州十字寺之功德。此为崇福司分内之职。而另一方面,"崇福院官当元止是奏奉御香,别无所赐奥剌憨酒醴,又不经由省部宣徽院,有违定例"[2],便属违规。因为御酒赏赐事宜乃归宣徽院管理,须经由宣徽院批准才符合定例,否则便是"违例"。

崇福司既负责管理全国各地十字寺之祭享,为方便管理,而于地方设立了掌教司机构。这些地方掌教司往往恃权坐大,掠夺人丁、侵夺土地,常与其他宗教发生冲突。温州也里可温掌教司与道士们大打出手,乃至要礼部出面解决,便是当时地方掌教司发展迅速的一个缩影。[3] 1310 年,仁宗爱育黎拔力八达即位后,眼见各地宗教团体过于坐大,遂"罢僧、道、也里可温、答失蛮、头陀、白云宗诸司"[4],将各地方掌教司的权限收归中央,也借此扩充国库收入。

### 3.3.3 也里可温之回回医学

众所周知,景教僧善医擅药。在阿拔斯王朝,就有许多景僧以医为职。[5] 西安《大秦景教流行中国碑》上,大力称颂景僧的仁心医术:"馁者来而衣之,病者疗而起之,死者葬而安之。清节达娑,未闻斯美,白衣景士,今见其人。"[6]虽然汉文献未见具体记载景僧"疗而起之"的史事,

---

〔1〕邱树森认为马薛里吉思可能属于崇福司下地方掌教司的长官,但我们尚无确切的证据加以证实,见邱树森:《"大兴国寺记碑"研究》,收入其著《元代文化史探微》,页 372。

〔2〕《元典章》卷 36,续修四库全书本,页 378 - 379。

〔3〕《元典章》卷 33,页 340 上。

〔4〕《元史》卷 24,页 542。

〔5〕参冯承钧译:《多桑蒙古史》,页 99。

〔6〕据朱谦之:《中国景教》简体版录文,东方出版社 1995 年版,页 225。

但据学者考证,已找出几例疑似的景僧擅医的案例,如为唐玄宗皇兄治病的僧崇一[1],还有帮高宗治愈头疾和目疾的秦鸣鹤[2]等。从唐至元,虽然时代已生巨变,但景僧擅医善药的技艺,仍然得以保留和延续。

元时传入中国的回回药方,吸收了希腊、波斯等医学文化的优秀遗产,其中就包含了景教医学的精华。比如,回回药方中有一药方"牙黑牙饼子",即是以阿拔斯帝国8世纪的名医"叶海亚·伊本·马苏雅(Yahyā ibn Māsūyah)"之名而命名的。叶海亚出生一个景教医药世家,其父为药剂师。他在大食都城巴格达创建了一所医院,并从事医书的翻译工作,还先后担任哈里发艾敏(Amin)、麦蒙(al-Ma'mun,786—833年)、穆台瓦基勒(Al-Mutawakkil,821—861年)的御医。叶海亚最出名的学生胡奈因·本·易斯哈格(Hunayn ibn Ishaq,809—873年。欧人称其为Joannitius),《回回药方》记为"虎乃尼·宾·伊西哈黑"(Hunayn ibn Ishāq)[3],也是一代景教御手名医。他曾担任巴格达智慧馆馆长,主持翻译了大量希腊医药经典[4] 可以说,在阿拉伯建立之初,景教乃沟通阿拉伯文化与希腊文化(尤其是希腊医学)的重要桥梁。正是因为帝国境内的大量景教医生,阿拉伯人积极学习了希腊医学文化,并结合西亚地区固有的波斯医学传统,发展起博采众长的阿拉伯医学,也就是俗称的回回医学。

元代掌管回回医学的机构为广惠司,隶属太医院;广惠司下又设有大都、上都回回药物院。《元史》有载:

> 广惠司,秩正三品。掌修制御用回回药物及合剂,以疗诸宿卫士及在京孤寒者。至正七年,始置提举二员。十七年,增置提举一员。延祐六年,升正三品。七年,仍正五品。至治二年,复为正三品,置卿四员,少卿、丞各二员。后定置司卿四员,少卿二员,司丞

---

[1] 陈垣:《基督教入华史》,载《陈垣学术论文集》第1集,页85;参见林悟殊:《唐代景教传播成败评说》,收入氏著:《唐代景教再研究》,页91-97。

[2] 黄兰兰:《唐代秦鸣鹤为景医考》,载《中山大学学报》(人文社科版)2002年第5期,页61-67。

[3] 参宋岘:《回回药方考释》(上),中华书局2000年版,页44-45。

[4] 希提著,马坚译:《阿拉伯通史》(上册),商务印书馆1979年版,页364-367。

二员,经历、知事、照磨各一员。

大都、上都回回药物院,秩从五品。掌回回药事。至元二十九年始置。至治二年,拨隶广惠司。定制达鲁花赤一员、大使二员、副使一员。[1]

元代广惠司乃拂菻人爱薛一手创办。爱薛出身医药世家,定宗贵由素闻其名,召他至蒙古汗庭,并把皇后侍女赐予为妻。爱薛擅长医药和星历等术,受到几代元朝皇帝的倚重。1263 年,忽必烈命爱薛掌西域星历、医药二司事。二司后改为广惠司,划归太医院,仍由爱薛掌管。爱薛诸子中,鲁合子继父业,出任广惠司提举,可见回回医药乃其家学。

撒马尔干籍也里可温马薛里吉思家族,则以制回回药露"舍里八"为业。1220 年,由于撒必献"舍里八"治愈睿宗拖雷,被封为"答刺罕",其家族也因此在有元一代得到重用。

舍里八,又作"舍利别"、"舍儿八"、"摄里白",《回回药方》记作"沙刺比(Sharāb)",为阿拉伯文"饮料;果汁饮料;果子露;果酒,药露"的音译,学名为 Syrup,Syrupus。[2] 这是流行于元代上层阶级和民间的一种回回药露。既称"回回",则其源出阿拉伯无疑。大致说来,舍里八是一种饮料,一类为食用,一类为药用。食用的舍里八即果酒、果露,主要用水果的汁液加糖水炮制而成。在西亚和中亚的炎炎夏日里,冰镇舍里八是款待宾客、消暑解渴的最佳饮品。[3] 阿拉伯文学名著《一千零一夜》中,常提及这种加糖饮料。它不仅能解渴,也有助于病体康复,在西亚社会应用十分广泛。[4] 从口味来看,"煎诸香果,泉调蜜和而成"的舍里八,极其甘甜,加之有保健效用,自然深受人们喜爱。这种加糖饮料传进中国后,只要稍加改造,自不难适应汉人口味而得

---

〔1〕《元史》卷 88,页 2220。

〔2〕宋岘考释:《回回药方考释》(上),页 49。

〔3〕希提著,马坚译:《阿拉伯通史》,页 391－393。

〔4〕日人前嶋信次撰《舍利别考》,其中大半篇幅讨论《一千零一夜》里有关"舍利别"之记载,据其归纳,"舍利别"常用于 5 种场合:(1)宴会的餐后饮品;(2)康复治疗的保健品;(3)沐浴;(4)婚礼上用以款待宾客;(5)长途归来。参见氏文:《舍利别考》,收入氏著:《東西物産の交流》,诚光堂新光社 1982 年版,页 9－30。

到推广。

撒必用以医治拖雷病疾的舍里八,当为药用类。其配制方法,据元代医学家朱震亨所述:"皆取时果之液煎熬如饧而饮之,稠之甚者,调以沸汤。南人因名之曰煎。"[1]可知舍里八乃用火熬制而成的一种浓稠浆汁,可直接服用,也可加热水冲服。元代传入的著名阿拉伯医书《回回药方》中,记录了大约十余种舍里八药方:紫罗兰药露(沙剌必不纳福沙,Sharāb banafshe)[2];罂粟花药露(沙剌必哈石哈失,Sharāb al-Khashkhāsh)[3];加有肉桂的罂粟花果酒(沙剌必哈石哈失撒苔,Sharāb al - Khashkhāsh Sādah)[4];诃梨勒药露(沙剌必哈里剌,Sharāb Halihāh)[5];薄荷露酒、留兰香露酒(沙剌必纳亦纳亦,Sharāb Na'na'i)[6];金合欢药露(沙剌必谷里)[7];桃金酿药露(沙剌必摩而的,Sharāb Mawrd)[8];紫罗兰露酒、紫花药露(沙剌比不纳福沙,Sharāb banafshe)[9];无花果露酒(舍剌必安古黎,舍剌必安只而,Sharāb Anjeer)[10];胡萝卜饮料(舍剌必葛咱而,Sharāb Jazar)[11];蔷薇露酒(沙剌必奄罗的,Sharāb al-Ward)[12];麝香汤方(舍剌必木失其,Sharāb Muski)[13];甘松汤方(舍剌必必笋卜黎,Sharāb Sunbuli)[14];铁碴汤方(舍

---

[1]转引自陈高华:《舍儿八与舍儿八赤的再探讨》,页304。

[2]宋岘考释:《回回药方考释》(上),页12。

[3]宋岘考释:《回回药方考释》(上),页6。

[4]宋岘考释:《回回药方考释》(上),页4。

[5]宋岘考释:《回回药方考释》(上),页47。

[6]宋岘考释:《回回药方考释》(上),页30。

[7]宋岘考释:《回回药方考释》(下),页111。

[8]宋岘考释:《回回药方考释》(下),页70、253、210。回回药方中还有一种以桃金酿为原材的饮剂,名"新摩而的汁(Mawrd)",是新鲜的桃金酿饮剂,与此种桃金酿药露有区别。参见宋岘考释:《回回药方考释》(上),页31。

[9]宋岘考释:《回回药方考释》(上),页12。

[10]宋岘考释:《回回药方考释》(上),页36、87。

[11]宋岘考释:《回回药方考释》(上),页36。

[12]该药方《医典》卷5有载,主治热病、胃疼、消化不良,饭后服用,可通便,治肠子疼痛。参见宋岘考释:《回回药方考释》(上),页31。

[13]宋岘考释:《回回药方考释》(上),页86 - 87。

[14]宋岘考释:《回回药方考释》(上),页87。

刺必哈八速里哈的的,Sharāb Khabthu al-Hadīdi)[1];等等。这些药方除了取材自水果和香草,也有从动物、木材乃至矿物取材。但其配制的方法及其疗效,《回回药方》未有阐述,我们也不得而知。[2]

舍里八是由马薛里吉思家族传入并推广的,其家族也因此而兴盛,所以梁相在叙述该家族历史时,特别强调此中关系:

> [撒必]充御位舍里八赤。……至元五年,世祖皇帝召公(薛里吉思)驰驿进入舍里八,赏赉甚侈。舍里八,煎诸香果泉调蜜和而成;舍里八赤,职名也。公世精其法,且有验,特降金牌以专职。九年,同赛典赤平章往云南;十二年,往闽浙;皆为造舍里八。……且敕子孙流水住持。舍利八,世业也。

"御位舍里八赤",据陈高华先生考订为元代怯薛中的职事人员,管理烹饪饮食之事,终元一代,怯薛中都有设置。从陈高华所辑录的其余8条史料来看,充任"御位舍里八赤"者种族不一,有唐兀、汉人、契丹、蒙古等。[3] 不过,彼等虽任舍里八赤,但从其身份来推断,似与回回药露"舍里八"无关。而从时代来看,蒙元时代最早担任舍里八赤的当为撒必无疑,其或许就是蒙古宫廷第一位舍里八赤,因制舍里八为其专长,故特设"舍里八赤"为其专领。及至元初,其家族仍然因为世代精通其法,经验丰富,所以元世祖忽必烈"特降金牌",让马薛里吉思专掌"舍里八赤"一职。直至元末至顺年间,朝廷仍敕令该家族执掌舍里八,使其成为一项永继的世业。

随着蒙古大军的南进,马薛里吉思也将这种回回药方、阿拉伯饮剂"舍里八"推广到了云南、福建及江浙等地,影响深远。历来治中国基督教史者,多注意到马薛里吉思借助"舍里八"传播景教,然对其本身传播的文化意义则未多阐发。窃以为,作为一种阿拉伯医药文化,舍

---

〔1〕宋岘考释:《回回药方考释》(上),页87。

〔2〕元代类书《居家必用事类全集》中有8种渴水(即舍里八)的详细制法(参陈高华《舍儿八与舍儿八赤的再探讨》,页304—306),但这是舍里八入传中国后根据国人口味、习惯而改良加工的,其原本的制法仍有待与阿拉伯医书记载相比较方可解答。故而,关于舍里八的制法、剂型及其对传统中医的价值和影响,仍有待进一步考察。

〔3〕陈高华:《舍儿八与舍里八赤的再探讨》,页298—301。

里八传人的意义绝不逊于景教的流传;而且,作为一种西域物质文化,其比景教这种西域精神文化更切实地影响了汉族百姓的生活。元代中期忽思慧所编写之《饮膳正要》,是一部反映元代宫廷饮食文化的重要书籍,书中载有一方"五味子舍而别",即从回回药方舍里八改良而来。[1] 此方在元代类书《居家必用事类全集·饮食类》中记作"五味渴水"。"渴水"是舍里八(番名摄里白)的意译,意在强调其解渴功效。《居家必用事类全集》共记录了7种"渴水",包括用水果为原料的林檎渴水、杨梅渴水、木瓜渴水、葡萄渴水,以及以药物和香药为原料的御方渴水、五味渴水和香糖渴水。[2] 元末时候,这些渴水谅必已进入寻常百姓家,始会入载《居家必用事类全集》这种类书。可见,最早由撒必引进,随后被马薛里吉思推广普及的阿拉伯药方"舍里八",已从中亚走进中国,从宫廷深入民间,变成了中国老百姓喜爱的一种日常饮品。在这段中阿医药文化交流史中,马薛里吉思家族功不可没。

如上,爱薛家族和马薛里吉思家族是元代也里可温传播回回医学的重要代表,也正是由于拥有了先进的景教医药及实用科学,他们才能成为成吉思汗及其继承者最早倚重的一批中亚景教徒。蒙元时代基督教在东亚及至中国内陆的流传,此类基督教世家起到了关键作用。

## 3.4　余语

就本章所辑录之也里可温言,除少数专职僧侣外,元代也里可温多担任世俗职务,服务于各级政府机构。也里可温这一外来族群,与元代社会阶级制度紧密结合,有其独特的历史特点。

其一,外族背景。元也里可温的发展始终与元代社会特有的族群制度、种族制度紧密结合,在族属上以色目人和蒙古人为主,汉人也里可温殆未之见。从也里可温常被当做一种民族和国家,与西域其他民族相提并论这一点来看,也直接反映了这群人的外族身份。有元一代

---

[1]〔元〕忽思慧:《饮膳正要》,中央民族大学出版社2009年版,页122。
[2]转引自陈高华:《舍儿八与舍儿八赤的再探讨》,页304。

也里可温维持地位之不坠,即取决于他们在蒙古统治阶级中的信徒基础(如元代怯烈、汪古诸部的景教公主、王子等);但也由于太过依托于外族政权,其宗教缺乏汉人的信徒基础,一旦政权崩溃,失去政治靠山,其整个宗教信仰在中土也殆荡然无存。

其二,官方背景。元也里可温与元代阶级制度紧密结合的最重要表现是它的"官方背景",即知名的也里可温主要由一批有基督教信仰的官员构成,单纯的宗教人士不占优势。元也里可温的官方背景涵括了各级文武官员,其中,中央省台官员和地方达鲁花赤构成了也里可温官方背景的两个主要内容,表明了也里可温在元代政治生活中的渗透性和影响力。"官方背景"是也里可温区别于唐代景教徒与明代耶稣会士的一个重要特色。

其三,传播西域文明。尽管也里可温在向汉人传播基督教文明方面未见有何建树,但其在输入西域文明方面不无积极的历史贡献。其中,以推广回回医药成就最为显著。我们知道,元代专管回回医药的广惠司,主要由也里可温担任,该机构的前身京师医药院,也是由拂林景教徒爱薛所创办。也里可温与回回医药的渊源,可窥一斑。回回医药对中国文化的历史影响,宋岘曾有归纳。[1] 其中尤其值得我们注意的是,回回药方丰富了传统中医的药物剂型。以本章讨论的"舍里八"药露为例,露剂乃从花草水果中提取,其形态类同传统中医之汤药,但制作方法有所差别:中医使用熬煮等法,而阿拉伯药露则主要采用蒸馏萃取法。[2] 另外,舍里八这种深受元代宫廷社会和贵族阶层喜爱的保健饮品,在元中后期传到了下层社会,进入了普通老百姓的居家饮食生活。

---

〔1〕宋岘考释:《回回药方考释》,页5-6。
〔2〕宋岘考释:《回回药方考释》,页5-6。

# 4 从《大兴国寺记》
# 看江南也里可温的兴起

　　如前所述,到了元代中后期,也里可温集中到了江浙地区,这符合整个宋元时期经济文化重心南移的趋势。但由于所涉人物样本较多,暂时难以逐一考察。故本章仅以元初这一较短的历史时段作为考察对象,探讨北方也里可温进入江南地区的途径、表现和影响,以认识元代基督教徒的兴起情况。

## 4.1 《大兴国寺记》的发现及其价值

　　《大兴国寺记》见于《至顺镇江志》。该志为元人俞希鲁编纂,其元刊本早佚,明以降藏书家亦无著录。乾隆六十年(1795),阮元(1764—1849)得到该志手抄本,于嘉庆年间进呈内府,留下两份副抄本,分藏于阮氏文选楼和焦山书藏。道光二十一年(1842),在阮元的努力下,该志由包景维氏刊行。刊行本以文选楼本为底本,参校焦山藏本而定稿。阮元门人刘文淇(1789—1854)、淇子刘毓崧(1818—1867)"详考全书体例及所征各书,正其诡误,作为校勘记四卷,附刊于后"[1]。同治二年(1863),此书再刻;1923 年,复有镇江陈庆年墨印本及如皋冒广生朱印本流通;1990 年北京中华书局出版了以包氏刊本为底本的影印本,收入《宋元方志丛刊》第 3 册;1999 年江苏古籍出版社出版了以陈、冒印本为底本的点校本。以上为《至顺镇江志》的发现和刊行概况。

　　阮元指出,《至顺镇江志》在体例上虽承宋《嘉定镇江志》,但绝无

―――――――――

　　[1]阮元:《嘉定镇江志·序》,收入〔宋〕史弥坚修、卢宪纂:《嘉定镇江志》,《宋元方志丛刊》第 3 册,中华书局 1990 年版,页 2313 下。

抄袭:"士大夫居宅、坟墓,皆详其坊巷乡都所在;其作铭作记之人,亦莫不罗列,虽遗迹久湮,而按籍考之,犹可得其仿佛。后人性好简略,鲜有及此之详明者。其余精当处,亦不胜偻指"[1],高度肯定了《至顺镇江志》对于研究地方风物的文献价值。

　　然而,我们若仅从地方史的角度去审视《至顺镇江志》,则低估了其历史价值。《至顺镇江志》在元代基督教史研究上有其独一无二之价值,为中外学者所瞩目。它记录元代基督教(也里可温)户籍、人数和规模等情况之详细,为现存汉籍所鲜见;其中之《大兴国寺记》(以下简称《寺记》),更完整地记载了镇江基督教寺院建立的缘起和过程,史料价值弥足珍贵。前辈学者中,无论本国的陈垣、罗香林,还是异邦的穆尔、佐伯好郎,都对其重视有加,作过批注和释读[2]。学者们或以人物为重点[3],或以江浙地区的传教背景为重点[4],或进行综合全面的讨论[5]。该等研究深化了我们对元代基督教传播的认识。元代文献中"也里可温"与基督教之关系,也因此得到进一步确证。前文已指出,中西方史学研究各有其传统,民国以前,中国基督教史还仅属于西

〔1〕阮元:《嘉定镇江志·序》。

〔2〕《至顺镇江志》的历史文献价值最早为国外汉学家所发现。1872 年,巴拉第在其《Старинные следы христианства в Китае по китайским источникам.》(《中国史料中古老的基督教痕迹》)一文中,首先披露了《至顺镇江志》中有关基督教的重要内容;1875 年,巴拉第又发表其英译文,刊 The Chinese Recorder (《教务杂志》),1875, pp. 108 – 113。尔后,法人夏鸣雷(H. Havret)也刊布了大兴国寺碑记之内容(VS. 112, pp. 385, 386)。1915 年,中国基督教史专家穆尔和翟林奈发表《至顺镇江志》重要部分之译文("Christians at Chên Kiang Fu", TP, 1915);1930 年穆尔在其《一五五〇年前的中国基督教史》一书中又辟专章,介绍镇江的基督教徒(A. C. Moule, Christians in China before the Year 1550, pp. 145 – 165;郝镇华译:《一五五〇年前的中国基督教史》,页 166 – 188)。国内最早注意到元代也里可温的学者是清人洪钧,因其游宦国外之经历,而接触到当时西方汉学、蒙元学的相关研究,遂在《元史译文证补》卷 29《元世各教名考》中记"有镇江北固山下残碑可证"云云。陈垣则借鉴了洪钧与刘文淇的考证成果,对此碑之下落特别留意(见其著:《元也里可温教考》第 14 章《也里可温与景教之异同》,收入《陈垣学术论文集》第 1 册,页 42 – 53)。1937 年,佐伯好郎撰《中国的景教文献及遗物》,复将《大兴国寺记》全文英译(P. Y. Saeki, The Nestorian Documents and Relics in China, pp. 511 – 515)。

〔3〕方豪:《马薛里吉思》,载《中国天主教史人物传》(下),中华书局 1988 年版,页 36 – 40;刘迎胜:《关于马薛里吉思》,载《元史论丛》第 8 辑,江西教育出版社 2001 年版,页 14 – 23。

〔4〕罗香林:《元代苏浙闽等地之景教传播》,见其著:《唐元二代之景教》,页 153 – 189。

〔5〕邱树森上揭文《"大兴国寺碑"研究》,见其著:《元代文化史探微》,页 357 – 383。

方汉学家的研究范围,而西人依靠的史料多为西方传教士游记、信札和教会档案,鲜有利用到中文史料。一方面是取决于研究者的汉学水平;另一方面,也是因为中文史料多语焉不详,零星片段,解读不易。在这种情况下,中西方学者不约而同地对《寺记》进行钻研,更反衬出这份历史文献的重要价值。有学者甚至认为,《寺记》对研究元代基督教史之价值,堪比《大秦景教流行中国碑》之于唐代景教的意义。[1]

按,《寺记》载于《至顺镇江志》卷9"僧寺"条下,为便于讨论,特迻录标点如下。

大兴国寺,在夹道巷,至元十八年,本路副达鲁花赤薛里吉思建,儒学教授梁相记。其略曰:薛迷思(贤)[坚]在中原西北十万余里,乃也里可温行教之地。愚问其所谓教者,云:"天地有十字寺十二,内一寺佛殿,四柱高四十尺,皆巨木,一柱悬,虚尺余,祖师麻儿也里牙灵迹,千五百余岁。"[2]今马薛里吉思是其徒也。教以礼东方为主,与天竺寂灭之教不同。且大明出于东,四时始于东,万物生于东,东属木主生,故混沌既分,乾坤之所以不息,日月之所以运行,人物之所以蕃盛,一生生之道也,故谓之长生天。十字者,取像人身,揭于屋,绘于殿,冠于首,佩于胸,四方上下以是为准。薛迷思(贤)[坚],地名,也里可温,教名也。公之大父可里吉思、父灭里、外祖撒必为大医。[3]太祖皇帝初得其地,太子也可那延病,公外祖舍里八、马里哈昔牙徒众祈祷,始愈。[4]充御位舍里八赤,本处也里可温答剌罕。至元五年,世祖皇帝召公驰驿进入舍里八,赏

---

〔1〕邱树森:《"大兴国寺碑"研究》,页357。

〔2〕陈垣认为"麻儿也里牙"为玛利亚,"千五百"为"千三百"之讹写,佐伯则认为是撒马尔干教区的主教 Mar Elijah 的音译,也里牙于希腊历一千五百零一年逝世,正合"千五百"一语,穆尔、方豪亦持此说。

〔3〕陈垣点断为"公之大父可里吉思,父灭里。外祖撒必为大医。"但据我们考察,马薛里吉思家族有医学传统(详后),故点断为"公之大父可里吉思、父灭里、外祖撒必为大医"更为妥当。

〔4〕此句陈垣点断为"公外祖舍里八,马里哈昔牙徒众,祈祷始愈"。江苏古籍出版社点校本为"公外祖舍里八,马里哈昔牙徒众祈祷,始愈"。均能解。笔者点断如此,是因为对句中"马里哈昔牙"的身份尚存疑虑,无法确定其究竟为当时蒙古汗庭的专职教士,抑或是撒必本人的一种称呼。

赍甚侈。舍里八,煎诸香果泉调蜜和而成;舍里八赤,职名也。公世精其法,且有验,特降金牌以专职。九年,同赛典赤平章往云南;十二年,往闽浙;皆为造舍里八。十四年,钦受宣命虎符怀远大将军、镇江府路总管府副达鲁花赤。[1] 虽登荣显,持教尤谨,常有志于推广教法。一夕,梦中天门开七重,二神人告云:"汝当与寺七所。"赠以白物为记。觉而有感,遂休官,务建寺。首于铁瓮门舍宅建八世忽木剌大兴国寺;次得西津竖土山并建答石忽[木]剌云山寺、都打吾儿忽木剌聚明山寺;二寺之下,㓝为也里可温义阡;又于丹徒县开沙建打雷忽木剌四渎安寺;登云门外黄山建的廉海牙忽木剌高安寺;大兴国寺侧又建马里结瓦里吉思忽木剌甘泉寺;杭州荐桥门建样宜忽木剌大普兴寺。此七寺实起于公之心。公忠君爱国无以自见,而见之寺耳。完泽丞相谓公以好心建七寺,奏闻玺书护持,仍拨赐江南官田三十顷,又益置浙西民田三十四顷,为七寺常住。公任镇江五年,连兴土木之役,秋毫无扰于民。家之人口受戒者,悉为也里可温,迎礼佛国马里哈昔牙麻儿失理河必思忽八。阐扬妙义,安奉经文,而七寺道场,始为大备。且敕子孙流水住持舍利八世业也。谨不可废。条示训诫,为似续无穷计,益可见公之用心矣,因缉其所闻为记。[2]

此碑文为儒学教授梁相撰于大德五年(1301)左右,详细记载了镇江府副达鲁花赤马薛里吉思(Mar Sargis)在镇江及杭州诸地,身体力行,建7座也里可温寺院(叙利亚文 Umra,音译为"忽木剌"),"推广教法"的事迹。是碑也首次披露了也里可温与中亚流行之景教的关系,以及镇江也里可温兴起的历史背景。在相关记载稀少零散,原碑已无从觅获的情况下,保存下来的碑文内容益显珍贵。

[1]《至顺镇江志》卷19《人材·侨寓》记马薛里吉思出任镇江路总管府副达鲁花赤乃至元十五年,与此处抵牾,不知孰是。其在镇江任职之日期,学界也一直未有定论。

[2]录文据前揭中华书局影印本、江苏古籍出版社点校本标点。

## 4.2 薛迷思坚：也里可温行教之地

《寺记》开篇有云："薛迷思坚，在中原西北十万余里，乃也里可温行教之地。"所谓"薛迷思坚"，乃今中亚乌兹别克斯坦城市撒马尔干（Samarqand），元时作"薛迷思干"、"寻思干"、"邪迷思干"等，是突厥语 Sēmiz（肥）与 kant（城）的音译，意为"肥城"。整个中古时代，撒马尔干一直是中亚艺术、宗教和各种文化的汇聚中心，更是河中地区最大的商业重镇。阿拉伯征服以前，撒马尔干居民以粟特人为主，语言属东伊朗语系。粟特人是中国和伊朗经济文化交流的重要中介，在向东方传播各种宗教如祆教、摩尼教、佛教、基督教等的过程中，扮演了极重要的角色。当粟特人往东经商和传教之时，突厥人则在为争夺水草牧地而向西扩张；而随着阿拉伯人和伊斯兰教对中亚地区的征服，到蒙古帝国崛起之前，中亚地区基本完成了突厥化和伊斯兰化。[1] 从"薛迷思坚"的译音及马薛里吉思所建 7 寺寺名观之，马薛里吉思有着强烈的突厥背景，故刘迎胜认为其系一名操突厥语的景教徒。[2] 事实上，元代入华之也里可温也主要为突厥语系。[3]

作为"也里可温行教之地"的撒马尔干，在东方教会占有重要的席位。教会史料较早就提到了河中地区的基督教，而撒马尔干府地位尤崇。大约自公元 5 世纪开始，此城就已成为东方基督教的中心。[4] 待到马薛里吉思在中国建寺的元朝初年，撒马尔干仍是东方教会（The Church of East）的都主教驻地。该城最重要的基督教派为聂斯脱里派，同时也有少量雅各派（Jocobites）、迈尔凯特派（Melkites）和亚美尼亚教徒（Armenians）。[5]

---

〔1〕王治来：《论中亚的突厥化与伊斯兰化》，刊《西域研究》1997 年第 4 期，页 17－27。

〔2〕前揭刘迎胜：《关于马薛里吉思》，页 14－15。

〔3〕伯希和著、冯承钧译：《唐元时代中亚及东亚之基督教徒》，页 69；牛汝极：《从出土碑铭看泉州和扬州的景教来源》，页 75－76。

〔4〕E. C. D. Hunter, "Syriac Christianity in Central Asia", pp. 366－367.

〔5〕Brian. E. Colless, "The Nestorian province of Samarqand", p. 51.

从公元 5 世纪到公元 13 世纪末,河中地区由东伊朗语系粟特人之聚居地,变成了突厥语和伊斯兰教一统的突厥斯坦,800 年间,当地的基督教社区经历了巨大的变迁。

在整个阿拉伯时代,基督教政治地位无从与穆斯林相比,他们和犹太教徒一样遭到歧视。阿拔斯王朝哈里发哈伦·赖世德(Harunal-Rashīd,约 766—809 年)曾下令拆除帝国边境一切基督教堂;哈里发姆台瓦基勒(Al-Mutawakkil,821—861 年)则命基督徒、犹太教徒宅门上必须钉一块绘有魔鬼形象的木板以示区别。[1] 尽管有此种种歧视性规定,基督徒仍有其信仰的自由,帝国内担任政府公职的基督徒也不乏其人。[2] 而且,也正是在伊斯兰教初登西亚北非历史舞台之时,西亚景教会开始了向中亚乃至东亚传教的第一个高潮。公元 781 年,中国景士们在西安树立起《大秦景教流行中国碑》,回顾了唐代景教入华 1 个半世纪的发展历程。与此同时,在西亚的巴格达,景教大主教提摩太一世(Timothy I)则在哈里发面前,为本教与伊斯兰教孰优孰劣而进行辩护。[3] 提摩太一世大力推进景教向远东地区的传播,派出了不少景教僧侣前往印度和中国传教。[4] 中亚地区作为通往印度和中国的陆上通道,其景教团体和社区也在这一时期得以发展。

9 世纪,撒马尔干升级为东方基督教会的都主教区(为第十教区)。9 世纪末,萨曼王朝(875—999)建立,在中亚地区大力推行皈依伊斯兰教的政策。[5] 尽管如此,撒马尔干的景教中心地位并未受到太大影响。据巴托尔德考察,在撒马尔干沙乌达尔(Shawdar)山区附近,有一

---

〔1〕希提著,马坚译:《阿拉伯通史》(上册),页 414。并参见 Samuel Hugh Moffett, *A History of Christianity in Asia I*: *Beginnings to 1500*, pp. 357–358.

〔2〕多桑著,冯承钧译:《多桑蒙古史》,页 99;希提著,马坚译:《阿拉伯通史》(上册),页 364–367,415;〔埃及〕艾哈迈德·爱敏著,朱凯译,纳忠审校:《阿拉伯——伊斯兰文化史》第 5 册,商务印书馆 2001 年版,页 78–84;Samuel Hugh Moffett, *A History of Christianity in Asia I*: *Beginnings to 1500*, pp. 324–373.

〔3〕参考 Samuel Hugh Moffett, *A History of Christianity in Asia I*: *Beginnings to 1500*, pp. 349–357.

〔4〕A. Mingana, "The Early Spread of Christianity in Central Asia and the Far East: A New Document", p. 306.

〔5〕〔法〕格鲁塞著,蓝琪译:《草原帝国》,商务印书馆 1998 年版,页 186。

个叫做瓦兹凯尔德(Wazkard)的景教村庄,村中建有教堂、修道院,许多伊拉克的基督徒慕名远道前来。[1] 可见,在萨曼王朝统治下,中亚尤其河中地区的基督教徒,尚能拥有远较西亚地区自由宽松的生存环境,否则就不会吸引遥远的美索不达米亚的信徒。对 11 至 12 世纪的喀剌汗王朝时期的景教状况我们所知甚少,但可以确信撒马尔干景教会的力量仍然得以保存;而且,该地与中国新疆地区的景教教团或许还有着较密切的联系。1260 年,当蒙古军队还远在喀什时,撒马尔干的都主教就将蒙古人进军的情报通知了巴格达的宗主教和哈里发。[2]

13 世纪,成吉思汗率大军西征花剌子模,布哈拉和撒马尔干首当其冲。1220 年夏(回历 617 年),布哈拉、撒马尔干先后陷落,遭到毁灭性的破坏。但蒙古人挑出 3 万工匠,编入蒙古军队[3],这其中便有撒必、可里吉思等擅长医术的"也里可温"。可以想见,蒙古西征时期撒马尔干不仅有不少基督徒,而且该等基督徒还得到了一定程度的保护。

蒙古帝国初建时期未闻有迫害基督教徒之政策。相反,由于蒙哥、旭烈兀、忽必烈的母亲唆鲁和帖尼是虔诚的景教徒,西亚、中亚诸大汗对基督教徒都友好优待,景教徒的地位一度优于穆斯林。《大兴国寺记》记载了撒马尔干教堂内石柱悬空的神迹:"天地有十字寺十二,内一寺佛殿,四柱高四十尺,皆巨木,一柱悬,虚尺余,祖师麻儿也里牙灵迹,千五百余岁",便是这段历史的一个注脚。此事的来龙去脉,在《马可波罗行纪》中有详细记载:

撒麻耳干(Samarkand)是一名贵城。居民是基督教徒同回教徒,臣属大汗之侄海都(Kaidou)。然大汗与其侄交恶。城在西北方,兹请为君等叙述此城之一大灵迹。

距今未久,大汗之族兄察合台(Djagatai,君临此地及其他诸地

〔1〕V. V. Barthold, *Turkestan down to the Mongol Invasion*, 3rd ed, London, 1968, p.94;中译本参见〔俄〕巴托里德著,张锡彤、张广达译:《蒙古入侵时期的突厥斯坦》,上海古籍出版社 2007 年版,页 110。

〔2〕Ian Gillman & H. J. Klimkeit, *Christians in Asia before 1500*, p.221.

〔3〕〔波斯〕志费尼著,何高济译、翁独健校:《世界征服者史》,页 92 – 99。

者）皈依基督教。国内基督教徒见其主奉行其教,因之大欢。遂在此城建一大礼拜堂,奉祀圣若望巴迪思忒(Saint Jean Baptiste),即以此圣名名其礼拜堂。有一美石原属回教徒,建堂人取之以承堂顶之柱。会察合台死,诸回教徒颇欲将现在基督教礼拜堂中之柱石索还。遂互议曰,用善言抑用武力收回此石,此其时矣。缘彼等人数十倍于基督教徒,其力足以为此也。乃群赴基督教徒之礼拜堂前,语基督教徒,言欲必得其石。基督教徒答言,石固属彼等,然愿以金易之。回教徒言,世上无论何物不足以易,由是彼此争持甚烈。其主闻声,询得其故,乃命基督教徒能用金偿则偿之,否则退还此石,限期三日执行。

回教徒无论如何不愿以石易金,彼等并知此石若去,礼拜堂必陷。由是基督教徒怒极不知所为,遂祷告耶稣基督,求其庇佑,俾主持圣者若望巴迪思忒之名不在本堂毁坠。限其(期)既届,某日黎明,忽见其石移出柱下。时柱离地高有三掌,悬空不坠,与有基础时同。回教徒虽得其石,然皆丧气而去。是为此大灵迹之经过。其柱现仍悬空如故,以迄天主不欲之时。[1]

马可波罗本人其实并未亲自到过撒马尔干城,其能如此细致记录此教堂神迹,说明该故事在中亚地区非常流行。此神迹反映了中亚伊斯兰化进程中基督徒面对穆斯林强势竞争和挑战下的生存困境,是神迹支撑了他们的内心信念,但在实际的争斗中,无疑还是穆斯林最后赢得上风。[2] 不过,从马可波罗游记来看,在察合台时期,基督教徒的处境是不错的,待遇谅比穆斯林为佳,由是才有视察合台为基督教徒之误会。巴托尔德指出,欧洲、叙利亚、亚美尼亚等载籍中,常把那些保护基督教徒的蒙古汗称为基督教徒,而伊斯兰教文献中凡是对伊斯兰教表示过仇恨

---

〔1〕冯承钧译注:《马可波罗行纪》,页 88;A. C. Moule & P. Pelliot ( tr. & an. ), *The Description of the World* , New York, AMS Press, 1976, pp. 143 – 146.

〔2〕据术兹贾尼(Juzjani)记载,撒马尔干这座神迹教堂最后还是被穆斯林所摧毁。参刘迎胜:《察合台汗国史研究》,上海古籍出版社 2006 年版,页 553 – 554;并参见 V. V. Bartold, *Turkstan down to the Mongol Invasion* , p.486;张锡彤、张广达译:《蒙古人侵时期的突厥斯坦》,页 562。

的蒙古汗,也都被描述成基督教徒(如察合台、贵由、忽必烈、拜都皆然)。[1] 尽管其真实性尚有待确认,但该等记载无疑意味着基督徒在蒙古时代的境况较之以前伊斯兰时期要好得多。1248 年,出使蒙古的亚美尼亚使节、海屯王的兄弟塞木巴特(Smbat)曾到撒马尔干,他在一封信里介绍了撒马尔干教团发展及穆斯林受抑制的情况,塞木巴特本人就住在城内一座基督教教堂内。[2]

与撒马尔干的基督徒相比,元朝中国的基督徒更得善待。元朝推行宗教信仰自由的政策,各种宗教户属于免租税徭役的特殊阶层,不管也里可温还是答失蛮(穆斯林),均享有政治经济和宗教之特权。在这种信仰自由的土壤之上,基督教在东亚得到了扩张。在 13 世纪中叶,除了撒马尔干这一主教驻锡地(18 区)之外,东方教会还在可失哈尔(喀什噶尔,19 区)、汗八里(23 区)、唐兀(24 区)等地增设了主教区。马可波罗东来途中经过的可失哈尔、鸭尔看(莎车)、哈密、沙州(敦煌)、肃州、甘州、额里湫(凉州)、唐古特、天德(丰州)等城,均是聂斯脱里教徒的聚居地。[3] 1281 年,撒马尔干都主教出席了中国回鹘景教徒、宗主教雅巴拉哈三世的就职仪式。[4] 直到元末(约 1329 年),罗马天主教会还曾向撒马尔干派遣主教。[5]

有关撒马尔干基督教徒的记载,止于 15 世纪上半叶的兀鲁伯(Ulugh Beg)统治时期。据亚美尼亚史家的记载,时有一位叙利亚聂斯脱里派教徒引诱了穆斯林的妻子并向人夸耀,致使撒马尔干对基督教徒进行全面迫害,基督徒被迫在皈依伊斯兰教和死亡之间做出抉择,结

〔1〕〔俄〕瓦·符·巴托尔德:《伊斯兰教载籍关于成吉思汗后裔中的基督教徒的记载》,收入余大钧译:《北方民族史与蒙古史译文集》,云南人民出版社 2003 年版,页 462 – 464。

〔2〕V. V. Bartold, *Turkstan down to the Mongol Invasion*, pp. 485 – 486, 513, n. 191;张锡彤、张广达译:《蒙古入侵时期的突厥斯坦》,页 561。

〔3〕马文宽、李兰琴:《〈马可·波罗游记〉所录中国基督教初考》,收入陆峻岭等编:《中西文化交流先驱——马可·波罗》,商务印书馆 1995 年版,页 185 – 195。

〔4〕E. C. D. Hunter, "Syriac Christianity in Central Asia", p. 367。

〔5〕P. Pelliot, *Recherches sur les chretiens d'Asie centrale et d'Extreme-Orient*, Paris, Jean Dauvillier ed., 1973, p. 118。

果绝大多数人改信了伊斯兰教。[1] 15世纪后半叶以后,史书中再无涉及撒马尔干基督教徒的报道。撒马尔干彻底完成了伊斯兰化。

综上所述,撒马尔干作为中亚基督教尤其是聂斯脱里教的中心,从5世纪到15世纪,虽经历了种族、语言和文化的转型,受到来自伊斯兰教的压力和挑战,但当地基督教社团仍能作为一股力量保存。而蒙古统治时代,撒马尔干乃至中亚、西亚地区的基督教生存境况一度好转。因之蒙古军队对中亚地区的征服,撒马尔干基督徒遂成为元代中国也里可温的重要来源。

## 4.3 从《寺记》见元代江南基督教与唐代景教之关系

清人洪钧曾称:"也里可温,当即景教之遗绪。"[2]然细观大兴国寺碑记,其所用概念术语及表述方式,与唐代西安景教碑及景教汉文经典全然不同。不由得令我们对此说法疑窦丛生。下面,且就这一问题略加讨论。

《寺记》中关于也里可温教的描述如下:

> 教以礼东方为主,与天竺寂灭之教不同。且大明出于东,四时始于东,万物生于东,东属木主生,故混沌即分,乾坤之所以不息,日月之所以运行,人物之所以蕃盛,一生生之道也,故谓之长生天。十字者,取像人身,揭于屋,绘于殿,冠于首,佩于胸,四方上下以是为准。

儒学教授梁相显然对当时的"也里可温"并无了解,甚至可说是完全陌生,故只能用自己熟悉的儒、释、道观念来解读该教。"天竺寂灭之教"指佛教;"大明"指太阳;"四时"指四季。在中国传统观念中,春的主位是东方,五行之木正好对应东方,主春季,故有"东属木主生"之

〔1〕V. V. Bartold, *Turkestan down to the Mongol invasion*, 1968, pp. 513 – 514, n. 198;张锡彤、张广达译:《蒙古入侵时期的突厥斯坦》,页563,注释1。

〔2〕洪钧:《元史译文证补》卷29,页454。

说。"乾坤"乃易道的概念,指产生天地万物的阴阳两极,故有"一生生之道"一语。梁相借用阴阳这一传统概念解释基督教的礼东习俗,显属附会。碑文中的"长生天"指萨满教中的最高神,该词频频出现于元代官方文书中,为时人所熟悉,蒙文称为"腾屹里"(Tengri,又作腾克里、腾格里);[1]用"长生天"来概括道家的"乾坤"理论,更是牵强。总之,此种大杂烩式的综合只从表面上表述了基督教的某些教仪,并未真正触及其基本的教义。

其实,早在唐代景教徒东来之时,中亚景教徒就已尝试用汉文来阐释本教义理、礼仪,以著名的西安府《大秦景教流行中国碑》为例:

> 粤若常然真寂,先先而无元;窅然灵虚,后后而妙有;惣玄枢而造化,妙众圣以元尊者,其唯我三一妙身,无元真主阿罗诃欤?判十字以定四方,鼓元风而生二气……印持十字,融四照以合无拘。击木震仁惠之音,东礼趣生荣之路……真常之道,妙而难名。功用昭彰,强称景教。惟道非圣不弘,圣非道不大。道圣符契,天下文明。[2]

碑文中明显借用儒释道的术语以阐释景教义理。[3] 如"阿罗诃",本系叙利亚文 Alāhā 的音译,意指"上帝";[4]景僧还借用了道家的概念,将"阿罗诃"格义为"元尊",复格义为"匠帝",即创造万物之帝。

碑文中之"判十字以定四方"、"击木震仁惠之音,东礼趣生荣之路",很容易和《寺记》中的"东属木主生,……十字者,……四方上下以是为准"相联系。从表面看,二者极为相似,但在明确了中外文化交流史上"格义"的内涵之后,我们认为,两者之间有着根本的不同。格义是中外文化交流史上的一种普遍现象,最早出现于佛经的翻译过程,

---

〔1〕关于"腾屹里"的相关研究,参见方龄贵:《古典戏曲外来语考释词典》,页119–121。

〔2〕据1927年顾颉刚先生购藏之拓本(广州中山大学图书馆藏),原碑多唐时异体字,此处参考朱谦之、江文汉录文修改。参见朱谦之:《中国景教》,页223–230;江文汉:《中国古代基督教及开封犹太人》,知识出版社1982年版,页40–56。

〔3〕参见翁绍军校注:《汉语景教文典诠释》,三联书店1996年版,页44–46。

〔4〕这里借用了《妙法莲华经》中的 arhat,参见穆尔:《一五五〇年前的中国基督教史》,页53。

表现为"以经中事数拟配外书"[1],目的是为了方便国人理解佛经的相关概念和含义,如用佛家的"五戒"与儒家的"五常"相比附。从某种意义上说,"格"充当了异质文化交流的桥梁。[2] 景僧借用佛道概念来格义本教义理礼仪,旨在让华人容易理解其教真谛。在实践中,其往往又以偷梁换柱的办法,改变该等术语本来的内涵。正因为如此,引起了佛教徒的不满。[3] 这反映了异质文明在接触过程中必然产生的矛盾和冲突。唐景僧译经之格义,[4]与该教明确的传教宗旨是一致的。例如,在其东来之初就先向太宗阐明教义,太宗肯定其教玄妙无为后,方同意其在义宁坊设寺(波斯寺)传教。[5] "玄妙无为"乃道教的基本精神;太宗崇道,景教僧投其所好,早有准备,这种传教策略体现了唐代景教会明确的目的性。相较之下,梁相对佛道概念的借用,则是出于对也里可温一无所知之随意附会。

唐代景僧孜孜不倦地汉译本教经典,与此相反,尽管元代也里可温数量甚夥,但迄今我们仍未发现任何元代基督教的汉文译经。就沟通两种异质文明这一点上,元代的传教士们显然无从与唐代景僧相比。而且,从梁相对基督教的无知程度来看,我们也很难相信元代江南的景教是唐代景教的遗绪。否则,梁相不至于弃现成的"景教"、"大秦"之类术语不用,却去附会阴阳五行萨满佛教诸说。我们也知道,古代撰写碑铭者,惯于援今溯古,究其本源,若也里可温源自唐代景教,《寺记》焉能毫无提及?《寺记》无唐代景教痕迹可寻,正好默证了在历史发展的轨迹上,元代也里可温与唐代景教应无直接的联系。

〔1〕陈寅恪:《支愍度学说考》,收入《金明馆丛稿初编》,上海古籍出版社1980年版,页148 – 154。

〔2〕参见蔡鸿生:《从支愍度学说到支愍度话题》,收入氏著:《仰望陈寅恪》,中华书局2004年版,页61。

〔3〕段晴:《唐代大秦寺与景教僧新释》,载荣新江主编:《唐代宗教信仰与社会》,上海辞书出版社2003年版,页436。

〔4〕有关唐代景僧译经活动,详参林悟殊:《敦煌汉文景教写经述评》,收入氏著:《中古三夷教辨证》,中华书局2005年版,页161 – 214。

〔5〕《唐会要》卷49《大秦寺》录贞观十二年造寺诏文曰:"道无常名,圣无常体,随方设教,密济群生。波斯僧阿罗本,远将经教,来献上京,详其教旨,玄妙无为,生成立要,济物利人,宜行天下。所司即于义宁坊建寺一所,度僧廿一人。"上海古籍出版社1991年版,页1011 – 1012。

会昌灭佛后唐代景教去向如何？虽然蔡鸿生教授已发现其匿向河北佛门的踪迹[1]，然其是否有辗转到江南继续传教，至今仍是个谜。但观《大兴国寺记》，实难发现江南有任何唐代景教的遗痕，这与摩尼教在华传播历史形成了鲜明的对比。会昌初年摩尼教遭迫害后，辗转流入福建，在宋元时期衍化为著名的明教。明教与唐代摩尼教的关系，在文献上记载凿凿。明何乔远《闽书》卷7《方域志》"华表山"条下，就明确叙述了摩尼教入闽的历史：

> 华表山，与灵源相连，两峰角立如华表。山背之麓，有草庵，元时物也，祀摩尼佛。摩尼佛，末（原文作"未"，此处据后文改之）摩尼光佛，苏邻国人。又一佛也，号具智大明使。……其教曰明，衣尚白，朝拜日，夕拜月，了见法性，究竟广明，……盖合释老而一之。行于大食、拂菻、火罗、波斯诸国。……会昌中，汰僧，明教在汰中。有呼禄法师者，来入福唐，授侣三山，游方泉郡，卒葬郡北山下。至道中，怀安士人李廷裕，得佛像于京城卜肆，鬻以五十千钱，而瑞相遂传闽中。真宗朝，闽士人林世长，取其经以进，授守福州文学。[2]

这段记载清晰地勾勒出宋元明教与唐代摩尼教的历史联系。两者的传承关系不仅见诸文字，也有实物可资证明，如草庵的摩尼教光佛像，及晋江出土的明教会黑釉碗等等。[3] 反观元代江南的也里可温

〔1〕蔡鸿生先生惠示房山石刻横额"玉皇宝诰"下经题记有曰："大明国景教庆寿寺僧人超然经匠道□四名游于□□ 正统三年四月廿九日游到□□□□小西天石经堂瞻礼。"（北京图书馆金石组、中国佛教图书文物馆石经组编：《房山石经题记汇编》，书目文献出版社1987年版，页76。）林悟殊先生就该题记阐释道："该题记落款正统三年(1438)，远早于西安景碑发现的天启年间(1621–1627)，因而，个中的'大明国景教'不可能是受景碑启发而冒出的新教派；而正统年间，西方的耶稣会士也还未来到中国，该'大明国景教'亦不可能与明末海路新传入的西方基督教有涉；是以，其无疑应是本土原来所固有的，是否就是唐代景教的余绪，这是一个很值得探讨的有趣问题。假如答案是肯定的，那就意味着唐代景教遭武宗迫害后，民间还有其信众；从其僧人到房山佛教圣地'瞻礼'的题刻，暗示其或以佛教一宗之面目存在于社会。"见林悟殊：《唐代景僧名字的华化轨迹——唐代洛阳景教经幢研究之四》，载《中华文史论丛》2009年第2辑，页192；并参见前揭王媛媛：《唐后景教灭绝说质疑》。

〔2〕何乔远：《闽书》第1册，福建人民出版社1994年版，页171–172。

〔3〕详参林悟殊：《泉州摩尼教渊源考》，收入林中泽主编：《华夏文明与西方世界》，页75–93；又收入：《中古三夷教辨证》，页375–398。

教,则在文献和文物上都无从证明其与唐代景教的渊源。因此,从现有的资料看,我们不得不认为元代江南的也里可温并非唐代景教的遗存或发展,而应是由中亚或域外其他地区基督教门派重新传入的。在时人眼里,纯为一种新来宗教。

## 4.4 元代江南基督教的再传入

如本章第二节所述,作为中亚东方教会之中心的撒马尔干,其信徒乃以聂斯脱里派为主。是故,《寺记》所云之"也里可温",其内涵乃主要指聂斯脱里派。马薛里吉思所建7寺,性质上也应属聂斯脱里教堂。[1] 对此《马可波罗行纪》亦有记录:

> 镇江府是一座蛮子城,城中居民皆为偶像徒,……城里有两所聂思脱里派基督教堂。这事发生于基督诞生后1278年,我来告诉你们事情的原委。确实,在1278年以前,这里从无任何基督教堂,也无人信仰基督教的上帝。[后来]一位叫马薛里吉思(Marsarchis)的聂思脱里教徒,为大汗管治此城。在任三年期间,正如我刚才提到的,他建了这两所教堂,那以后,在聂斯脱里教徒居住的地方(where Nestorians Christians dwell)就有了教堂,而在此前,该城既无教堂也无教徒。[2]

尽管《马可波罗行纪》的可信度学界还不无怀疑,但此段文字与《寺记》相互印证,说明所述应言之有据。马可波罗作为天主教徒,对基督教的流派理当熟悉,故特别指出其为聂斯脱里派教徒,从性质上将镇江的教堂与拉丁派分别开来。这恰如鄂多立克途经扬州城时,特别留意扬州之基督教堂为方济各派一样,[3]均是西人对基督教在东方各地传播

---

〔1〕陈垣认为"也里可温"乃元代基督教之统称,包括了希腊、罗马、聂斯脱里等诸派,此说为大多数学者接受,参见《元西域人华化考》卷2,页19。

〔2〕A. C. Moule & P. Pelliot, *Marco Polo: the Description of the World*, pp. 322－323; Cf. A. C. Moule, *Christians in China before the Year 1500*, p. 139, 140;郝振华译:《一五五〇年前的中国基督教史》,页160;并参见冯承钧译:《马可波罗行纪》第148章,页344。

〔3〕何高济译:《鄂多立克东游录》,页77。

·欧·亚·历·史·文·化·文·库·

之教派尤加留意之故。总而言之,元代镇江有聂斯脱里派教堂,中西方文献均有记载,当属不争之事实,可补正史之阙载。

马可波罗称在马薛里吉思之前镇江并无基督教徒,这未必符合历史的真实。假设江南当时并无基督教徒,那么马薛里吉思无需大费周章修建教堂,且数以7计[1],可知此地当时教徒为数不少。因为,寺院是宗教徒从事宗教活动的场所和中心,其存在的重要条件,就是以有相当数量的信徒为基础。那么,元代江南基督教的出现应始于何时呢?

正史明确记载"江南"之也里可温,是在距马薛里吉思建寺后约10年的大德(1297—1307)年间。《元典章》卷33载:

> 大德八年江浙行省准中书省礼部呈奉:"省判集贤院呈江南诸路道教所呈:'温州路有也里可温,创立掌教司衙门,招收民户,充本教户计;及行将法箓先生诱化,侵夺管领;及于祝圣处祈祷去处,必欲班立于先生之上。动致争竞,将先生人等殴打,深为不便。申乞转呈上司禁约事,得此。'照得江南自前至今,止有僧道二教,各令管领,别无也里可温教门。近年以来,因随路有一等规避差役之人,投充本教户计,遂于各处再设衙门,又将道教法箓先生侵夺管领,实为不应,呈乞照验。得此。奉都堂钧旨,送礼部照拟。议得,即日随朝庆贺班次,和尚、先生祝赞之后,方至也里可温人等。拟合依例照会外,据擅自招收户计,并挽管法箓先生事理,移咨本道行省,严加禁治,相应具呈照详,得此,都省咨请照验,依上禁治施外,行移合属并僧道录司、也里可温掌教司,依上施行。"[2]

这段文字记述了江南道教与也里可温的一次纠纷,矛盾的焦点集中在人口户计和祝赞位次的争夺上。[3] 陈垣早已指出,此段记载乃道教一

---

〔1〕除了建"七寺",《寺记》还提到马薛里吉思梦见天门开"七重",似有粟特人崇"七"礼俗之余韵。参见蔡鸿生:《唐代九姓胡崇"七"礼俗及其源流考辨》,载《文史》2002年第3期,页105–112。

〔2〕《元典章》卷33,页340上。

〔3〕陈垣认为元初礼部对宗教事务的管理有名无实,但此条奏折表明事实并非如此。此案裁断的过程,集贤院要先将奏折呈递礼部,最后由礼部来颁布裁断结果。崇福院与礼部的关系,当与集贤院同。

面之词,[1]故我们应对其中"江南自前至今……别无也里可温教门"一句多加明辨,不可偏信。温州路的也里可温能够"创立掌教司衙门,招收民户,充本教户计",其必定发展有时,方可形成此嚣张之势。联系到《寺记》中的相关记载,在13世纪80年代,镇江就已出现聂斯脱里派教堂和教徒公墓区(义阡),那么,可以推测,江南的教徒或许便是以镇江为基地,迅速发展到周边城市的。

那么,基督徒具体是如何进入江南的呢?从各种文献记载和历史背景看,也里可温乃随着蒙古军队平定江南的大部队而至,此当无疑义。[2]其中特别包括了以信仰基督教而闻名的阿速军(阿兰人)[3]、钦察军[4],两者均为伯颜麾下征宋军队之主力。

镇江是蒙军平江南的重要城市,位于长江南岸,占据交通要隘,战略意义重大。正史虽无阿速军攻打镇江之明文记载,但通过对邻近另一城市镇巢的相关记载,可窥知当时阿速军队在平宋战争中的重要性。马可波罗到达镇巢时曾有如下记载:

> 从镇江府发足,东南向骑行三日,抵镇巢军(Chingingui),城甚大,……先是蛮子大州略定之时,军帅伯颜遣一队名称阿兰(Alains)之人往取此城。诸阿兰皆是基督教徒,取此城入据之,在

[1]陈垣:《元也里可温教考》,收入《陈垣学术论文集》第1册,页32。

[2]蒙古时代的基督教徒来源比较复杂,蒙古草原早有如克烈、蔑儿怯、汪古等部落改宗景教;后来又有大批因战争而编入蒙古军队之中亚基督教徒,如钦察军、阿速军;因战争而被携至中国的景教僧侣也不在少数,鲁布鲁克、鄂多里克提到的汗廷景教僧,便以此类人居多。

[3]阿速与基督教的关系,鲁布鲁克的书中曾经提到,说他们是希腊派教徒,但尊重一切基督教派。参见何高济译:《鲁布鲁克东行纪》,页224。有关 Alains 的研究,详参 Paul Pelliot, *Notes on Marco Polo I*, pp.16–25;并参见伯希和著,冯承钧译:《唐元时代中亚及东亚之基督教徒》,页67–69。

[4]巴托尔德指出:"钦察人早在前蒙古时代就受到基督教的影响,这是从两方面来的:一方面是斡罗斯,另一方面是西欧,这种宣传一直持续到蒙古时代,这可从钦察、库蛮的词典,即人们所谓的库蛮词典中看出。它是13世纪末的著作,其中福音书和天主教的颂诗的原文是翻成突厥语的。"参见巴托尔德著,罗致平译:《中亚突厥史十二讲》,中国社会科学出版社1984年版,页178。

城中见有美酒,饮之醉,酣睡如同猪豚,及夜,居民尽杀之,无能脱者。[1]

言及阿兰军在初次攻占镇巢后遭到了降军诱杀;丞相伯颜后来又"别遣一将率一大军"攻取此城。此将乃张掖人昂吉儿。《元史·昂吉儿传》有载:

> 镇巢军降,阿速军戍之,人不堪其横,都统洪福尽杀戍者以叛,昂吉儿攻拔其城,擒福及董统制、谭正将。[2]

镇巢一役,阿速军损失惨重。因此,元廷灭掉镇巢军,并降旨将此城 700 降户赐给阿速军,充为万户。《元史·兵志二》载:

> [至元]二十三年,为阿速军南攻镇巢,残伤者众,遂以镇巢七百户属之,并前军总为一万户,隶前后二卫。至大二年(1309),始改立右卫阿速亲军都指挥使司。[3]

阿速军部当系最早进入江南的部分基督教徒。

钦察部也是因平宋战争而进驻江南的,其中尤为著名者乃该部完者都拔都,其家族便因平宋战争侨寓江南。《元史·完者都传》载:

> 完者都,钦察人。父哈剌火者,从宪宗征讨有功。[至元]十一年……九月,从丞相伯颜南征。十一月,攻沙洋、新城。始授金符,领丞相帐前合必赤军。十二月,统舟师由沙芜口渡江。十二年春,与宋将孙虎臣战于丁家洲,大捷,进武义将军。攻泰州,战扬子桥,战焦山,破常州。十三年春,入临安,下扬州,皆有功。江南平,入见,帝顾谓侍臣曰:"真壮士也。"因赐名拔都儿,授信武将军、管军总管、高邮军达鲁花赤,佩虎符。既而军升为路,遂进怀远大将军、高邮路总管府达鲁花赤。[4]

完者都去世后葬在高邮,其子世袭高邮万户府达鲁花赤一职,其

---

〔1〕此事《元史·杭忽思传》也有记载:"杭忽思,阿速氏,主阿速国。……戍镇巢,民不堪命,宋降将洪福以计乘醉而杀之",页3205-3206。并参见冯承钧译:《马可波罗行纪》第149章,页346-347。

〔2〕《元史》卷132,页3214。

〔3〕《元史》卷99,页2527。

〔4〕《元史》卷131,页3192-3193。

余诸子则分别在常州、湖州等路担任达鲁花赤。其子孙的活动范围均不出江浙地区,可见完者都一家便是因军职而侨居江南。[1] 类似完者都这样携眷留居江南的军人为数必是不少,其中当不乏持基督教信仰者,他们构成了江南基督教徒的基础。

马薛里吉思的来华经历,虽史无明载,但参照上述考察,我们推测其应是在蒙古征服撒马尔干后随军进入中国的。镇江、镇巢约于至元十一年被攻破,联系到《寺记》的相关记载:至元十二年马薛里吉思前往闽浙造舍里八,十四年其被命为镇江路总管府副达鲁花赤。这些都不是时间上的巧合,而是符合历史发展的逻辑。

随军进入是基督教传入元代中国内地的主要模式,这种军事性的移民,使得作为外来宗教的也里可温能在短时间内迅速发展。此种优势,乃唐代景教所无法比拟。前文引述《元典章》之"禁也里可温搀先祝赞"条,也正好从一个侧面反映了也里可温在江南迅速发展,以至引起了道教徒的猛烈反击。江南既定,由于贸易往来的关系,此地繁荣的商业复又吸引了大量的中亚、西亚商人及伴随而来的众多基督教传教士和一般教徒,使得后来江南的基督教发展更加多元化,扬州出土之拉丁十字碑,即为一证。[2]

## 4.5 亦官亦僧的马薛里吉思

由于江南基督教徒有了一定的数量,马薛里吉思才有了建寺的教徒基础。从"马薛里吉思"一名来看,笔者怀疑其应具有教士或主教之类的教职身份。《寺记》开篇记载:"大兴国寺,在夹道巷,至元十八年,本路副达鲁花赤薛里吉思建。"称其为"薛里吉思",说明"马"并未被看做其姓氏;冠之于名前,必有其他的含义。我们知道,"马"字刚好是叙

---

〔1〕参见潘清:《元代江南蒙古、色目侨寓人户的基本类型》,载《南京大学学报》(哲学人文社科版)2000 年第 3 期,页 130。

〔2〕扬州发现的拉丁文墓碑共计两方,经考证,墓主人乃意大利商人,其墓碑形制可能属于圣方济各派教徒,正好印证了鄂多立克游记中所记扬州基督教之情况。参见前揭夏鼐:《扬州拉丁文墓碑和广州威尼斯银币》。

利亚文敬称词 Mar 的译音,在叙利亚文中,当其作为一种头衔和称号应用时,是置于人名之前的。[1] 由是,我们推断马薛里吉思除担任世俗职务副达鲁花赤外,或许还在教中担任相当之教职。《寺记》谓其"持教尤谨,常有志于推广教法","遂休官,务建寺",正好佐证了此点。

马薛里吉斯家族在蒙元时代之崛起,始于其外祖父撒必时代。笔者认为,这位撒必也是一名景教僧侣。《寺记》有载,"公之大父可里吉思、父灭里、外祖撒必为大医"。大医,即太医,乃指宫中掌管医药的侍臣。可知马薛里吉思的祖父可里吉思、外祖撒必和父亲灭里,都擅长医术;其中撒必的医术尤为精湛。成吉思汗西征河中时期,"初得其地",太子拖雷病倒,幸好撒必献上舍里八,又有"马里哈昔牙徒众祈祷",双管齐下,拖雷始愈。撒必遂因功被封"也里可温答剌罕"。[2] 答剌罕在元代仅授予功勋大臣。答剌罕者,"译言一国之长,得自由之意,非勋戚不与焉。太祖龙飞日,朝廷草创,官制简古,惟左右万户,次千户而已"[3]。由此可见,作为被征服地区臣民的撒必,缘其景教医学技能,竟得以上升为蒙古的特权阶层,结为蒙古黄金家族的"根脚"[4]之家,泽及子孙。

就"公外祖舍里八、马里哈昔牙徒众祈祷"句,字面意思不难解,即说撒必献舍里八,兼有一位主教率众祈祷,拖雷才得以痊愈。如果再细琢磨文字背后的深意,我们还可对撒必的身份做出更进一步的推测和判断。唐亡后及至蒙古西征前,撒马尔干人鲜见移居中国者;撒必不可能是成吉思汗西征时随军携带的医生。显然,他是大汗"初得其地"时始进入蒙古军队并成为御医的。恰好此时,大那延拖雷病倒,急需医治。撒必的出现,当系成吉思汗在撒马尔干就地寻医的结果。根据常理,成吉思汗自然要找撒城医术最高明、声望最隆盛的医生来为爱子治病。而撒必堪称此任,证明他就是撒马尔干首屈一指的名医。撒必献上的药酒"舍里八",前文已有详介,是一种回回药露。从中亚撒马

---

[1]见牛汝极:《从出土碑铭看泉州和扬州的景教来源》,页 75。

[2]韩儒林:《蒙古答剌罕考增补》,页 47-48。

[3]陶宗仪:《南村辍耕录》卷 1,页 18。

[4]所谓"根脚",乃指一家族与蒙元政权的渊源,渊源越深,根脚越大,其子弟入仕的机会也就越高,前程也就越好。参见上揭萧启庆:《内北国而外中国:元朝的族群政策与族群关系》一文。

尔干进入元代中国后，"舍里八"成为撒必家族世代相承的家族世业。撒必十分符合历史上景僧擅医的特点，为历史上景僧的擅医擅药又添新证。[1] 尽管唐元基督教并无直接的继承关系，但就景僧擅医这一历史特点来看，两者显然有着共同的源头。

撒必可以确定为一名景医，但他是否还担任圣职呢？《寺记》记云"公外祖舍里八马里哈昔牙徒众祈祷始愈"，对此句学界一般都理解为：撒必献舍里八治病，而另有一位"马里哈昔牙"率众祈祷。如是，则本句应点断为"公外祖舍里八，马里哈昔牙徒众祈祷，始愈"。不过，根据历史上景僧擅医这一传统，我们不妨将"马里哈昔牙"解作撒必的头衔，即 mar hasia 是撒必的尊称。由是，本句便可点断为"公外祖舍里八、马里哈昔牙徒众祈祷，始愈"。若后一推测成立，则撒必本人就不只是一名普通的也里可温，而更应是撒城景教会的一名圣职人员。[2] 这十分符合历史上景僧擅医的身份特点，毕竟，医学实践及高超医术主要由僧侣掌握。[3]

通过对撒必的考察，可知马薛里吉思乃撒马尔干一个尊贵的景教世家。该家族凭借其固有的景教医药传统，成为成吉思汗及其继承者最早倚重的一批中亚景教徒。蒙元时代基督教在东亚及至中国内陆的流传，此类基督教世家起到了关键作用。[4]

马薛里吉思"首于铁瓮门舍宅建八世忽木剌大兴国寺"，说明他乃凭借个人财力修建教堂。对此，《通制条格》卷29《僧道》有更为详细的记载：

> 元贞元年（1295）七月二十三日，中书省奏："'也里可温马昔（思）[里]乞思，皇帝的御名薛禅皇帝、裕宗皇帝、太后的名字里，江

〔1〕前揭黄兰兰：《唐代秦鸣鹤为景医考》。

〔2〕陈高华先生也持此论，参见其《舍儿别与舍儿别赤的再探讨》一文。

〔3〕参见薛公绰：《世界医学史概要》，学苑出版社1995年版，页36。

〔4〕蒙元时代的基督教徒，以汪古、克烈各景教部落最为闻名，他们的信仰均为世袭，故陈垣在《元西域人华化考》中提出了"基督教世家"这一概念（参见陈垣：《元西域人华化考》，页18、50）；罗香林还明确提出，汪古部落的马氏家族是江南景教传播的重要力量（参见罗香林：《元代苏浙闽等地之景教传播》，页153－189）。对此，笔者认为马氏在江南的活动其实促使了族人的儒化。参见本书第五章。

南自己气力里盖寺来，系官地内，要了合纳的租子，并买来的田地的税不纳官，寺里做香烛。'么道，教爱薛那的每奏呵，教俺'商量了奏者'。么道，圣旨有来。俺商量来，为和尚、先生每、也里可温、苔失蛮每的商税、地税，久远定体行的上头，皇帝根底奏了，一概遍行圣旨来。若免了他的呵，比那遍行的圣旨相违者有，别个人每指例去也。依体例教纳粮者。若他的气力不敷呵，别对付着，奏也者。"奏呵，"是也，那般者"。圣旨了也。钦此。[1]

此处之马昔思乞思，当为马薛里吉思的讹写。这一奏折中"自己气力里盖寺来"一句，正好对应《寺记》中"首于舍宅建八世忽木刺大兴国寺"之语。不过，尽管《寺记》交代他建7寺全凭己力，且在"任镇江五年，连兴土木之役，秋毫无扰于民"，但作为新兴势力的也里可温，难免要触犯它教尤其是江南地区原来的佛道二教之利益。冲突的焦点，一为附教人员的争夺，一为寺院领地的争夺，因此，势必遭到异教的反弹。

以聚明山、云山[2]二寺的遭遇为例，可以窥见其时江南新兴的基督教在发展过程中如何受到了佛教的攻击。《至顺镇江志·僧寺》曰：

> 集贤学士赵孟頫奉敕撰碑。其略曰："皇帝登极之岁（至大四年，1311），五月甲申（5月31日），诞降玺书，遣宣政院断事官泼间、都功德使司丞臣答失帖木儿，乘驿驰谕江浙等处行中书省曰：'也里可温擅作十字寺于金山地，其毁拆十字，命前画塑白塔寺工刘高，往改作寺殿屋壁佛菩萨天龙图像，官具给须用物，以还金山。庚辰，泺降玺书，护持金山，也里可温子子孙孙勿争，争者坐罪以重论。'十有一月庚戌，都功德使臣海音都，特奉玉音，金山地外道也里可温，倚势修盖十字寺，既除拆所塑，其重作佛像，绘画寺壁，永以为金山下院。命臣孟頫为文，立碑金山，传示无极。臣孟頫不佞，谨拜手稽首为文云。"[3]

---

[1]《通制条格》，续修四库全书本，页855；并参见方龄贵校注：《通制条格校注》卷29，页720 -721。

[2]也里可温在金山占有两寺，山下且又划为也里可温之"义阡"，故而佛教反击时，其必成为首当其冲的对象。

[3]《至顺镇江志》卷9，中华书局影印本，页2748上。

佛景之争,最后以佛教的胜利而告终。也里可温十字寺被重新绘塑佛像,改为般若院;官方还下令"也里可温子子孙孙勿争,争者坐罪以重论",使佛教的利益得到了法律的明确保护。可见,官方是力图平衡各教势力的。

马薛里吉思当初正是凭借了朝中的保护及其自身担任达鲁花赤这一官方背景,才克服了佛道二教的阻力,建立7座"外道"寺院。从成吉思汗时代开始,其家族就一直受到朝廷恩宠。马薛里吉思之建寺,事先并无向朝廷申报,[1]事后却受到朝廷嘉奖,此固然是出于忽必烈汗对其恩宠有加,也与朝中有人扶持密切相关,当中代表首推丞相完泽和崇福使爱薛。完泽丞相"奏闻玺书护持,仍拨赐江南官田三十顷,又益置浙西民田三十四顷,为七寺常住"[2];爱薛则负责为其传旨、奏禀。爱薛乃元代最有权势的聂斯脱里教徒之一,长期负责管理全国也里可温十字寺、也里可温僧侣等事务,是马薛里吉思建寺事业的最直接主管。而完泽本人,据刘迎胜教授考证,乃出自克烈部[3],很可能也是一名聂斯脱里教徒。此二人在马薛里吉思建寺的过程中,不时通风报信,并提供实质性的援助,对也里可温在江南的兴起和发展,贡献自不在言下。我们相信,云山、聚明山二寺后来的厄运,恐与朝中爱薛和完泽的相继去世不无关系。[4] 若然,则益证明宗教之发展与当权者的支持密切相关。

马薛里吉思曾任镇江路达鲁花赤一职。按,达鲁花赤乃元代官制所特有,蒙古语意为"镇守者",是蒙古人控制地方政权所设置的监管官员。达鲁花赤原则上"限于蒙古人,次则色目人,而不以畀汉人、南

---

〔1〕谓"也里可温擅作十字寺于金山地",说明马薛里吉思建寺未得到朝廷批准,但建寺时并无受到责难,此时才被追究。

〔2〕7寺不仅能占有官田,还获得朝廷封赐的大量田产,其土地上的人口、牲畜、房屋,都统归寺院所有。据此揣测,元代也里可温应当形成了一定规模的寺院经济,此乃其优于唐代景教的又一表现。有关元代僧侣阶层的特权表现,可参蒙思明:《元代社会阶级制度》,页116 – 120。

〔3〕上揭刘迎胜:《关于马薛里吉思》,页16 – 17。

〔4〕完泽于1291年出任中书省丞相,直到1303年5月去世,参看《元史》卷130,页3173 – 3174。爱薛逝世于1308年,参见《元史》卷134,页3248 – 3249。

·欧·亚·历·史·文·化·文·库·

人"[1]。杨维桢指出:

> 国朝监官郡邑,咸设达鲁花赤,于官属为最长……其职秩为
> 甚尊,而职任为甚优。[2]

马薛里吉思正是借助达鲁花赤这一职权,始能取得官地租子,作为买地的资本。也因为有这一层官方背景,云山、聚明山立寺之初,佛教的反对才未能构成实质性的威胁。而且,也正因为镇江在其辖下,方成为建寺的首选地点。

综上所述,位居统治阶层的马薛里吉思,一身两任,亦官亦僧。其建寺不仅出于自身的宗教需要,也和当时江南基督教的兴起有关,反过来又促进了该教在异质文明中的传播。

通过对《大兴国寺记》中有关元代镇江基督教7寺建立缘起和经过的初步探讨,我们可以认定,元初江南也里可温乃以聂斯脱里派教徒为主体,他们并非唐代景教徒之遗绪,与唐代景教无直接的继承关系。这批最早的教徒以蒙古军及随军迁徙而来的其他中亚民族(色目人)中的聂斯脱里教徒为主,其传入途径主要通过军事征服和移民植入。即是说,元代也里可温的传播实表现为以外来教徒为主体的"移民传播"。这与唐代景教、明清天主教依靠传教士进行传教的方式颇为不同。而且,尤其值得注意的是,这些外来宗教移民属于当时社会的上层阶级,享有政治、经济和军事上的特权,也里可温在短期内得以蓬勃发展,实仰赖于此。文中亦官亦僧的马薛里吉思,是这个阶层的代表。他凭借执掌镇江行政之机,并利用朝中同道的扶持,大兴寺院,提高了也里可温的声势,从而名垂青史。

移民传播和官方背景,是我们理解元代也里可温教传播特点和兴衰原因的两个关键。

---

[1]蒙思明:《元代社会阶级制度》,页48。
[2][元]杨维祯:《送旌德县监亦邻真公秩满序》,见《东维子集》卷4。

# 5  也里可温之华化

## ——以马氏汪古为例

我国史学界的"华化"研究,发端于陈垣名著《元西域人华化考》。按,《元西域人华化考》一书 8 卷,撰成于 1923 年,发表时颇有一番波折。前 4 卷发表在当时北京大学《国学季刊》1 卷 4 号上,后因《国学季刊》遭逢经费困难,无以为继,待到 1927 年,后 4 卷才在《燕京学报》上刊登问世。而后经过增订修改,于 1934 年收入木刻本《励耘书屋丛刻》。[1] 20 世纪 50 年代以后,由于国内政治原因,该书一直未能刊行。[2] 1981 年,北京师范大学出版社重新影印出版了 1934 年的木刻本,而单行本直到 2000 年才由上海古籍出版社出版(蓬莱阁丛书)。《元西域人华化考》是研究元代文化史、社会史、宗教史、民族史的必参书目,迄今仍是元史研究的典范之作。

## 5.1  《元西域人华化考》之学术遗产

1917 年,陈垣首撰《元也里可温教考》时,其宗旨乃在于将有关也里可温之汉文史料尽量裒集。但囿于其时条件,当时对某些重要文献仍有遗漏。比如元代汪古部之奉教史实,虽然伯希和早有论及,且马可波罗游记中也有记载,但在《元也里可温教考》中并未涉及。尔后陈垣持续关注元代基督教史,并在与张星烺通信切磋的过程中,逐渐发现

---

〔1〕参刘乃和:《陈垣对元史研究的重要贡献》,刊《中国典籍与文化》1996 年第 2 期,页 56 – 68。

〔2〕20 世纪 60 年代,中华书局拟出版该书点校本,未能通过审查,遂致出版计划搁浅。是次排印稿于 2000 年由河北教育出版社首次出版,收入《中国现代学术经典·陈垣卷》。

·欧·亚·历·史·文·化·文·库·

汪古部马祖常、赵世延家族的奉教历史。其研究构成《元西域人华化考》中关于华化基督教徒之内容。陈垣十分重视此部分内容,1924 年,特将之整理为《元基督教徒之华学》一文,单独发表。由是可见,正是通过对元代也里可温的考察,促使陈垣关注有元一代入华西域人的整体历史,并最终确定其"华化"理论。可以说,对元代基督教徒华学成就的考察,构成了陈垣考察整个元代色目人华化历史的起点。

"华化"研究是陈垣元史研究和基督教史研究的重要特色,也是 20世纪 20 年代我国学术界的重心和研究旨趣。《元西域人华化考》初版后不久,东洋汉学家桑原骘藏即撰写书评,给予高度评价。[1] 桑原肯定氏著研究方法的科学性,认为其不仅有事实的考证,还有对资料的评判,更有彻底的论理。[2] 这可说是桑原对民国中国学者所给予的最高评价。桑原氏对陈垣提出的"华化"理论也是接受的,而且他本人也受到了此理论的影响。1926 年,桑原骘藏发表《隋唐時代に支那に來往した西域人について》,何健民据内容意译为《隋唐时期西域人华化考》,[3] 这是国际汉学界研究唐代西域人华化历史的重要论著。[4]

1934 年,《元西域人华化考》重刻再版,陈寅恪为之作序。陈寅恪十分推崇陈垣"精思博识"、"综合贯通"的通识,认为氏著"庶几宋贤著述之规模"。[5] 确实,如果从纯学术的角度看,《元西域人华化考》一书最卓越的成就,并不在于其资料上援引上百种典籍,或书中寄托的

---

〔1〕桑原骘藏著、陈彬和译:《读陈垣氏之〈元西域人华化考〉》,收入陈垣:《元西域人华化考·附录》,页 145 - 152。(原文发表于日本《史林》杂志第 9 卷 4 号,1924 年 10 月;中译本首载于《北京大学研究所国学门周刊》第 1 卷 6 期,1925 年 11 月。)并参见竺沙雅章:《陈垣与桑原骘藏》,载《历史研究》1991 年第 3 期,页 13 - 19。

〔2〕桑原骘藏:《读陈垣氏之〈元西域人华化考〉》,页 146。

〔3〕桑原骘藏著,何健民译:《隋唐时期西域人华化考》,中华书局 1939 年版。中译本还附录了冯承钧《唐代华化蕃胡考》和宋文炳《女真汉化略考》二文,这亦反映出华化研究是当时学术界之一潮流。

〔4〕竺沙雅章也指出桑原氏文的中译名"甚为恰当",并认为桑原的《隋唐时期西域人华化考》与陈垣的《元西域人华化考》有密切关系。参见竺沙雅章:《陈垣与桑原骘藏》,页 14 - 16。

〔5〕陈寅恪:《重刻元西域人华化考序》,收入《励耘书屋丛刻》,北京师范大学出版社 1982 年版,页 5 - 8。

爱国情怀[1],而在于其研究视野的开阔,能通盘考察元代中国一个特殊群体——汉化色目精英阶层——的精神生活面貌,并揭示出该等色目人为中华文化所做出的杰出贡献。

## 5.1.1 《元西域人华化考》引发的学术论争

《元西域人华化考》在国内学术界的地位毋庸置疑,而其在国外之影响,则鲜少人关注,在此略作介绍。1966 年,钱星海和富路特将其英译出版,题为"Western and Central Asians under the Mongols:Their Transformation into Chinese"(《蒙古统治时期的西域人:其转变为汉人的过程》)。[2] 尽管时距《元西域人华化考》初版已近 40 余年,但西方汉学界还是给予了热烈的回应。杨联陞、牟复礼(Frederick W. Mote)、傅海波(Herbert Franke)纷纷撰写书评。以 3 人在欧美汉学界之地位,也可窥见此书学术分量之重。牟复礼一方面肯定陈垣的考据成就,一方面批评陈垣"片面"关注西域人所受到的汉化影响,而对汉人的改易蒙古、色目礼俗置若罔闻,就后者论,氏著实难符合现代学术标准(modern standards)[3]。针对此,杨联陞回应道:

> 牟复礼教授有一处批评我不能苟同。他说:"作者在书中极力渲染中亚人被汉化的历史,却忽略了同时存在的相反的文化转变:外族文化同样渗透到了汉文化当中,许多汉人因此放弃了原有的生活方式。"这里,牟教授似乎忘了原著和译著书名的差异。就算假设陈垣的讨论有某种以汉文化为中心的倾向,我也看不出当时社会存在着与"汉化"相对的"胡化"(barbarization),即如有汉人改易蒙古名,也不能就此判断中亚文化对汉文化产生了影响。

---

[1]今人所引先生"此书著于中国被人最看不起之时,又值有人主张全盘西化之日,故其言如此",乃其 20 世纪 60 年代致欧阳祖经的信中所言及,在发表之初(1923)并未明确提出。参陈智超编注:《陈垣来往书信集》,上海古籍出版社 1990 年版,页 818;陈智超:《〈元西域人华化考〉导读》,收入《元西域人华化考》,页 1 - 13。

[2]Ch'ên Yüan, *Western and Central Asians under the Mongols: Their Transformation into Chinese* , translated by Ch'en Hsing-hai and L. Carrington Goodrich. (Monumenta Serica Monograph xv. ) Los Angeles: Monumenta Serica, 1966.

[3]Frederick W. Mote, "Review [Untitled]", *JAS* , 26 (4), 1967; pp. 690 - 692.

更别说博学的陈垣会对此毫不知情。[1]

杨联陞还指出,英译作者擅改书名,将原著的"华化"(sinicization)代之以"转变"(transformation),对原著的精神有误传之嫌。Sinicization既可译为"华化",也可译为"汉化",通常取后者。[2] 两者差别不大。但陈垣初版时使用"汉化",到二版油印时大部分改作"华化",最后定稿时全部改为"华化",显然另有一层深意在。[3] "华化"意在与"西化"相对,其中蕴含着著作者对民族文化的自信心;而这种民族自信心绝不能和牟复礼微词的"汉文化中心"划一等号,因为陈垣极力赞誉的,乃元代色目人的文化贡献,其研究也是为了驳斥一直以来盛行的元代文化低下的传统观点。在《元西域人华化考》中,也找不到任何对外族文化贬低之词。

然而,在《剑桥辽金西夏元史》中,作者之一的牟复礼仍然重申其论:

> 该论写于 1920 年代,也可能创作于元以后的任何一个时期;它完全以汉人为中心(sinocentric)。尽管作者批判了前人低估元代汉化色目人文化成就的做法,但他自己感兴趣的仍是这些外族人所受汉文化的影响,而非相反。尽管如此,本书仍然极具史学价值,它研究了 133 个元代色目男女及其华化的生活和成就。笔者尤感兴趣的是儒家观念(佛道亦略有述及)的说服力,但这也不能完全反映出该等人文化适应的全貌。就是说,这些人在文化上是双元抑或多元?他们如何既能周旋于蒙语、突厥语和波斯语的统治阶层中,还能在汉族社会起作用。某些事例确实表明,色目人受到了汉文化的吸引,并学到其中精髓,这也显示出汉文化的优越性。这对元和元以后的汉人来说,自然是一个满意的观察,而且其中确也有着很大的客观真实性。但是,当代历史学家们能够在该

---

[1]Lien-sheng Yang, "Review [Untitled]", *JAOS*, 89 (2), 1969, pp. 425 - 426, 引文见 p. 425。

[2]上揭杨联陞文。

[3]参见陈智超:《〈元西域人华化考〉导读》,页 11 - 12。

等记载中看到其他的深意。[1]

以剑桥史在西方汉学界之地位，此论无疑也影响到国际学界对陈垣氏著的评价。

总的说来，西方学术界对"汉化"的估计是趋向于保守的。20 世纪40 年代，就北方游牧民族政权的"汉化"问题，魏复光（Karl A. Wittfogel）、冯家昇曾提出：宋以降半游牧半农耕的女真人建立的金朝和清朝政权倾向于吸收汉文化，汉化较深；游牧的契丹人、蒙古人建立的辽朝和元朝对汉文化有抗拒，汉化较浅；只要征服的状态不变，征服者便不会放弃原有的民族和政治认同，难以真正同化。[2] 1996 年罗友枝（Evelyn Rawski）撰文，指出中国历史上的游牧政权都竭力避免汉化，故致力于创造本民族的语言；[3] 此文遭到何炳棣的强烈驳斥。何氏回顾了中国历史上不同时期之"汉化"情况，力捍"汉化"观。[4]

大体而言，"汉化"论在华人学术圈有其深厚根基，不少学者利用这一理论甚至取得了可观的成绩。[5] 其中以台湾萧启庆教授最为突出。萧启庆近十几年来一直致力于对元代色目人、蒙古人汉化问题的研究，并取得了一系列成果：其《元代蒙古人的汉学》一文考出蒙古儒士、诗人、画家及书画家 117 人的生平及汉学造诣，证明除元代来华的色目人以外，当时的第一阶层蒙古人在汉学上也有相当的成就，进一步揭橥元代"胡人汉化"的历史面貌；[6]《论元代蒙古人之汉化》一文以对学术界"汉化"问题研究的反思为基础，对蒙古人的汉化深浅重作

〔1〕Herbert Franke & Denis Twitcheft ed. , *The Cambridge History of China*, vol. 6, *Alien Regimes and Border States*, *907—1368*, Cambridge University, 1994, pp. 644 – 645.

〔2〕Karl A. Wittfogel & Chia-sheng Feng, *History of Chinese Society*, Liao (907 – 1125), Philadelphia, American Philosophical Society, 1949, pp. 1 – 32.

〔3〕Evelyn S. Rawski, "Presidential Address: Reenvisioning the Qing: The Significance of the Qing Period in Chinese History", *JAS*. 55 (4), 1996, pp. 829 – 850.

〔4〕Ping-Ti Ho, "In Defense of Sinicization: A Rebuttal of Evelyn Rawski's ' Reenvisioning the Qing'", *JAS*, 57 (1),1998, pp. 123 – 155.

〔5〕近些年来国内对汉化的相关研究，参见祁美琴：《关于十年来"汉化"及其相关问题研究的考察》，刊《西域研究》2006 年第 2 期，页 103 – 113。

〔6〕萧启庆：《元代蒙古人的汉学》，收入《蒙元史新研》，（台北）允晨文化实业公司 1994 年版，页 95 – 216。

·欧·亚·历·史·文·化·文·库·

估价;[1]《元朝多族士人圈的形成初探》[2]一文则证明了元代中后期一个多族士人圈业已形成,这一研究可以说是对前引二文的补充。据萧启庆的研究,我们确信学术界对"汉化"的评价并不是高估了,而是相反。萧氏的一系列研究可以说是以陈垣《元西域人华化考》为起点,也是对《元西域人华化考》的一个有力补充。

在元代基督教史领域,也里可温的华化问题虽称不上是一个热点,但近些年来也不乏研究成果,说明学术界仍然重视《元西域人华化考》的学术遗产,并力求能在该研究领域有所推进[3]。反观陈垣的元代基督教华化研究,其重点乃在于评述基督徒之华学成就,而对其华化背景及历程尚不深入,仍有进一步拓展之余地。首先,诚如陈寅恪先生所指出,陈垣没能利用到当时中亚研究的最新成果,诸如巴托尔德《蒙古入侵时期的突厥斯坦》;[4]其次,《元西域人华化考》也没有突出元代西域人华化的世代层次,以及色目人华化的深浅程度。[5] 就此点论,当结合陈寅恪治中古胡人汉化史所提出的"世代层次"理论,以推动该课题深入地开展下去。

"华化"理论提出于20世纪20年代,并在30年代兴盛一时,后因社会时局变迁以及我国学术研究旨趣的转变,而渐被淡忘。[6] "华化"确实是中外文化交流史上常见之现象,华化理论对于历史研究的指导意义,经数代学人检验,其科学性也毋庸置疑。重拾传统,进一步挖掘"华化"理论之于史学研究的学理价值,正是我们回顾《元西域人华化考》学术地位的意义所在。

---

〔1〕萧启庆:《论元代蒙古人的汉化》,收入《蒙元史新研》,页218-263。

〔2〕萧启庆:《元朝多族士人圈的形成初探》。

〔3〕黄子刚:《元代也里可温之华化》;拙文:《马氏汪古由景入儒的转变历程》;拙文:《从姓氏看汪古马氏的华化》。

〔4〕1930年,陈寅恪曾致信陈垣,提请注意 Barthold 的 *Turkstan down to the Mongol Invasion* ( *Turkstan at the Time of Mongol Invation* ) ( London: Luzac) 以及 Konow 关于贵霜时代印度石刻的研究成果( *Epigraphica Indica Vol. 2nd* ),参见陈寅恪:《书信集》,三联书店2001年版,页124。

〔5〕参见蔡鸿生:《〈陈寅恪集〉的中外关系史学术遗产》,收入氏著:《仰望陈寅恪》,页81-83。

〔6〕参见《蔡鸿生教授在今年第八次中山史学讲座上的讲话》,2011-09-01,http://www.eurasianhistory.com/data/articles/b03/2091.html。

### 5.1.2 "华化"的内涵与方法论意义

#### 5.1.2.1 华化的内涵

关于华化的内涵,《元西域人华化考》开章明义地进行了阐发:

> 至于华化之意义,则以后天所获,华人所独者为断。故忠义、
> 孝友、政治、事功之属,或出于先天所赋,或本为人类所同,均不得
> 谓之华化。即美术、文学,为后天所获矣,而其文学为本国之文学,
> 或其美术非中国之美术,亦只可谓之西域人之文学、西域人之美
> 术,不得谓之西域人之中国文学、西域人之中国美术。[1]

判断的标准在于其是否为"华人所独",即汉文化所特有的内容,比如儒
学、诗词、散曲、书法、绘画等。为了进一步理解华化的内涵,陈垣举例说
明了几种不是华化的情况,以示"华化"与"华学"之间的区别。他说,自
汉以来归化来属的胡人不可谓之"华化";又说,"娴习华言、博综汉典"的
西域翻经僧人和明清耶稣会士也不可谓之华化(只可谓之"华学")。桑
原骘藏称陈垣氏著乃"研究元代西域人受文学的支那化之事实"[2],只
是道出了氏著关于"华化"的一个重要内容,不能说完全理解了"华化"
的真正内涵。按照陈垣的阐述,"华化"的表现可归纳如下。

**儒学** 儒学是汉文化的价值体系核心,"华化"的核心就是"儒
化"。陈垣指出:

> 儒学为中国特有产物,言华化者应首言儒学。元初不重儒术,
> 故南宋人有九儒十丐之谣,然其后能知尊孔子,用儒生,卒以文致
> 太平,西域诸儒,实与有力。[3]

此处断言儒学之兴实得益于儒化色目人的努力和影响。我们唯有明
确元代特殊的外族统治背景,了解色目人在提倡儒学方面所付出的努
力,始能更好地理解仁宗朝开科举的真意义,哪怕它因为受制于元代
特有的种族制度而打了折扣。

**礼俗** 不同文化有不同的"礼俗",礼俗是鉴别不同民族文化的一

---

〔1〕陈垣:《元西域人华化考》,页3。
〔2〕桑原骘藏:《读陈垣氏之〈元西域人华化考〉》,收入《元西域人华化考》,页146。
〔3〕陈垣:《元西域人华化考》卷2,页8。

个标志。中华之礼俗主要是在儒家的礼乐秩序中展开的,诸如名氏、丧葬、祭祀等礼俗文化,其背后都有一套纲常伦理作为指导。了解到礼俗的意义,我们才明白元末自杀殉国的色目人(也包括也里可温),其行为背后的文化内涵。《元西域人华化考》从礼俗角度探索元代色目人的胡貌华心,可谓独具慧眼。从陈垣的考察中,我们也有趣地发现基督教婚俗(一夫一妻)与儒家婚俗(妻妾制)之间的冲突。

**文艺** 文学、美术、书法、曲艺等方面,属于"华化"的外在表现,它们也正好对应了传统社会对士大夫"琴棋书画"等诸方面的教养要求。关于书法,陈垣指出:

> 书法在中国为艺术之一,以其为象形文字,而又有篆、隶、楷、草各体之不同,数千年来,遂蔚为艺术史上一大观。然在拼音文字种族中,求能执笔为中国书,已极不易得,况云工乎!故非浸润于中国文字经若干时,实无由言中国书法也。[1]

在元代重要的色目书法家中,金元素、康里不花、赵鸾都是也里可温。金元素书宗康里巙巙(巙巙书宗钟繇、王羲之、虞世南,是当时色目人中最负盛名的书法家)[2],康里不花书宗二王,赵鸾擅长书札。

**其他** 其余如"佛老"之学,也可作为华化之一面观。道教乃中国本土宗教,也里可温人物赵世延、赵鸾父女拜北斗的行为,为宗教传播过程中的"变异"理论提供了历史的验证。

### 5.1.2.2 "变异"理论

1853 年,马克思在其《不列颠在印度统治未来结果》一文中曾写到:

> 相继征服过印度的阿拉伯人、土耳其人、鞑靼人和莫卧儿人,不久就被当地居民同化了。野蛮的征服者总是被那些他们征服的民族的较高文明所征服,这是一条永恒的历史规律。[3]

---

[1]陈垣:《元西域人华化考》卷5,页85。
[2]陈垣:《元西域人华化考》卷5,页85-89。
[3]马克思:《不列颠在印度统治的未来结果》,见《马克思恩格斯选集》,人民出版社1966年版,页181。

对征服民族与被征服民族之间的文化关系,做出了精辟总结。马克思站在世界史的高度,指出"同化"现象是文化传播过程中的一个普遍规律,这对我们理解蒙元时期"征服民族"蒙古人和色目人的文化转变,无疑具有指导意义。蒙古人无论在中国,还是在中亚、俄罗斯、突厥斯坦等地建立的诸宗王汗国,都不约而同地呈现出被当地文化所"征服"的情况。而造成这一变化的主要原因,格鲁塞认为是生活方式的变化:"草原可能通过移垦者的入侵而造成定居的农耕人,但是定居国家的人民从来不会变为游牧者。这种转变的方向是单方面的,从来没有发生变化的可逆性。"[1] 即是说,定居生活乃是突厥—蒙古人在各地被同化的一个根本原因。这一理解无疑和魏复光的观点不谋而合。

蔡鸿生先生曾提示笔者,研究外来宗教的传播史务必注意其传播过程中的"变异"现象。"变异"实际就是同化的另一种形式。[2] 变化一切乃是为了适应一切,所以说,变异和同化其实是一个问题的两个观察角度,本质上并无区别。以中国古代史上几种外来宗教为例:唐代摩尼教主要是以粟特人、回鹘人为载体,到了宋元,则潜入东南沿海,与当地的民间信仰相混合,出现了各种华化异名。[3] 琐罗亚斯德教经过在西亚、中亚和中国的传播,也相应地出现了波斯、粟特和中国几个"版本"。[4] 到了宋元,火祆教更是进入了中国民间的万神殿,彻底民

---

〔1〕〔法〕格鲁塞著,蓝琪译:《蒙古帝国史》,页283。

〔2〕蔡鸿生:《宗教传播史的方法论问题》,收入《学理与方法——蔡鸿生教授执教中山大学五十周年纪念文集》,页34。

〔3〕沙畹、伯希和:《摩尼教流行中国考》;林悟殊:《元代泉州摩尼教偶像崇拜探源》、《泉州摩尼教渊源考》,收入氏著《中古三夷教辨证》,页399–417、375–398;林悟殊:《宋元时代中国东南沿海的寺院式摩尼教》,刊《世界宗教研究》1985年第3期,页103–111;林悟殊:《宋代明教与唐代摩尼教》,刊《文史》24辑,1985年,页115–126;林悟殊:《从福建明教遗物看波斯摩尼教之华化》,收入〔德〕克里木凯特著、林悟殊翻译增订《古代摩尼教艺术》,页123–137;林悟殊:《元〈竹西楼记〉摩尼教信息辨析》,刊《华学》第7辑,中山大学出版社2004年版,页242–252;林悟殊:《宋元温州选真寺摩尼教属性的再辨析》,刊《中华文史论丛》2006年第4辑(总第84辑),页265–288;林悟殊:《摩尼教华名辨异》,刊香港《九州学林》第5卷第1期,2007年春季版,页180–243。

〔4〕林悟殊:《〈伊朗琐罗亚斯德教村落〉中译本序》,见〔英〕玛丽·博伊斯(Mary Boyce)著,张小贵、殷小平译:《伊朗琐罗亚斯德教村落》,中华书局2005年版,页3–10。

俗化了。[1] 唐代景教也走华化"变异"之路,尽管其最后归宿目前尚未明晰,但观西安景教碑及诸敦煌写经,其佛道色彩已历历可见;而 2006 年现世之洛阳景教经幢,尤令人刮目,其显示洛阳景教团之礼仪颇为佛化,而景教世家则浸淫于儒家孝道。[2] 可见,中古三夷教在适应中国社会文化和习俗力量的过程中选择了不同的变异方式。

元也里可温作为基督教的信仰群体,从历史的纵向来看,其华化和以上几种外来宗教的华化处于同一个参照体系,有互相比较的基础。[3] 总的说来,就信徒个体而言,元代也里可温的华化形态比唐代景教要明朗许多。陈垣在《元西域人华化考》一书已列举出诸多具体的例证,揭示了元也里可温人物的华学成就,使我们了解到元代基督教世家潜入儒学、道教、文学的历史,他们中的代表人物有马祖常、赵世延、金元素、雅琥、马季子、马润和赵鸾等人。其中成就最高者首推马祖常。马氏一门涌现出数位进士,丝毫不比高昌摩尼教世家偰氏家族逊色,因此具有"华化"也里可温的典型意义。是故,下文即以马氏家族作为考察对象,探讨元代也里可温华化的世代层次、历史条件及其相关问题。

## 5.2 汪古马氏家族奉景历史考释

汪古一名始见于元代。《南村辍耕录》记为雍古歹,《圣武亲征录》记作王孤,《元史》则有雍古、汪古、旺古、瓮古等称谓。诸种称谓,皆是 Ongüt 的音转。汪古部主要分布在当时的天德、西京路,活动于河套以北至黑水流域之间的广袤地区,位于当时中原与蒙古交通的必经地,长期

---

〔1〕张小贵:《唐宋祆祠庙祝的汉化——以史世爽家族为中心的考释》,见《中山大学学报》(社会科学版),2005 年第 3 期。

〔2〕殷小平、林悟殊:《幢记若干问题考释——唐代洛阳景教经幢研究之二》,见《中华文史论丛》2008 年第 2 期,页 269－292;并参见葛承雍主编:《景教遗珍——洛阳新出唐代景教经幢》,文物出版社 2009 年版。

〔3〕陈寅恪在《与刘叔雅论国文试题书》中提出:"盖此种比较研究方法,必须具有历史演变及系统异同之观念。否则古今中外,人天龙鬼,无一不可取以相与比较。荷马可比屈原,孔子可比歌德,穿凿附会,怪诞百出,莫可追诘,更无所谓研究之可言矣。"见陈寅恪:《金明馆丛稿二编》,三联书店 2001 年版,页 252。

以来就因宋、辽、金的贸易互市、朝贡受封、充军任役、婚姻交通而形成一种比较包容的胡汉文化,在军事和经济上有着重要的战略地位。[1]

对"汪古"的词源有两种解释,一种认为是译自蒙古语"长城",一种认为指"阴山"或"天山"。无论究为何义,皆与汪古在金元之际扼居军事要塞的作用有关。[2] 因此,汪古部的偏倚对当时的时局有很大的影响,成吉思汗战胜乃蛮部,便是得力于汪古部长阿剌兀思剔吉忽里的支持。虽然学界对汪古部的族属未能达成共识,但马氏这一支原系回鹘后裔,殆无异议,这也为我们把握马氏家族的景教渊源提供了较明确的线索。[3]

汪古部奉景事迹之揭橥于世,发端于方济各会教士约翰·孟高维诺致教友的一封信札。该信提及汪古部长阔里吉思改信天主教之事

〔1〕参见周良霄:《金元时代的景教》,提交2003年萨尔兹堡国际景教会议论文,收入 Malek (ed.), *Jingjiao, the Church of the East in China and Central Asia*, pp. 197 – 208。

〔2〕拉施特认为"汪古"一称源自"长城",《史集》记载:"尊号为阿勒坛汗的乞台君主们,[为了]保卫自己的国家以防御蒙古、客列亦惕、乃蛮以及附近地区的游牧人,筑了一道城墙,这道城墙在蒙古语中称为兀惕古(arkū),突厥语则称为不儿忽而合(būrqūrqeh)。见拉施特:《史集》第1卷第1分册,页229 – 230。多桑、田中萃一郎采用此说。田中萃一郎谓:为防范蒙古、客剌亦及乃蛮诸部的入侵,契丹皇帝阿鲁阅下令从黄海海岸到黄河北岸筑一长城,蒙古人谓之 Ongon。转引自小野川秀美:《汪古の一解释》,载《东洋史研究》第2卷第4号,1935年,页26。多桑还认为"汪古"可能语出"阴山",阴山也被中国人称为 Ongüt。对此,樱井益雄解释为,汪古部中之马氏汪古由西域迁至净州之天山,此天山即指当时之祁连山,又被叫做翁衮(Ongon)山。其实,马氏自述之"天山",实指辽金两朝西京路下辖一行政区划。

〔3〕汪古之名,始现于金元之交;因辽金元时期种族变迁繁复,故而渊源难考,引起学界多年争论。伯希和认为 Ongüt 一词由 Ong 与突厥语、蒙古语的复数词尾 üt 构成,在突厥语中 Ong 义指"东方"、"前方",Ongüt 即指东方的民族,这可能和突厥人尚东的空间观念有关。参〔法〕James Haminlton、牛汝极:《赤峰出土景教墓砖铭文及族属研究》,页80。将之与"突厥人尚东"的风俗相联系,对判定汪古的信仰风俗是有参考意义的。我们知道,景教的东传首先便是向突厥部落渗透的。有关汪古部之族源,学者们的观点可归纳为如此几种:箭内亘、樱井益雄、伯希和所持的突厥种说,小野川秀美的羌族说,王国维、白鸟的鞑—蒙古说,周清澍、盖山林的突厥—回鹘说。按,沙陀和回鹘其实都属突厥种,在历史上关系也颇密切,回鹘内讧就曾得到过沙陀的援助,史籍记载的模棱两可,恐与此有关。参樱井益雄:《汪古部族考》,载《東方雜誌》(东京),1936年,页1 – 22;伯希和著、冯承钧译:《汉译突厥名称之起源》,收入《西域南海史地考证译丛二编》,商务印书馆1995年版,页48 – 53;小野川秀美:《汪古の一解释》,页1 – 29;王国维:《鞑靼考》、《萌古考》,见《观堂集林》第3册,中华书局1999年版,页634 – 686、687 – 712;周清澍:《汪古的族源——汪古部事辑之二》,见《文史》第10辑,中华书局1980年版,页101 – 118;盖山林:《元代汪古部地区的景教遗迹与景教在东西方文化交流中的作用》,页143 – 155。

迹,更新了学界对汪古宗教信仰的认识。[1] 而马可波罗途经汪古部辖地天德(Denduc)[2]地区时,也特别提到当地景教徒的情况,据称该地系由阿尔浑(Argon)统治。长期以来,人们误把 Argon 理解为景教贵族,[3]伯希和和杨志玖对此加以厘清和匡正,指出阿尔浑人其实是一种穆斯林。[4] 可见,汪古部地区的信仰问题远非单一的聂斯脱里派基督教,实际情况要复杂得多。据目前的研究,除了 Argon 这类混生的伊斯兰教徒,这一地区还有不少佛教徒和道士。[5]

汪古部首府地在河套附近的托克托城(或东胜),13 世纪这里是东方教会的主教驻锡地。元代西行景教僧侣马可便是东胜人,他的父亲拜涅尔原是当地一位副主教,可见马可出身于一个聂派基督教世家,也说明当时汪古地区的基督教的确具备了一定的规模。马可随畏兀儿人列班·扫马西行朝圣,最后抵达伊儿汗国。1218 年,马可至报达城 Baghdad,被选为景教会的宗主教,为马尔·雅巴拉哈三世(Mar Yabalaha Ⅲ)。其师扫马后来又出使欧洲,名垂东方基督教史。二人

---

〔1〕参见张星烺编注、朱杰勤校订:《中西交通史料汇编》,页 320 - 330;穆尔著、郝振华译:《一五五〇年前的中国基督教史》,页 189 - 244。

〔2〕Denduc 乃唐代天德之对音,《旧唐书》载唐天宝八年"三月,朔方节度使张齐丘于中受降城北筑横塞城",是年十二月"改横塞城为天德军",其名经西北诸族传至中亚,不受中国语音变化之影响,故在元代仍保留唐音。《旧唐书》卷 9,页 222、227;并参见冯承钧:《西域地名》,中华书局 1955 年版,页 95。

〔3〕如冯承钧译本便持此解,参冯承钧译:《马可波罗行纪》第 73 章,页 164 - 172。

〔4〕Paul Pelliout, *Notes on Marco Polo I*, p 49;杨志玖:《元代的阿尔浑人》,收入氏著:《元代回族史稿》,页 31 - 41。

〔5〕盖山林:《阴山汪古》,页 302 - 311。

西行事迹见当时的叙利亚文史册,汉文阙载。[1]

当然,汪古人并不局限在以上区域活动。赵世延家族主要在四川活动。马氏汪古的活动范围更加广泛,其最早从西域迁到甘肃,而后又至辽东,后回迁净州。马月合乃之后,该家族定居光州,而后支裔蔓延,有的到了江浙(松江),有的去了四川(成都),全国各地都有其履迹。马氏家族广泛的活动范围是否推动了元代景教在内地的传播呢?[2]下文试作分析。

## 5.2.1 西域聂斯脱里贵族

研究马氏家族最基本的文献当为元代史官黄溍[3]所撰之《马氏世谱》(见本章附录,以下简称《世谱》)、元好问《恒州刺史马君神道碑》、马祖常《故礼部尚书马公神道碑铭》及《元史》月合乃、马祖常本传;其中以《世谱》的价值为最高。[4]

据《世谱》记载,马氏汪古之信史最早溯至辽道宗咸雍年间(1065—1074),历经和禄采思、帖穆尔越哥、伯索麻也里、马庆祥、月合乃、马世昌、马润七世,然后传至马祖常。

一世和禄采思,于道宗咸雍年间来到中国,拒绝了道宗封官的好

〔1〕作为汪古部有名的人物,总主教雅巴拉哈之事迹尤应注意。雅巴拉哈原名马可,本为东胜地区人,他与其师拉班扫马西行之传记,是研究当时中西宗教文化交流的重要文献。该传记以叙利亚文撰写。1895 年夏博(J. B. Chabot)将之译为法文,即 *Historie de Mar Jabalaha* Ⅲ, *Patriarche des Nestoriens* (1281—1317), *et. Du moine Rabban Çauma, Ambassadeur du roi Argoun en Occident* (1287), Paris. 后来美国学者蒙特戈麦利(James. A. Montgomery)曾节译了其前半部分;足译本是 1927 年威利思·布哲(E. A. Wallis Budge)依叙利亚文本翻译的(*History of Yaballaha III and His Vicar Bar Sauma, The Monks of Kublai Khan Emperor of China*, London, New York, 1927)。1933 年佐伯好郎将布哲英译本翻成日文(佐伯好郎:《(元主忽必烈か欧洲に派遣したる)景教僧の旅行誌》,东京待漏书院 1933 版),后又在《支那基督教の研究》Ⅱ中,专章讨论马可与拉班·扫马西行的宗教史意义。参见氏著《支那基督教の研究》第六章《元朝に於ける景教と天主教との關係(二)》,春秋书社 1944 版,页 179 – 189。直到 1966 年才有罗香林据佐伯氏著修订的中译本,收人氏著:《唐元二代之景教》。

〔2〕罗香林:《唐元二代之景教》,页 152 – 173。

〔3〕〔元〕黄溍(1277 – 1357),字晋卿,浙江金华人,延祐二年赐同进士出身,历官翰林侍讲学士、中奉大夫,知制诰,同修国史,同知经筵事,谥文献。本传见《元史》卷 181,页 4187 – 4189。

〔4〕〔元〕黄溍:《马氏世谱》,见《金华黄先生文集》卷 43。引文据李修生主编:《全元文》卷962,江苏古籍出版社 2000 年版,页 36 – 40。

意,而独慕临洮水土之丰美,定居在狄道。裕尔、伯希和称马氏为"甘州汪古",或源于此[1]。和禄采思,疑为圣经中 Horam Mishael 之译音,多写作 Waggis 或 Gewagis[2]。初入中国的马氏先祖信奉聂斯脱里派基督教,故谓"聂斯脱里贵族"。樱井益雄推测和禄采思就是马可波罗游记中的约翰王[3],诚不足信。试想汪古远道来华,在汪古地区根基尚浅,殊难开创什么伟大的传教事业以至于声名远播西方;若果有其事,其子孙当不会不加宣扬。

二世帖穆尔越哥,以军功累迁马步军指挥使,直到辽亡。这表明马氏乃以军事见长,与汪古部其他家族相同。

三世伯索麻也里时期,马氏被金兵掠至辽东,后来才迁居净州天山。伯索麻也里致力于耕稼畜牧,不问政治,"好施与,结交贤士大夫",声名上达金熙宗(1119—1149)。有学者从马氏回鹘余部的种族背景出发,认为这是他们后来迁居天山的原因[4]。但窃以为从经济的原因考虑更合情理。天山在今内蒙古四子王旗之南,地处交通要冲,是一个"近接边堡,玄市所在,于殖产为易"的好地方。其南接丰州,北去漠北和林,是金受贡使与蒙古贡使会见的边境要镇,拥有游牧经商的诸多便利条件[5]。

以上三世,马氏效命于辽。

四世马庆祥时期转事金朝。马庆祥,字瑞宁,受洗名为习礼吉思。《世谱》说他"以志气自负,善骑射而知书,凡诸国语言文字靡所不通。豪杰之士多乐从之游,食客常数十人"[6]。短短数语,勾勒出一个骁勇豁达的游牧男子形象。但他其实也颇好汉文化,从"庆祥"和"瑞宁"这种喜庆吉祥的汉名,便可窥一斑,可能是他受到所养食客及交游士人

〔1〕参樱井益雄:《汪古部族考》,页1–22。

〔2〕参伯希和著、冯承钧译:《唐元时代中亚及东亚之基督教徒》,页49–70。

〔3〕樱井益雄:《汪古部族考》,页5。

〔4〕周清澍:《汪古的族源——汪古事辑之二》,页101–118。

〔5〕参阅箭内亘:《蒙古史研究》,转引自樱井益雄:《汪古部族考》,页15;何兆吉:《辽金元时期一支外来的民族世家——汪古马氏家族源流考略》,载《青海师范大学学报》(社会科学版),1998年第3期,页51。

〔6〕〔元〕黄溍:《马氏世谱》,页38。

的影响。马庆祥入仕后出使蒙古，很得成吉思汗赏识，成吉思汗对他几次诱降，均遭拒绝，最后他死于金元之战。

五世月合乃，历事太宗、宪宗、世祖三朝，中统二年拜礼部尚书。子11人，传载的有世忠、世昌、世敬、世禄、世荣等人。

六世马世昌，官居尚书省左右司郎中，赠吏部尚书。[1]

七世马润，世昌长子，《元史》无传，柯劭忞撰《新元史》为其补传，附《月合乃传》后，诗集名《樵隐集》，未传世。[2]

八世马祖常，延祐二年进士，官拜御史中丞，有文集《石田集》传世。祖常在当时的文化圈声望极高，其家族为世人所熟知，无疑是因为祖常崇高的地位和声望。

以上系以祖常一支进行追溯。事实上，马氏家族尚有另两个分支，常为世人忽略，下文简作勾勒。《世谱》载："[马庆祥]三子，曰三达，曰天民，曰月忽难。"[3]元好问《恒州刺史马君神道碑》则说："君娶马氏，子男三人。长即三达，次铎剌，次福海。"[4]两则记载出入较大，以至于钱大昕发出"不审孰为月乃合（笔者按，'月乃合'为'月合乃'之误)"的感叹。[5] 不过，按照中国传统撰写家谱以长幼为序的习惯，则天民又名铎剌，月忽难为福海，大致不差。元好问《恒州刺史马君神道碑》是应庆祥长子三达之请而撰写的，写作时间较早，可信度较高。

三达官拜中书左司郎中，膝下3子分别为天下闾、灭都失利和约实谋。3人事迹不详，仅见载于元遗山文。[6]

天民一系只能勾勒出大概。天民二子，曰保禄赐（Paulius）、奥刺罕（Abraham），都是常用的聂斯脱里派基督教名。奥刺罕曾任杨子、丹

〔1〕[元]黄溍:《马氏世谱》，页36。
〔2〕马润事迹见[元]袁桷:《漳州路同知朝列大夫赠汴梁路同知骑都尉开封郡伯马公神道碑铭》，见《清容居士集》卷26，页395上至397上;《宋元学案补遗》卷8《同知马先生润》，丛书集成续编本，第32册，页901上。
〔3〕[元]黄溍:《马氏世谱》，页38。
〔4〕[金]元好问:《恒州刺史马君神道碑》。
〔5〕[清]钱大昕:《十驾斋养新录》卷9，上海书店1983年版，页212。
〔6〕"己酉秋九月晦，三达涕泗再拜，以君墓铭见请。"[金]元好问:《恒州刺史马君神道碑》，页274。

·欧·亚·历·史·文·化·文·库·

徒县达鲁花赤;其子名作"阔里吉思",也是典型的聂斯脱里派基督教名。这似乎透露出天民一系仍维持原有的宗教信仰。保禄赐之子马世德,元进士,有诗才;其在合肥为官时有善政,余阙赞曰"儒者之利"[1]。另有奥剌罕之孙马祖仁,国子生,当也儒化。

以上初步梳理了马氏的世系,为便于观察,现在樱井益雄所制世系图的基础上,重新修订,绘制成图(见图5-1)。

在图5-1中,三达、天民系的单薄与马祖常系的繁盛形成了巨大反差。个中原因,恐怕得从马祖常这一系的兴衰进行探讨。

马氏先世本为景教贵族,在辽宋金元这一兵戈四起的年代,安身立命的唯一途径就是建立威望和经济基础。所以从和禄采思、帖穆尔越哥到把骚马也里黜,马氏通过半游牧半农耕的生活方式积累起财富,树立起威望,并逐渐拥有了自己的军事力量。月合乃时期马氏家族在华化程度上呈现参差:月合乃系渐渐儒化,其子弟后来多以儒术自兴;三达、天民系则多维持聂派信仰。月合乃死后,马氏家道中落,原因之一在于家族子弟不善经营,荒废了先世善商贾的传统;另一原因则是因为回教势力阿合马丞相的打击。到了马润、马祖常时期,家族以儒术自振。族中子弟多因科举进入仕途,家族再度繁荣;马氏并成为当时精英文化圈的一支重要力量。虽然笔者认为马氏家族各支华化程度有参差,但华化趋势是一致的。苏天爵《马文贞公墓碣铭》记载:"[祖常]尤笃友义,昆季子孙及宗族孤寒者,悉收而教养之。举进士释褐上庠者凡数十人。"[2]可以说,汪古部马氏家族的华化,祖常厥功至伟。

长期以来,马氏以军功、文学名闻于世。尤其马祖常,元文宗称"中原硕儒唯祖常"[3],足证祖常在当时文化圈中的崇高地位。然马氏本为聂斯脱里世家的这段历史却长期湮没不闻。此种反差,透露出元代基督教在华传播的命运,尤其值得深思。一是外来的宗教文明,一是传统的儒家文化,在历史的长河中,前者何以被舍弃,而为后者所取代?

---

[1]余阙:《青阳先生文集》卷3《合肥修城记》。

[2][元]苏天爵:《马文贞公墓志铭》,见《滋溪文稿》卷9,页143。

[3]《元史》卷143,页3411。

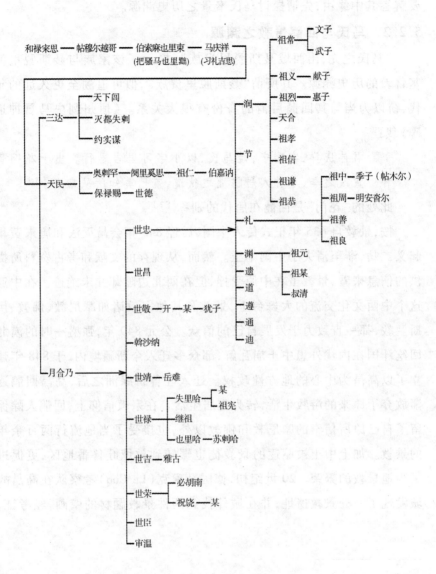

图 5 - 1　马氏谱系简图

据黄溍《马氏世谱》、马祖常《故礼部尚书马公神道碑铭》整理。

要解答其中缘由,先请探讨马氏奉景之历史渊源。

## 5.2.2 马氏与回鹘景教之渊源

"马氏之先,出西域聂斯脱里贵族",揭示了该家族与聂斯脱里派基督教的历史渊源。其所谓"聂斯脱里贵族",似可追溯至更久远的年代,窃以为当与其回鹘后裔的身份有很大关系。《恒州刺史马君神道碑》载:

> 君讳庆祥,字瑞宁,姓马氏,以小字习里吉思行。出于花门贵
> 种。宣政之季,与种人居临洮之狄道,盖已莫知所从来矣。[1]

此处的"花门"是回鹘在唐代的别称。[2]

按,景教自 635 年正式传入中国,后经 845 年会昌灭法和唐末黄巢起义二劫,渐至消失于中国本土。然而,从现存的文献和考古资料所提供的信息来看,景教虽在中原受挫,但在西北边陲却并未绝迹。在中亚这个中西文化交流的大舞台上,景教和其他宗教诸如摩尼教、佛教、伊斯兰教,都一直致力于发展自己的信众。公元 840 年,强盛一时的漠北回纥汗国在内忧外患中土崩瓦解,部众多迁入今新疆境内,于 848 年建立了以高昌为中心的地方性政权。迁入吐鲁番绿洲之后,高昌回鹘逐渐放弃了原来的游牧生活,转为定居生活。在宗教信仰上,回鹘人除保留了自己原所信奉的摩尼教和佛教以外,也接受了当地流行两百余年的景教。加上中土被驱逐的景教徒也辗转到敦煌吐鲁番地区,更促进了当地景教的繁荣。20 世纪初,德国勒珂克(Le Coq)考察队在高昌故城发现了一处景教遗址,并在城外找到两件景教题材的壁画,经考证,

---

[1]〔金〕元好问:《恒州刺史马君神道碑》,页 272 – 273。

[2]据《新唐书·地理四》:"居延海,又北三百里有花门山堡,又东北千里至回鹘衙帐。"见《新唐书》卷 40,页 1042。花门是以象征回鹘。唐代以花门为题材的诗作不少,以诗史杜甫为例,其好几首诗反映了回鹘在唐中期的历史情况。《遣愤》(《全唐诗》卷 227)有"闻道花门将,论功未尽归。自从收帝里,谁复总戎机",讲的是回鹘参与平定安史之乱;反映同一主题的还有《喜闻官军已临贼境二十韵》(《全唐诗》卷 225),曰:"花门腾绝漠,拓羯渡临洮。"《留花门》(《全唐诗》卷 217)一诗则揭示了回鹘入居长安的史实,写到:"胡尘逾太行,杂种抵京室。花门既须留,原野转萧瑟。"

其内容描述的是基督教的"棕枝主日"[1]，证实了这里确曾存在过景教团。[2] 公元 981 年(宋太宗太平兴国六年)，王延德出使高昌，见到当地"有摩尼寺、波斯僧，各持其法，佛经所谓外道者也"[3]。此处的"波斯僧"有可能是景教僧。

回鹘人(畏兀儿)与基督教必定有极深的渊源，波斯和小亚的史家才会把他们和基督教徒"迭屑"混淆起来：其国被称为迭屑国，其文书被称为迭屑文。就像中国常被罗马人称为"丝国"那样，由于回鹘基督教一度繁荣，遐迩闻名，其才能获此别称。爱利西斯(Ney Elias)就明确指出："畏兀尔国又称塔尔萨国，或因其国多基督教徒之故也。"[4]

回鹘与漠北基督教突厥诸部间千丝万缕的关系，不仅有种族上的，也有文化上的。道森一针见血地指出：

> 畏兀儿突厥这一蒙古利亚最古老和最文明的民族，当他们在八、九世纪统治蒙古利亚时曾经采用摩尼教。现在他们已退向戈壁沙漠以南，退到吐鲁番和哈密绿洲，成了佛教徒和基督教徒。他们在蒙古利亚的继承者，克烈部与乃蛮部(在文化上和政治关系上，他们同蒙古人有最密切的联系)，主要是信奉基督教的，在中国北部边界上的汪古突厥(Ongut Turks)，亦是如此。[5]

从公元前 3 世纪的匈奴，到后来的突厥、回鹘、蒙古，各个游牧民族都曾在漠北建立政权。尽管在人种和语言方面发生过种种变化，但每个民族都在这里留下了自己的传统，而且这些传统从未完全消失过。回鹘在 8 世纪取代东突厥，以摩尼教为国教，并在转向定居生活的过程中，逐步创造了一种爱好和平的文明，表现之一就是宗教的包容性。景教的流行也是这一包容文明的结果。

---

〔1〕参见陈怀宇：《高昌回鹘景教研究》，页 165 – 214。

〔2〕有关回鹘景教的研究状况参见前揭杨富学：《回鹘景教研究百年回顾》。

〔3〕王明清：《挥尘录·前录》卷 4，上海书店 2001 年版，页 30。

〔4〕参见张星烺上揭书，页 205 – 207。《海敦行纪》谓畏兀儿国为达尔赛国(tarse)，tarse 即丘处机西游时所遇之"迭屑"，景教碑中之"达娑"。伯希和认为这全属误解，盖因畏兀儿国多基督教徒之故也。并参见罗香林上揭书，页 22 – 23；饶宗颐：《说"亦思替非"、"迭屑"与"也里可温"》，页 65 – 67；伯希和：《唐元时代中亚及东亚之基督教徒》，页 62 – 63。

〔5〕道森编、吕浦译，周良霄注：《出使蒙古记》，中国社会科学院出版社 1983 年版，页 18。

·欧·亚·历·史·文·化·文·库·

　　"花门贵种"与"西域聂斯脱里贵族"的微妙关系和丰富的历史内涵,通过对回鹘景教的回顾,终于得以厘清。尽管文献对马氏来华前的历史语焉不详,致使其奉教历史暧昧难解,但现在将其追溯到回鹘景教传统,应该不会太离谱。

　　作为回鹘后裔的马氏,善商贾,有杰出的语言天赋,在当时民族大融合的历史舞台上,发挥过积极的作用。马庆祥本就是一名译史,《恒州刺史马君神道碑》载:

> 君之父生三子,其二早卒,独君资秉聪悟,气量宏博,侪辈无出其右。年未二十,已能通六国语,并与其字书识之。泰和中,试补尚书省译史[1]。

马庆祥的妹妹嫁给了回鹘安氏:

> 女弟适安氏。甥天合,父没后躬自教督,踰于所生,习诸国语,泊字书授之,为它日起家之地[2]。

引文中的这位安天合,是金代著名的译史,金亡以后到汴梁投靠耶律楚材,后来又通过镇海的引荐,官至相臣[3]。天合的语言知识,就是马庆祥亲自教授的。"天合",Denha 之音转也,这是一个景教名字,天合本人应该是一名回鹘景教徒。

　　马氏的语言天赋,十分符合历史上回鹘人擅诸种语言的历史特征[4]。我们知道,辽金元朝时期充当译史之职的大多是回鹘人[5]。不过,马庆祥的语言天分似乎未能被子孙后代继承,至少从文献上没有得到反映。

---

〔1〕参〔金〕元好问:《恒州刺史马君神道碑》,见《全元文》卷38,页606。《金史》沿用元好问之说,曰"习礼吉思智辩,通六国语"。见《金史》卷124。

〔2〕〔金〕元好问:《恒州刺史马君神道碑》,页273。

〔3〕宋子贞:《中书令耶律公神道碑》,见《国朝文类》卷57;并参见洪金富:《元代蒙古语文的教与学》,页17－21。

〔4〕马氏的语言天分,还应联系他们所处的社会环境来考察。天山、阴山地区流行着东西部各种语言文字,当地出土的景教墓铭不仅有突厥文、回鹘文,也有少量的叙利亚文。对于擅商贾的马氏族人,通多门语言也有经商的便利。参见何兆吉:《辽金元时期一支外来的民族世家——汪古马氏家族源流考略》,页52。

〔5〕参考萧启庆:《元代的通事与译史》,收入氏著:《元朝史新论》,页323－384。

## 5.3　马氏由景入儒的转变历程

《元西域人华化考》最早讨论元代基督教的华化问题,而其考察之对象,主要就是马祖常及其家族。对马氏由景入儒的历史,陈垣最早勾勒其脉络,其曰:

> 惟马氏既世奉基督,至何时始舍基督而归儒,在祖常本身乎? 抑祖常之先已有其开端乎? 是亦吾人所亟欲闻者也。据祖常所自述,及许有壬所称道,马氏之儒学,肇自祖常曾祖月合乃。复据袁桷所据祖常父《漳州路同知马君神道碑》(《清容集》二六),则马氏之儒学,成于祖常父马润,至祖常乃大以肆也。[1]

这段话根据元代文人之记述,作出了富有历史感的概括,为后人提示了进一步探讨的线索。

其实,在月合乃之前,马氏倾慕儒学的事迹也值得关注。马庆祥之父把骚马也里黯,"好施与,结交贤士大夫"[2],声名传至金熙宗。把骚马也里黯拒绝金熙宗出仕的原因也很耐人寻味:"古者求忠臣,必于孝子之门。吾不逮事亲,何颜事君乎?"极符合儒家"忠孝"之义。马庆祥也是个孝子。父母死后,他墓侧结庐,守孝3年,符合儒家礼教。"结交贤士大夫"可以看作把骚马也里黯笼络士人扩大影响的一种交际手腕,也可以看成是他对汉文化的积极态度。而马庆祥的3年守孝,若非受到儒学濡染,则不能致此。

蔡鸿生先生曾教示:沾染上习俗和汉化是两回事。提醒我们在看待同类问题时要格外注意。庆祥的孝道,还得辩证看待。因为孝乃人类先天具备的情感,所以,陈垣在定义华化内涵的时候,就首先排除了这类情况。尽管守孝3年确属儒家礼俗,但是在把骚马也里黯和马庆祥身上,我们还未发现有比较显著的儒学成就可资彰显,甚至于无。因此,这一时期,马氏虽对儒学有好感,但还不能说儒化了。

---

〔1〕陈垣:《元基督教徒之华学》,页44;陈垣:《元西域人华化考》,页21-22。
〔2〕〔元〕黄溍《马氏世谱》,页36。

在此,本章依然采用陈垣提示的线索,以月合乃、马润和马祖常作为3个分期,对每一阶段马氏家族的儒化进程分别考察。

### 5.3.1 从月合乃到马祖常的儒化轨迹

月合乃时期儒学露出端倪。月合乃凭借其财富与经商背景而官拜礼部尚书。《元史》载曰:

> 岁己未,世祖以亲王南征,从行至汴,令专馈饷,运济南盐百万斤,以给公私之费。所过州郡汴、蔡、汝、颖之间,商农安业,军政修举,月(乃合)[合乃]与有力焉。及即位,降诏褒奖。世祖将亲征阿里不哥,月(乃合)[合乃]出私财,市马五百以助军。帝厚赡其家曰:"当偿汝也。"拜礼部尚书,佩金虎符。[1]

《世祖本纪》更加明确地指出了他入官的真正原因:

> 己巳,以马月(乃合)[合乃]饷军功,授礼部尚书,赐金符。[2]

月合乃能够进入上层统治阶级,是以财富作为敲门砖的。他能"市马五百以助军",其财力雄厚,可窥一斑。马氏善商贾的才干,前文略有述及,这里再进一步补充。《恒州刺史马君神道碑》云:

> 父把骚马也里黜,又迁净州之天山,天山占籍,今四世矣。此地近接边堡,互市所在,于殖产为易,君家勤俭自力,耕垦畜牧所入,遂为富人。[3]

祖常也说:

> 曾祖讳怗穆耳越哥,祖讳把造马野礼属,皆以财雄边。[4]

把骚马也里黜定居"互市",当然是为了通商。他若不是深谙理财之道,仅就普通的"耕垦畜牧",是不可能迅速致富的。"以财雄边"倚仗的就是其经商的才能。元代地主商贾靠财力入仕、交通皇族的事例不可胜数,蒙思明和萧启庆曾撰文详细探讨过[5],而月合乃官拜礼部尚

---

[1]《元史》卷134,页3245。

[2]《元史》卷5,页87。

[3][金]元好问:《恒州刺史马君神道碑》,页273。

[4][元]马祖常:《故礼部尚书马公神道碑铭》,见《全元文》卷1042,页499。

[5]参见蒙思明:《元代社会阶级制度》之《两种阶级系统之冲突及其混合》,页125-130。萧启庆:《西域人与元初政治》,页10-15。

书的事迹,也证明了色目商人与元初政治的密切关系。

虽然月合乃是商贾出身,但他也深谙为官之道。早在蒙哥汗时期,他就倡议儒人免丁,恢复地方经济,《元史》载:

> 岁壬子,料民丁于中原,凡业儒者试通一经,即不同编户,著为令甲。儒人免丁者,实月(乃合)[合乃]始之也。性好施予,尝建言立常平仓。举海内贤士杨春卿、张孝纯辈,分布诸郡,号称得人。又罗致名士敬鼎臣,授业馆下,荐引马文玉、牛应之辈为参佐,后皆位至卿相。[1]

其宽待儒户,自是和他对儒学的好感分不开。从引文来看,月合乃身边还有一些汉人儒士出谋划策。张孝纯、牛应之事迹不详;杨春卿,卫辉路劝农官[2];马文玉,名瓘善,以书法见长[3];敬鼎臣,与元好问同年进士[4]。月合乃时期马氏家族十分倚重汉人,无疑也。

月合乃死后,马氏家道中落。马祖常《故显妣梁郡夫人杨氏墓志铭》载:

> 曾祖妣梁郡夫人白氏又先卒,诸子以家素贵,长者履迹未尝一至田野,幼者弱而母庶,不能悉产业财畜之数,豪奴婢因舞弄欺诈,百物一空。里第为奸臣阿哈玛横夺,家遂陵替。[5]

外因(也是直接原因)是阿哈玛(即丞相阿合马)的横夺家财。此事件从一侧面反映了当时回景之间的争斗情况。内因则是家族子弟不能"悉产业财畜之数",把家产全权交给奴婢打理,丢失了祖辈善商贾的传统。[6] 对马氏中落的原因,《漳州路同知马公神道碑铭》另有一说:

> [月合乃]植德秉志,赎士人之为奴,后皆为达官。而子孙更业儒术,卒致光显焉。礼子讳世昌,为尚书省左右司郎中,倾眈粟,结俊

〔1〕《元史》卷134,页3245。

〔2〕《挽杨春卿先生》,《秋涧先生大全文集》卷17,四部丛书初编本。

〔3〕清河书画舫,收入《钦定佩文斋书画谱》卷58,四库全书本。

〔4〕[金]元好问有诗《与同年敬鼎臣宿顺天天宁僧舍》、《赠答同年敬鼎臣》,收入《遗山先生文集》卷9,四部丛刊初编缩本,上海商务印书馆1936年版,页106、108。

〔5〕[元]马祖常:《故显妣梁郡夫人杨氏墓志铭》,见《全元文》卷1042,页519。

〔6〕并参见蒙思明上揭书,页154。

彦,家日困落,子孙益用儒自振。[1]

将之归因于"倾眦粟,结俊彦",则有粉饰之嫌,未必道出了事情的真相。不过这段引文又反衬出月合乃的好儒之心。试想,月合乃如此善待儒士,其子弟学儒也就不足为奇了。苏天舜《题马氏兰蕙同芳图》指出:

> 请令编民通一经者复其家,以诗书礼义训其子孙,卒赠推忠宣力翊运功臣。[2]

谓其"以诗书礼义训其子孙",说明月合乃十分重视管辖地的教化,也似乎暗示了月合乃在家中可能延请汉儒为师,教习子弟。月合乃于儒学决非止于濡染。所以,当我们见到月合乃诸子都启用汉名时,就不能忽略名字背后透露出来的文化内涵了。

马润时期以儒学自振,儒化进一步加深。马氏家族中最早以文墨入官的就是马润:

> 长讳润,皇赠中奉大夫、行中书省参知政事,甫十岁遭家难,寄食东西。少长自知学问,试吏大都路,喜得廪稍,逮养不耻也。[3]

由于家道中落,家族子弟又对经商理财之道生疏隔阂,所以只能依靠多年来积淀的儒学修养,谋取仕途。

马润十分重视治地的教化。《宋元学案补遗》载:

> 守光州,去官粟之羡者,广弟子员以食。光久为用武地,司马丞相生于光,公岁率诸生以祠,民始知为儒以自重。[4]

虞集《桐乡阡碑》记曰:

> 乃立学官而躬教之,谓:司马公实生是邦,家而奉祠,示之德行,规以革其顽鄙,若此者,光人之所以思公,而公亦以自信者与。昔人之所谓桐乡者,良由是。[5]

---

〔1〕袁桷:《漳州路同知朝列大夫赠汴梁路同知骑都尉开封郡伯马公神道碑铭》,见《清容居士集》卷26。

〔2〕〔元〕苏天爵:《题马氏兰蕙同芳图》,见《滋溪文稿》卷29,页499。

〔3〕前揭《故显妣梁郡夫人杨氏墓志铭》,页499。

〔4〕上揭《宋元学案补遗》卷8《同知马先生润》。

〔5〕〔元〕虞集:《桐乡阡碑》,见《道园学古录》卷15,四部丛刊初编缩本,页145-146。

立学官,规德行,俨然一位儒家士大夫,其儒学修养不可等闲视之。马润祀司马光之举,若按基督徒的身份去审视,乃严重违背了该教不拜偶像的戒律。马润与基督教背道而驰,当无异议。马润擅诗文,其诗集名《樵隐集》,惜不存世;从书名也透露出作者的品节和风骨。祖常的诗才,不仅继承乃父,更将之发扬光大。

马祖常时期彻底儒化,子弟均以科举入官。苏天爵指出马氏"部族有儒,以文贞始"[1],把马祖常视为其族中儒者第一人。关于祖常的儒学和文学成就,陈垣已作详细阐述,此处不赘。[2] 这里重点讨论从祖常开始马氏以科举入仕的新气象。

在经历了月合乃、世昌、润三代的儒学积淀后,到祖常时,马氏的儒学修养概与汉人儒士无异。少年时祖常问学于川儒张导江,"质以疑义数十"[3],得到了张的器重。后适逢延祐开科举,祖常乡试会试皆中第一,殿试第二。祖常是家族中最早载有师承关系之人,其诸从兄弟,既处于同种背景,其学问也必有师承,接受专门的儒学教育。祖常开了马氏科举仕途的风气,其后族中子弟均以科举作为晋身之阶,恰如苏天爵所指出:

> 三传至中丞文贞公,以文学政事致位光显。初尚书有子十一人,孙二十人,曾孙三十余人,或执业成均,擢进士第,皆清谨文雅,不陨其家声,遂为海内衣冠闻族。[4]

据统计,由科举入仕的马氏子弟计有:祖义,中乡试,翰林国史院编修官;祖孝,祖常同年进士,授陈州判官;祖谦,字符德,国子进士,授保德州同知,调束鹿县达鲁花赤,迁昭功万户府知事;世德,登至正二十年庚子魏元礼榜进士第,授翰林应奉,历枢密都事、中书检校、庸田金事,除淮西县金,累官刑部尚书;祖恭,国子生;祖周,乡贡进士,广西廉访司知事;祖善,进士,河东宣慰司经历;祖元,乡贡进士,市舶提举;祖宪,字符章,

〔1〕〔元〕苏天爵:《魏郡马公文贞神道碑》,页138。
〔2〕陈垣:《元西域人华化考》,页18—23。
〔3〕《文贞马石田先生祖常》,见《宋元学案补遗》卷82,页232。
〔4〕〔元〕苏天爵:《题马氏兰蕙同芳图》,页499。

国子进士,曾任吴县达鲁花赤,致力修学以易民俗,为当地儒士所赞誉[1];献子,国子进士,含山县达鲁花赤;帖木尔,乡贡进士;犹子,乡贡进士。

综上所述,马氏儒化经历了一个渐进的、由浅而深的过程:月合乃时初露端倪,马润时儒化加深,祖常时彻底儒化。月合乃的名字仍透露出景教的信息;其以商人身份进入仕途,虽倾慕儒学,但本身并无杰出的儒学成就;其膝下8子,均取汉名,以"世"字行,遵循的是汉人的礼俗,表明他受到了汉文化的影响。马润、祖常时期马氏家族回鹘商贾的传统已不复存在,而代之以儒学,族中出现了数位进士,在当时的色目家族中十分突出,毫不亚于高昌偰氏家族。另外,我们还可发现马氏家族子弟取汉名、表字,命名书房,结集诗文的风尚。尤值得注意的是,马润、祖常时期屡见倡修孔庙事迹[2],联系到前文的祀司马光事迹,可以确信,马氏家族这时对先祖的聂斯脱里信仰必定已颇为淡薄了。

### 5.3.2 马祖常彻底儒化的条件考察

马祖常时期的彻底儒化,具备了天时、地利、人和等各方面的条件,以下分别讨论。

#### 5.3.2.1 时代背景:元中期重开科举

元代常被视为中国历史上文化较低的时期。郑思肖的"鞑法:一官、二吏、三僧、四道、五医、六工、七猎、八民、九儒、十丐,各有所统辖"[3]的看法一直影响到后人的认识。[4] 日本学者羽田亨也指出:"元代奉行'蒙古主义',汉文化及汉人皆不受尊崇。"[5]其实,论及元代文化之特点,我们应该更加客观看待。确实,在政治经济领域元朝存在着很多倒退落后的因素,但是在文化方面,则尚有其独特的时代特

〔1〕〔元〕干文传:《重修学记》,见《吴都文粹续集》卷4。

〔2〕〔元〕马祖常:《光州孔子庙碑》,见《石田集》卷10;《文贞马石田先生祖常》,见《宋元学案补遗》卷82。

〔3〕郑思肖:《大义略叙》。

〔4〕钱穆:《国史大纲》(修订本),商务印书馆1996年版,页657-658。

〔5〕〔日〕羽田亨:《元朝の漢文明に對する態度》,收入《羽田博士史學論文集》上卷,东洋史研究会1957年版,页670-696。

色,即中西方文化及各民族融合造成的文化多样性。陈垣就极力为元代文化辩诬:

> 须知文化与政治虽有关系,但毕竟不是一事,政治之纷扰,孰甚于战国、六朝,而学术思想之自由,亦惟战国、六朝为最;汉唐号称盛世,然学术思想辄统于一尊,其成绩未必即优于乱世。"风雨如晦,鸡鸣不已",吾人亦行其素焉耳。

> 以论元朝,为时不过百年,今之所谓元时文化者,亦指此西纪一二六〇至一三六〇年间之中国文化耳。若由汉高、唐太论起,而截至汉、唐得国之百年,以及由清世祖论起,而截至乾隆二十年以前,而不计其乾隆二十年以后,则汉、唐、清学术之盛,岂过元时![1]

元代文化最为后人诟病的乃是儒户地位的低下,以及在四等级制度下汉人入仕受到的诸多限制,所以仁宗朝的开科举被看做儒学复兴的一个转折。众所周知,在元代,四等级制度为第三、四等级的子弟设置了入仕的门槛,各种文武官职多为色目人、蒙古人所占据,儒户地位十分潦落。[2] 而科举一开,"一方面为蒙古、色目、汉人仕宦子弟在荫袭之外开辟一条入仕的'正途',一方面使南宋科第簪缨世家子弟获得重返政坛的机会,另一方面更使为数不少的各族下层子弟能够进入统治阶层"[3]。简言之,科举客观上减少了门第、族群和地域的隔阂,为元代统治阶层补充了一批有学养的新成员。

按,元代科举之制始定于皇庆二年(1313),延祐元年(1314)才施行,士大夫皆为之振奋。苏天爵赞曰:

> 昔者仁宗皇帝临御天下,慨然闵习俗之弊于文法,思得儒臣以图治功。诏兴贡举,网罗俊彦。……干戈既辑,治化斯兴,而勋臣世族之裔,皆知学乎诗书六艺之文,以求尽夫修身事亲致君泽

---

〔1〕陈垣:《元西域人华化考》,页133。

〔2〕蒙思明:《元代社会阶级制度》之《四级等差待遇之法律与事实》,页46－64。

〔3〕萧启庆:《元代科举与菁英流动》,原载台湾《汉学研究》第5卷第1期,1987年,页129－160;后收入氏著《元朝史新论》,页155－201。

民之术。……至于仁皇,始欲丕变其俗,以文化成天下,猗欤
盛哉。[1]

仁宗时期"丕变其俗",最突出表现在开科举一途,这在当时的士大夫
中也达成了共识。儒户地位的提高,自然也提升了儒学本身的地位,自
然也更能吸引色目人来学习。元人顾嗣立曾说:"自科举之兴,诸部子
弟,类多感励奋发,以读书稽古为事。"[2]讲的是开科举后不少蒙古、色
目子弟开始钻研起汉学,这无疑改变了赵翼所言"元代不惟帝王不习
汉文,即大臣习汉文亦少"[3]的状况。而且,就像陈垣所指出的,元中
期的开科举还和华化色目人的提倡和努力密切相关。

元中期开科举之前,也有炫于中华文化之博大精深的西域人,比
如不忽木、贯云石、丁鹤年等,但毕竟是少数。开科举之后,色目人研习
华学并取得的成就不仅在数量上有所发展,在质量上也较元初有了飞
跃。清人王士祯就说:

此(《燕石集》)与《石田集》皆奉旨刊行。元时崇文如此,或
谓九儒十丐,当是天历未行科举以前语。[4]

对元代开科取士的历史意义有较公允的认识。

陈垣并不认为科举是华化的必要条件。的确,爱慕中华文化,不能
与热衷科举之途等同视之,但作为儒学系统的一个重要内容,科举已
深入到每个读书人的心中,此点毋庸置疑。马祖常代及其后世子孙,均
选择了科举作为晋身之阶,正是由于儒家文化的理念已深植心中。元
初阿鲁深萨理劝世祖"治天下必用儒术"[5],初衷乃在于收服人心,此
乃统治者的主观愿望;但在博大精深的中华文明面前,域外人士却逐
渐被其征服,走上了多元一体的华化之路。

**5.3.2.2 地域关系:"元制,蒙古、色目人随便居住"**

马氏入华的路线,大体为:由一个外族文化区(西域),迁入中原文

〔1〕〔元〕苏天爵:《御史中丞马公文集序》,见《滋溪文集》卷5,页65-66。
〔2〕〔元〕顾嗣立:《元诗选》,初集,庚,页1下。
〔3〕〔清〕赵翼:《廿二史札记》卷30,中华书局1984年版,页686-687。
〔4〕〔清〕王士祯:《居易论》卷3,转引自陈垣:《元西域人华化考》,页113。
〔5〕〔元〕赵孟頫:《赵国公全公神道碑铭》,转引自陈垣:《元西域人华化考》,页29。

化的边缘地区(临洮),然后迫迁到辽东这一汉化程度较高的女真文化区,后又回到蒙汉文化的交汇地净州,元初始迁内地。

以马祖常系为例。月合乃时定居汴梁,马润时定居光州,并以光州人自居。马润在光州率民众祀司马光、教化治民的举措,显然是受到所处地域主流文化的影响,其弃西域、净州而取光州为籍贯,追慕的正是宋儒司马光。胡貌华心,可窥一斑。马润之后,家族子弟以科举入仕者众,游宦于中国各地,诸如松江、成都、南京等江南地区。在这样一种文化氛围之中,马氏朝儒家文化靠近,而渐渐背离固有的基督教信仰,也不难理解。罗香林认为马氏汪古这类景教官员对基督教在中国内地的传播起到了推动的作用:"马祖常一家,不特与汪古部本身之景教发展颇有关系,且以其族人每于游宦所至各地,倡建景教会堂,故于内地之景教传播,亦不无牵涉。"[1]这只是看到了问题的一面,而忽略了环境对个人行为所产生的影响。窃以为,"游宦至各地"犹如一把双刃剑,固然不排除其促进了基督教在内地传播的可能性,但也使其更加深入地接触到儒家文化圈的中心地带,加快其儒化的进程。

对比马氏与原住汪古部民在有元一代的汉化程度,可令我们加深对这个问题的理解。正如后来在内蒙古地区发现的大量景教墓碑石所揭示的,汪古故地在很长一段时期内都保持着景教信仰的传统。当地居民虽然已经开始了定居生活,但仍保持着游牧民族的遗风旧俗,在精神生活层面也改变甚微。

### 5.3.2.3 婚姻关系

在一个多元文化的社会中,不同民族之间的联姻是促进其华化的一个重要因素。萧启庆在考察元代蒙古、色目进士的时候,注意到该群体普遍存在着纳娶汉女的情况[2]确实,据洪金富的初步统计,有元

---

[1]前揭罗香林书,页167。
[2]参见萧启庆:《元代科举与菁英流动——以元统元年进士为中心》,收入《元朝史新论》,页182-187;《元代蒙古色目进士背景的分析》,见《汉学研究》第18卷第1期,1990年,页101-137。

173

一代汉人娶非汉人有 160 例，汉人嫁非汉人有 279 例，总计凡 439 例。[1] 可见，在元代胡汉通婚是一个十分普遍的现象。就马氏而言，早在金季马庆祥时代便已开始了胡汉通婚。[2] 由于《世谱》对族中女系成员全无记录，所以世人对该族中的女子多未措意。比如陈垣在《元西域人华化考》中就无辑录祖常孙女马氏的自杀殉国事迹。下面，笔者拟就《石田集》及方志、碑刻材料中的数条记录，对马氏家族的婚姻关系作一初步的梳理：

（1）马庆祥一女嫁与杨氏。[3]

（2）月合乃，妻白氏、张氏。[4]

（3）马润正室杨氏为中书后司郎中杨琰女，妾李氏、梁氏，皆汉姓。其中，杨琰之母乃月合乃之妹。马杨二家世代姻亲关系。[5]

（4）马祖常妻索氏，克烈氏。[6]

（5）马祖常妹嫁至顺元年（1330）右榜状元笃列图（1312—1348）。笃列图乃蒙古捏古氏，为马祖常门生。王逢诗曰"琼林宴状元，银屏会佳婿"，说的便是此事。[7] 这段华化色目人与华化蒙古人之间的联姻，为我们考察元代社会的华化历史提供了一个更广阔的视野。

（6）马祖常孙女，嫁元进士冯燮理。二人于元末云南兵变中自尽殉元。[8]

从婚姻关系来看，马氏娶妻纳妾的行为并不符合基督教之教义，这也是马氏在礼俗方面的华化表现。而且，与汉族女性的通婚，不仅是其华化进程中的一个表现，也是一个重要的原因。马润、马祖常时期，

---

〔1〕洪金富：《元代汉人与非汉人通婚问题初探》，见《食货》（复刊）6 卷 12 号，1977 年 3 月，页 652。

〔2〕洪金富：《元代汉人与非汉人通婚问题初探》，页 655。

〔3〕参前引《恒州刺史马君神道碑》，页 273。

〔4〕〔元〕袁桷：《漳州路同知马公神道碑铭》，页 396 下

〔5〕〔元〕马祖常：《故显妣梁郡夫人杨氏墓志铭》，页 518。

〔6〕〔元〕苏天爵：《元故资德大夫御史中丞赠摅忠宣宪协正功臣魏郡马文贞公墓志铭》，页 143

〔7〕参萧启庆：《元朝多族士人圈的形成初探》，页 216。

〔8〕前揭《天启成都府志》卷 40。

作为外族的汪古部马氏已完全为汉族儒士文人所接受,这与其家族社会地位和儒学程度的提升是密切相关的。

### 5.3.2.4　社会交往

马祖常的交往圈多为当时的硕学鸿儒,究其根本,乃与祖常在元代文化圈中享有的崇高地位有关,这对其家族的儒化也必有促进作用;或者说,两者乃相辅相成,相互促进,互为因果。《石田集》中大量诗文都是马祖常与当时文人及官吏的酬唱和韵之作。而查时人赠与祖常之诗文,数量亦很可观:

苏天爵《题马氏兰蕙同芳图》(《滋溪文稿》卷 29)

虞集《寄马伯庸尚书》、《简马伯庸》、《泰定甲子上京有感次韵马伯庸》、《次韵马伯庸学士见贻并简曹子贞学士燕信臣待制彭允蹈待制二首》、《次韵马伯庸尚书》(《道园学古录》卷 4)

陈旅《跋马氏兰蕙同芳图》(《安雅堂集》卷 13)

萨天赐《和中丞伯雍先生赠别》(《萨天赐诗集·后集》)

王士熙《玉环引·送马伯雍北上》(《国朝文类》卷 4)

元明善《送马翰林南归序》(《国朝文类》卷 35)

余阙《马伯庸中丞哀诗》(《青阳先生文集》卷 1)

揭傒斯(《送马雍古御史抚喻河西》、《和马伯庸二首》、《和酬马伯庸供奉史馆间题见示二首》(《揭文安公全集》卷 2、卷 4)

袁桷《送马伯庸御史奉使河西》(《清容居士文集》卷 4)

胡助《寿马伯庸学士》、《挽马伯庸中丞二首》(《纯白斋类稿》)

王旭《呈马伯庸御史中丞》(《此山文集》卷 8)

宋本《舶上谣》(《国朝文类》卷 4)

柳贯《送马伯庸御史出使河陇》(《柳待制文集》卷 3)

贡云林《送马伯庸学士赴上都》(《贡云林集》卷 5)

文子方《送马伯庸御史奉使关陇》(《皇元风雅前集》卷 3)

王结《和马伯庸韵》(《皇元风雅后集》卷 1)

王继忞《和马伯庸见寄》(《皇元风雅后集》卷 1)

傅若金《送马伯庸赴南台》(《傅与砺诗集》卷 2)

薛汉《送马伯庸南祀淞桓淮渎》(《皇元风雅后集》卷2)

杨仲弘《题画兔呈马伯庸学士》(《翰林杨仲弘诗集》卷8)

朱泽民《临清渡呈马伯庸学士》(存复斋文集)卷8)

上述诗文主要为送别诗与和韵诗。如苏天爵《题马氏兰蕙同芳图》谓:"江左好事者慕马氏昆季之贤,绘《兰蕙同芳图》以贻之,馆阁名流复为诗以美之。传曰:'诵其诗,读其书,不知其人可乎?'"[1]从一侧面反映了马祖常交往的士大夫圈子,一为江南贤达,一为馆阁之士。另有好几首赠别祖常远赴河陇的诗作,盖为诸文友在祖常远行前,为其特备饯宴,并赋诗惜别。以王士熙《玉环引·送马伯雍北上》为例,其曰:"天风北极高,归途踏霜草,不惜玉环分,只愿君还好。"可谓字字关情。陈垣曾言:"不问其本人是否能诗,然邦人士既各以诗投之,则其人必为风雅之士。"[2]更勿论享有诗名、文名的马祖常了。赵翼也注意到元代士人圈的结诗风尚,曰:"元季士大夫好以文墨相尚,每岁必联诗社,四方名士毕集,谯赏穷日夜,诗胜者辄有厚赠。"[3]从祖常受赠的诗赋,亦可窥一斑了。

祖常与众人之友谊,尤可表者,乃其以伯乐之慧眼识得闽中陈旅。陈旅,字众仲,兴化莆田人,先世素以儒学称,本传见《元史》。[4] 两人学缘成为当时佳话,为时人所津津乐道:

> 故国子监丞陈君众仲,亦以文擅世者也。君自弱冠即有志学古,尝读书南海之上。……石田马公为御史时,按事闽中,一见奇之,举诸朝,由是通籍馆阁,诸阁老又推许之。[5]

陈旅初与祖常游学京师,在其引荐下,得到了虞集的赏识,被延至馆中。在京师期间,陈旅更因祖常之关系,与京师名士往来密切,最后经由赵世延的举荐而除国子助教一职。《宋元学案补遗》把陈旅列为马氏家学之下,即基于此。

---

〔1〕〔元〕苏天爵:《题马氏兰蕙同芳图》,页499。

〔2〕《元西域人华化考》,页65。

〔3〕〔清〕赵翼:《廿二史札记》卷30"元季风雅相尚"。

〔4〕《元史》卷190,页4347 – 4348。

〔5〕林清泉:《安雅堂集·序》,四库全书本。

马祖常数次担任考官,门生众多。据笔者考察,其对许多人都有知遇之恩,如袁桷、吴澄等人,此辈皆是当时汉人中的俊彦。胡助在《挽马伯庸中丞》一诗中,对祖常的一生做了如许归纳:

> 稽古陈三军,穷源贯六经。文章守馆阁,礼乐著朝廷。执法头先白,抡才眼更青。堂堂宁复见,老泪滴秋冥。

诗中除表彰祖常为政功绩和文学儒学修养外,对他提拔人才的功绩也给予极高的评价。应当注意的是,与祖常私交甚密的许有壬、黄溍,乃其同年进士,皆南宋名儒世家子。

上文笔者对科举的估计或有过高之嫌,但撇开科举在元代的地位不谈,就祖常本人而言,其与文人同好结缘,打入汉人文化圈,科举显然是一条重要的途径。

### 5.3.4 余语

马氏从一个信仰基督教的聂斯脱里世家,转变为一个儒学家庭,是其入华后一两百年的事情。其间历经辽金元三朝,而最终在元中后期彻底儒化。无论是文化的延续,还是信仰的承继,都绝非一蹴而就,而有一个长期的渐进的过程,其中不仅有来自外部的催化和刺激,也需要其本身从内部作出的响应和努力。陈垣《元西域人华化考》卷2《儒学篇》指出马氏与同族阔里吉思儒化的区别,曰:

> 马氏而外,基督徒之尊崇儒术者,有高唐王阔里吉思。阔里吉思本身为基督徒,与马润、马祖常之世代为基督徒者不同。世代为基督徒者其信仰属于遗传,吾谥之曰"世袭信仰",世袭信仰非出于自由,唯自由信仰乃真信仰。阔里吉思之为基督徒,属于自由信仰者也。[1]

阔里吉思由景教而改信天主教,能否就此推翻其世袭信仰的文化背景,尚待商榷;而马氏的"世袭信仰非出于自由",也有进一步讨论的余地。事实上,作为一种世袭的信仰,其改宗的难度更大。尽管元代基督教享受各种优待,但它同时也遭到了来自回、佛、道三教的挑战和打击;

---

[1] 陈垣:《元西域人华化考》,页23。

尤其与回教的斗争,甚至成为马氏中衰的一个直接原因,可见基督教的根基并不稳固。[1] 不过,马氏从景教改习儒学也并非完全迫于外界的打压,其中也有自身价值取向的转变,不然,马氏也只能是融入汉民族,而不能在文学、儒学上有所建树,为人瞩目。

马氏儒化的逐步深入,正是外因与内因相统一的历史例证。

## 5.4 马氏"以官为氏"说质疑

### 5.4.1 "以官为氏"的两个版本

一直以来,关于马氏家族的姓氏问题,都流行"以官为氏"的说法。据笔者整理,马氏家族"以官为氏"说主要有两个版本。

第一个版本认为其"以官为氏"始于金际马庆祥时期(以下简称"庆祥版")。马祖常《故礼部尚书马公神道碑铭》记载:

> 父讳锡礼吉思,当金迁浚都,尚书省辟为译字掾曹,试开封判官,改凤翔兵马判官,死节,赠镇国上将军、恒州刺史。官名有马,因以立氏。[2]

此处之"官名有马,因以立氏",语出族中最重要人物马祖常,历来就备受重视,故后人多纳此说。苏天爵撰马祖常墓志铭曰:

> 四世祖锡里吉思,金季为凤翔兵马判官,死节,赠恒州刺史,祀襃忠庙。官名有马,子孙因以立氏[3]

采用的就是马祖常的说法。虞集也予以沿用:

> 马氏本西北贵族,由兵马死事,号曰马氏。而光之有马氏自公始。祖常进士高第,为代闻人,诸弟若子相继以文学入官,来者未

〔1〕参见邱树森:《元亡后基督教在中国湮灭的原因》,页56-64;周良宵:《金元时代的景教》。

〔2〕〔元〕马祖常:《故礼部尚书马公神道碑铭》,页499。

〔3〕〔元〕苏天爵:《元故资德大夫御史中丞赠摅忠宣宪协正功臣魏郡马文贞公墓志铭》,见《滋溪文集》卷9,页138;并参见其《元故奉训大夫昭功万户府知事马君墓铭》,见《滋溪文集》卷19,页324。

可量也。故特著之，以俟夫考世征德者，是亦光人之志也。[1]

直至清代，学人仍多沿袭此说，《宋元学案补遗》卷82记载：

> 高祖锡里吉思，金季为凤翔兵马判官，以节死，子孙因其官，以马为氏。[2]

"以官为氏"说深入人心，而此"庆祥版"也多被世人接受。

第二个版本认为"以官为氏"源于马庆祥之父帖穆尔越哥时期（以下简称"帖穆版"）。《世谱》载：

> 和禄采思生帖穆尔越哥，以军功累官马步军指挥使。为政廉平而有威望，人不敢斥其名，惟称之曰马将军，因以为氏。[3]

《世谱》的价值一直受到重视，作者黄溍也交代了其转述缘起，对"以官为氏"之说很有把握：

> 古之得姓者，或以国，或为氏，或以王父字，所取非一。马氏自狄道而天山，则以官为氏者也。昔临川王安石为《许氏世谱》，起唐虞，历两汉，至三国，而其传绪始显。马氏之有姓，迨今仅二百余年，故予为其世谱可得而详焉。[4]

明修《元史》乃采其说，《元史·月合乃传》载：

> 月（乃合）[合乃]字正卿，其先属雍古部，徙居临洮之狄道，金略地，尽室迁辽东。曾祖帖木尔越哥，仕金为马步军指挥史，官名有马，因以马为氏。[5]

清魏源编修《元史新编》时也沿用此说。[6]

从表面看，"以官为氏"合情合理。缘以官为氏，自古有之，最早见于《周礼》，属儒家体系之内容，后来更成为胡人汉化的一个标志。最著名的例子即北魏孝文帝拓跋宏之改革，举国改鲜卑姓为汉姓，其中

〔1〕前揭虞集《桐乡阡碑》。

〔2〕《宋元学案补遗》卷82《文贞马石田先生祖常》，丛书集成续编本，第35册，页232。

〔3〕〔元〕黄溍：《马氏世谱》，页36。

〔4〕〔元〕黄溍：《马氏世谱》，页39。

〔5〕《元史》卷134，页3244－3245。

〔6〕"马祖常字伯庸，世为雍古部，居静州之天山，先世事金，为马步军指挥使，子孙因其官，以马为氏。"见《元史类编》卷24《台谏二》"马祖常"条，光绪乙己年邵阳魏氏慎微唐刻本。

便采用了"以官为氏"之法,如仓氏和库氏,即从仓库吏演变而来。姓氏有其深刻的文化内涵,元人程矩夫曾言:

> 氏族之制,所以定亲疏、别嫌疑、厚人伦也。西北诸公,以名称相呼,以部落为属,传久而差,失真尤甚。[1]

揭示出元代色目人尤其是在倾慕华学的色目人当中,改胡名易汉姓的历史状况。[2]改易汉姓形成了一种风尚,与一些汉人的改易蒙古名相映成趣,反映了元代民族大融合的文化风貌。所以,元代以来世人对马氏之"以官为氏"说也未提出任何质疑。然而,该说在同一时代里,竟出现了两个版本,则令人不解。陈垣曾注意到这个问题,但仅点到即止。[3]

考以官为氏者,一般多取首字。就"帖穆版"而言,以其"马步兵指挥使",取首字"马"为姓,尚属合理;但对于更为普遍接受的"庆祥版",其官至"兵马判官",何以舍首字"兵"而独取次字"马"呢?因此,"以官为氏"说,貌似合理,但内中还是不无蹊跷。

查目前留存的文献,最早涉及马氏姓氏问题者,当为金人元好问的《恒州刺史马君神道碑》一文,其载曰:

> 君讳庆祥,字瑞宁,姓马氏,以小字习里吉思行。出于花门贵种。[4]

并未对"马"姓做出任何解释。

元初编修《金史》,对姓"马"原因也避而不谈。《金史·马庆祥传》云:

> 马庆祥,字瑞宁,本名习里吉思。先世自西域入居临洮狄道,以马为氏,后徙家净州天山。[5]

以上两段材料均未交代其姓氏由来,更没有提出什么"以官为氏"之说。显然,在金末,其家族以"马"为姓已是一个周知的事实。以金朝

---

〔1〕〔元〕程矩夫:《里氏庆源图吟》,见《雪楼集》卷15。

〔2〕参见陈垣:《元西域人华化考》卷6,页102–110。

〔3〕陈垣:《元西域人华化考》,页20。

〔4〕〔金〕元好问:《恒州刺史马君神道碑》,页272–273。

〔5〕《金史》卷124,页2695。

的高度汉化,外族纳用汉姓实不足为奇,如无特别原因,《元史》或《金史》的编撰者是无需刻意寻根问底加以解释的。这也默证了"以官为氏"说在金代尚未流行,否则,如元好问这样的博学之士当有所闻,不致在撰写马公碑文时竟忽略了这一闪光点。

既然金人并不流行"以官为氏"之说,何以后人反能详前人所略,抛出此说呢?窃以为,所谓"以官为氏",不过是后人假托。其始作俑者,当为上揭马祖常《故礼部尚书马公神道碑铭》之自述。

按,马祖常乃其家族史中官居最高者,在元代极有影响。"以官为氏"一经他提出,便得到文人圈的认同。此说在元中期的倡起,和马氏当时的社会地位恐不无关系。马氏初入中国,在汪古部中地位并不高;直到金末元初,家族中方有居官显位者,亦即贴穆尔越哥和马庆祥父子;尔后月合乃官拜礼部尚书,是为家族中最早担任的高级官职,也是在这一时期,"以官为氏"之说始为兴盛。可见,"以官为氏"说与马氏华化程度及社会地位的提高有着密切关系。"以官为氏"后来被明确写入《世谱》,奠定了该说的权威地位,使后来的官私修史者均受到了影响。

马氏之采用汉姓,无疑是在华化背景下产生的。笔者在校阅《马氏世谱》时,见其家族中尚有许多音译的聂斯脱里教名,并未冠以"马"姓,足见其华化过程是渐进的,并非立即席卷整个家族。

"以官为氏"明显刻上了儒家礼教的烙印。就此点论,马氏在华化未深之时,以官为氏的可能性不大。元好问时代,即金元之际,尚不知其姓氏由来,更反映出历史的真面目;反而言之凿凿的"以官为氏",却是疑点丛丛。

《钦定续通志·以官为氏》条下,收录了两个以官为氏的著名姓氏,一为马氏,另一为廉氏。廉氏以官为氏之来龙去脉,陶宗仪《南村辍耕录》有详细记载:

> 中书平章政事廉希宪,字善甫,封恒阳望,谥文正。本畏兀氏。王之父讳布鲁凯,为回鹘王,归朝,官至顺德诸路宣慰使,封魏国公,谥孝懿,拜廉访使之命,时适王生。顾曰:"是儿必大吾门。吾

·欧·亚·历·史·文·化·文·库·

闻古者以官受氏,天将以廉氏吾宗乎?吾其从之。"举族承命。[1]
廉氏举族改姓,从异族身份进入到汉族文化系统中,文献可考,有其确切起始年代,可谓当时华化风潮中,弃胡名取汉姓的范例。马氏虽然也被列入了以官为氏的"典例",但从本文上引的诸原始文献看,漏洞颇多,又自相矛盾,似有重新考订的必要。

## 5.4.2 "马"或为"Mar"之音译

"以官为氏"说既然存在诸多可疑之处,那历史的真相究竟如何?窃以为,马氏既然出自西域聂斯脱里贵族,"贵族"者,或许暗示其"尝掌高等神职"[2],乃教中地位崇高的长老、尊者,或即主教之类。不明"聂斯脱里"含义的中土汉人如黄溍等人,自然难明其中究竟。其实,在马祖常《故礼部尚书马公神道碑铭》中,已包含了该家族中景教信仰的诸多信息。是文乃为纪念其祖马月合乃,文中出现了许多聂斯脱里派常用的教名,如审温(Simeon)、岳难、月合乃(Johanan)、易朔(Iso)、雅古(Jacob)、保禄赐(Paulius)和奥剌罕(Abraham)等等。[3]

上揭元好问《恒州刺史马君神道碑》有载:

> 太宗尝出猎,恍惚间见金人挟日而行。心悸不定,莫敢仰视,因罢猎而还,敕以所见者物色访求。或言:"上所见,殆佛陀变现,而辽东无塔庙,尊像不可得,唯回鹘人梵呗之所有之。"因取画像进之,真与上所见者合。[4]

这里提到的"金人"和"画像",极富宗教意味。从该记载中我们可知,在这群回鹘人中设有专门的宗教场所,亦即马氏"取画像"的地方。马氏之所以能"取画像进之",说明其享有某种宗教上的特权,或者在族中有着相当的声望,有与众不同的身份和地位。联系上文所讨论的"花门贵种"和"聂斯脱里贵族"背景,马氏献画像的宗教内涵就不言自喻了。

---

[1]〔元〕陶宗仪:《南村辍耕录》卷2,页22。
[2]陈垣:《元西域人华化考》,页19。
[3]参见伯希和著、冯承钧译:《唐元时期中亚及东亚的基督教》,页56。
[4]〔金〕元好问:《恒州刺史马君神道碑》,页273。

把以马为姓与"尝掌高等神职"的"聂斯脱里贵族"身份相联系,并非荒诞无稽。20世纪中叶,日本景教研究权威佐伯好郎就指出,马氏之"马","其真正涵义本应是叙利亚文Mar,意为'主教'。"[1]后来,他进一步指出,"[马]本是一种尊称,即叙利亚文Mar,然中国文人将其误解为姓氏"[2],惜其未能就此展开论述。按,马氏汪古乃回鹘后裔,属突厥语系民族;又因其为聂派基督徒,必也熟悉聂斯脱里教会的官方语言叙利亚语。叙利亚语中,"主教"读作Mar,其古汉语的对音可以是"马"、"末"、"马儿"、"马里"等。《元史·百官志》"崇福司"条载:

> 崇福司,秩[从]二品。掌领马儿哈昔列班也里可温十字寺祭享等事。[3]

"马儿哈昔",即叙利亚文Mar-hasia的音转,Mar解作"圣",hasia解作"使徒",Mar-hasia,即指教中的主教;列班,Rabban,叙利亚文指"僧侣";也里可温,ärkägün专指蒙元时期中亚和中国的基督教徒。理解了各词的历史、宗教内涵,可对上引重新点断如下:

> 崇福司,秩[从]二品。掌领马儿哈昔、列班、也里可温十字寺祭享等事。

无独有偶,古代摩尼教中也出现过Mar的音译。唐时摩尼教便有"末摩尼"之称。[4] 明人何乔远《闽书》卷7《方域志》"华表山"条下,因介绍当地摩尼教遗址草庵而追述摩尼教入华传闽的历史,对"末"字有专门的解释:

> 摩尼佛名末摩尼光佛,苏邻国人。……末之为言大也。[5]

伯希和在研究福建摩尼教遗迹的时候,释注《闽书·方域志》,对摩尼教汉语文献中"末摩尼"之"末",释读如下:

---

〔1〕英文原文为:"And his family name at last has come known in China by 'Ma' ( lit. , *Horse* but it is really the corruption of the Syriac Mar. )", S. Y. Saeki, *The Nestorian Documents and Relics in China* , p.480.

〔2〕〔日〕佐伯好郎:《支那基督教の研究》II,页150。

〔3〕《元史》卷89,页2273。

〔4〕《通典》卷40注:"末摩尼本是邪见,妄称佛教,诳惑黎元,宜严加禁断……"

〔5〕〔明〕何乔远:《闽书》第1册,页171-172。

此所释者,乃末摩尼之"末"。此末摩尼之号,八世纪时在中国常用之。前此将近二十年前,我曾主张其为 Mar Mani 之对音,西利亚语 Mar 犹言"主"也。[1]

关于叙利亚文 Mar 的用法和音译,自 20 世纪 50 年代以来,曾有过不少讨论。最热烈的一次讨论,乃是由泉州一块突厥语—汉语双文景教碑铭的出土所引起的。[2] 是碑的汉文部分载曰"管领江南诸路明教秦教等也里可温马里失里门阿必思古八马里哈昔牙",突厥文部分经由村山七郎转写为:

maxe aylï-lar-nïng marï hasira marï šlemuna bisquaba-nïng qavra-sï ol.(ut)qui yïl s(ä)k(i)nĕ ay-nïng on bäš-täb äšlap kälip(?)sau-ma(?)biti-miš(?)[3]

汉文和突厥文是对应的。汉文"马里哈昔牙",对应突厥语 marï hasira;该词也就是《元史·百官志》中所言及的"马儿哈昔"。在碑中,指的是墓主人"马里失里门"(marï šlemun)的头衔。"阿必思古八",即突厥文的 abisquaba-nïng,村山七郎认为是 episgopa 的对音,意为主教。[4]

弄清楚了这一系列尊号的宗教内涵,突厥文便可意译为:

这是失里门主教大人(阿必思古八、马里哈昔牙)之墓。皇庆二年癸丑八月十五,扫马领[队]来此并题铭。

综合看来,"马"氏与其说是"以官为氏",无如理解为叙利亚文 Mar 的音转,这也和他们西域聂斯脱里贵族的身份相符合。Mar 本来是一个宗教意义上的称号和尊名,后来辗转流传、约定俗成称为"马"

---

〔1〕Paul Pelliot, "Les Traditions Manichéennes au Fou-kien", *TP*, 22, 1923, pp.122 - 123;所引译文见伯希和著、冯承钧译:《福建摩尼教遗迹》,载《西域南海史地考证译丛九编》,商务印书馆 1995 年版,页 137,注 33。

〔2〕有关该碑的发现及研究状况,参阅林悟殊:《20 世纪的泉州摩尼教考古》,见《文物》2003 年第 7 期,页 71 - 77。

〔3〕S. Murayama, "Eine Nestorianische Grabinschrift in Türkischer Sprache aus Zaiton", pp.394 - 496. 汉文转译参夏鼐:《两种文字合璧的泉州也里可温(景教)墓碑》,见《考古》1981 年第 1 期,页 59 - 62。

〔4〕见村山、夏鼐上揭文;并参考 S. N. C. Lieu, "Nestorians and manichaean on the South China Coast", pp.73、84. n.13, 14;林悟殊:《摩尼教及其东渐》,中华书局 1987 年版,页 153;参前揭牛汝极:《从出土碑铭看泉州和扬州的景教来源》,页 75。

氏,而后又受到汉文化的影响,衍变成"以官为氏"。

音译之说最终能否得以确认,自有待对马氏的回鹘景教贵族背景作更深入的考察。但此说较之"以官为氏"说,显然更加合乎情理。笔者认为,"以官为氏"说是马氏儒化后才兴起的,受到了儒家官本位思想的影响,借以炫耀其名门家世,争取儒家文化圈的认同。所以从某种程度上说,马氏的以官为氏,和廉氏的以官为氏,都是在儒家文化的熏陶下产生的;只不过,廉氏改姓确切可考,而马氏改姓无非是以讹传讹。

马氏作为一个基督教世家转变为儒学世家的典型,其文化的改宗,在中外文化交流史上,有其代表性意义。马氏最初的身份为西域的聂斯脱里贵族,极有可能是教中的主教。然而,在辽金时期,其或以游牧,或以通商,或以军功而渐至显赫;到了元代,其家族子弟纷纷选择了科举仕途,以儒学作为立世之本;到了元代中后期,家族中满门进士,已完全成为一个儒学世家。马氏的由景入儒,一方面受到了儒家文化的吸引,另一方面也可能是各种文化挑战下的一种保全——在家族权势极盛的月合乃世,马氏家族尚且受到回教势力阿合马的倾轧,可知元代回景争斗之剧;从前章江南两座也里可温忽木剌被迫改为佛寺这一历史事件,也可窥见有元一代基督教还受到佛教等传统宗教势力的冲击。

从一种文明转向另一种文明,绝不可能毕其功于一役,而需经历一个长期乃至曲折的过程。马氏的华化,就受到了所处时代、地域、社会及婚姻关系等多重因素的影响。其以"马"为姓,更可能是叙利亚文Mar的译音,而非汉籍所载之"以官为氏"。综观马氏入华后之历史,其传于后世的种种记载,都打上了深刻的华化烙印。

附錄[1]

# 馬氏世譜[2]

黄溍

馬氏之先,出西域矗斯脫里貴族。始來中國者和祿采思,生而英邁,有識量,慨然以功業自期。嘗縱觀山川形勢,而樂臨洮土壤之豐厚。遼主道宗咸雍間,奉大珠九以進。道宗欲官之,辭不就;但請臨洮之地以畜牧。許之,遂家臨洮之狄道。和祿采思生帖穆爾越歌,以軍功累官馬步軍指揮使,爲政廉平而有威望,人不敢斥其名,惟稱之曰"馬元帥",因以爲氏。帖穆爾越歌生伯索麻也里束,年十四而遼亡,失[父][3]母所在,爲金兵所掠,遷至遼東,久乃放還,居(静)[淨][4]州之天山。瀝血求父母,不得,遂隱居不出。業耕稼畜牧,貲累鉅萬。好施與,結交賢士大夫。金主熙宗聞其名,數遣使徵之,辭曰:"古者求忠臣必於孝子之門。吾不逮事親,何顏事君乎?"終不起。伯索麻也里束生習禮吉思,一名慶祥,字瑞寧。性純愨,兒時侍親側如成人,飲食必後長者。既壯,姿貌魁傑,以志氣自負,善騎射而知書,凡諸國語言文字,靡所不通。豪傑之士多樂從之遊,食客常數十人。或勸之仕,輒應之曰:"幸有以具甘旨,夫復何求!況昆弟皆蚤世,我出,孰與爲養乎?"父有疾,粥藥必親嘗,衣不解帶。疾不可爲而歿,哀慟幾絶,廬於墓側三年。

---

〔1〕此附錄爲繁體版。"( )"內爲原文原字,"[ ]"內爲筆者擬字。

〔2〕據《金華黄先生文集》卷43,四部叢刊初編本(據上海涵芬樓借印常熟瞿氏、上元宗氏、日本岩崎氏藏元刊本)標點,同時參考《續修四庫全書》本(1323冊,頁531-533)及《全元文》本(卷962,江蘇古籍出版社2000年版,頁36-40)。

〔3〕原文缺字,根據後文"瀝血求父母"句改。

〔4〕據《金史·地理志二》改,卷24,頁566。

母亡,執喪亦如之。聞者皆曰:"篤孝君子也。"金主章宗時,衛紹王[1]在藩邸,召見,禮賓之。所陳(俻)[備]邊理民十餘事,皆軍國之要務,悉奏行焉。泰和中,以六科中選,試尚書省譯史。衛紹王嗣位,始通問於我太祖皇帝,信使之副難其人。衛紹王曰:"習禮吉思忠信而多智,且善於辞令,往必無辱。"及入見,上愛其談辯,而觀其器宇不凡,稱歎久之,因賜名曰"也而添圖古捏",漢言"能士"也。暨再使,因留不遣,使人風之曰:"爾國危在旦夕,若属將爲虜,留此則可以長保富貴。"答曰:"國之興亡,係政善惡,不係勢之强弱。我國無乱政,爾何以知之?貪利則不仁,避害則不義,背君則不忠,出使而不報則不信。誠拘留不返,當以死自誓。反道失身,雖生何益?"留之三旬,知不可奪,乃厚禮而歸之。太祖思其賢,遣内臣乙里只持國書徵歲幣,且招之使来。衛紹王欲遣之,力辭。貞祐末,(挐)[舉]家從金主宣宗南遷汴上。上再遣乙里只,諭旨曰:"寧无歲幣,必得斯人。"宣宗幸和議之成,强遣之。涕泣而言曰:"臣身猶草芥,不足惜也。苟利於國,雖死不恨。但以人資敵,豈謀國之道哉!"遂輟不行。尋擢開封府判官,内城之役,加昭勇大將軍,充應辦使,不擾而事集,以勞遷鳳翔府兵馬都總管判官。至則舉賢才,修軍政,興利除害,境内稱治,而嘉禾秀麥、瓜蓮同(蒂)[蒂]之瑞並見。民既甦息,乃立學以教之,四方流寓之士多歸焉。元光二年秋,諜報大軍將攻鳳翔,行臺命清野以俟。主帥素與之不協,乃减其從騎。行三舍,而與大軍前鋒遇於渝水。戰不利,且戰且却。將及城,伏兵遮其歸路,矢盡援絶,人殊死戰。大軍圍之數重,誘之曰:"我國聞公賢,屢召不至。今亟降,是轉禍爲福之機也。"不聽,乃射其馬,使不能行,覬卒降之。又不聽,而下馬持短兵接戰。將突圍而出,圍益密,遂見執。令軍士彀弓持滿,環向而脅之曰:"不降死矣。"又不聽,彀者畢發,(夫)[矢][2]集其身如蝟,罵不絶口而死。是歲冬十一月二十二日也。麾下士不降而死者數十人。事聞宣宗,命詞臣王鶚草制,贈輔國上將軍、恒

---

〔1〕衛紹王,完顏永濟,1209－1213年在位。金章宗時封潞王,進封韓王、衛王。章宗卒,嗣位。至寧元年(1213)金右副元帥胡沙虎叛亂,率兵入宮,弑帝。諡曰紹,復衛王爵。

〔2〕四部本作"夫",據《全元文》從張校本改"矢"。從上下文觀之,當爲"矢"。

州刺史,謚忠愍。敕葬鳳翔普門寺之東二廟,賜額曰"褒忠"。事見《金史·宣宗本紀》,新史本紀雖不載,而詳見於《忠義傳》。金亡時,其公族近臣之家皆羈于汴之青城。太宗皇帝聞其忠義,遣內臣撒吉思不花持黃旗撫問其家,得其三子,俾入覲於和林。憲宗皇帝嘉之,使備宿衛。中統元年,丞相線真、內侍蒙速速引見世祖皇帝於白馬甸,上諭旨曰:"此也而添圖古捏之子,乃父忠於主,朕今官其子,安有不盡力如其父乎?"三子:曰三達,曰天民,曰月忽難,一名貞,字正臣。三達性倜儻,多謀略,累有戰功,終於中書左司郎中。三子:天下閭、滅都失剌、約實謀,並居天山。天民,山東諸路榷鹽使,從伐宋,以功佩金符,爲太平、江州等路達魯花赤。二子:奧剌罕,楊子縣達魯花赤;保祿賜,魁偉沈毅,語言辨給,嘗爲湘陰州達魯〔續修四庫本作"暮",從四部叢刊初編本改〕花赤,單騎往說(左)江[左]反者,悉降,遷同知南安路總管府事,其文學政事有傳存焉。奧剌罕子闕里奚斯,易縣達魯花赤。保祿賜子世德,以國子生擢進士第,今由監察御史遷中書省檢校官。闕里奚斯子祖仁,國子生,靈壁縣主簿。月忽難歷事太宗、憲宗、世祖三朝,終於禮部尚書,有傳在國史,茲故弗序。月忽難十一子:世忠,常平倉轉運使;世昌,行尚書省左右司郎中,贈吏部尚書;世敬,通州達魯花赤;斡沙納、世靖皆不仕;世祿,中山(府)織染[局]提优舉;世〔續修四庫本作"失",據上下文改,下同〕吉,絳州判官;世榮,瑞州路總管;世臣,大都平準庫提領;餘三人皆早卒。世昌四子:潤,同知漳州路總管府事,贈河南行中書省參知政事;節〔四部叢刊初編本作"茚";續修四庫本作"即",據馬祖常《故禮部尚書馬公神道碑銘》改〕,入道於王屋山;禮,下沙塲塩司令,贈浙東道宣慰司都事;淵,贈江浙行中書省左右司都事。世敬子開,在京倉某官;世靖子岳難,蘭溪州達魯花赤。世祿三子:失里哈,河南行中書省左右司都事;繼祖,大都宣課提舉;也里哈,不仕。世吉子雅古。世榮子必胡南,同知興國路總管府事;祝饒,富池茶監。潤七子:祖常,進士第一人,卒官御史中丞,仕最顯,其行能勞烈,後之秉史筆者當爲立傳,茲亦弗序;祖義,翰林國史院編修官;祖烈,汝寧府知事;天合,祖孝,祖常同年進士,今爲某官;祖信,某塲某官;祖謙,國子進士,昭功萬戶府知事;祖恭,國子生。禮四子:祖中,某副使;祖周,鄉貢進士、廣西廉訪司知事;祖善,進士、河東宣慰司經歷;祖良。淵三子:祖元,鄉貢進士,市舶某提舉;祖某,某路儒學教授;叔清。開子某。失里哈二子:某;祖憲,國子進士、吳縣達魯花赤。也里哈子蘇刺哈,棗陽縣主簿。雅古四子:某、某、某、某。祝饒子某。祖仁子伯嘉訥。祖常二子:武子,奎章閣學士院典籤;文子,秘書監著作郎。祖義子獻子,國子進士,含山縣達魯花赤。祖烈子惠子,高郵府知事。祖中子帖木爾,鄉貢進士。祖周子明安沓爾;某,稅使。開孫猶子,鄉貢進士。

史官黃溍曰:古之得姓者,或以國,或以官,或以王父字,所取非一。馬氏自狄道而天山,則以官爲氏者也。昔臨川王安石爲《許氏世譜》,起唐虞,歷兩漢,至三國,而其傳緒始顯。馬氏之有姓,迨今僅二百餘年,故予爲其世譜,可得而詳焉。然予觀許氏,有唐睢陽守遠[1]伏(節)[節]死難,與恒州府君事正相類。而臨川論盛德必百世祀,獨上推於伯夷,而歎其後世忠孝之良不得,與夔皋羆虎之徒俱出而馳焉。嗚呼,遠之不得,與夔皋羆虎並馳,所遭之時異也。恒州府君,名聞上國,數見羅致,誠使知歷數之有歸而審于去就,翊扶興運,紀功太常,視夔皋羆虎尚何歎乎?庸備論之,以著于篇。

---

〔1〕許遠,唐睢陽太守。

# 6 结语

元代基督教的兴起,首先得益于蒙古人开辟了一个"鞑靼人统治下的和平"时代,使得"欧洲与中国的相互了解和交通在一切接触中断了至少4个世纪之后又得以恢复"。[1] 元代虽只是一个"生年不满百"的王朝,但在拓展中西文化交流方面却取得了可与盛唐媲美的繁盛局面;特别是在宗教和外交领域,首次跨越了地中海,与欧洲有了直接的联系和往来。可以说,离开了蒙元帝国开创的这个和平环境,中亚和漠北等地的也里可温要穿越中国北方的游牧政权进入中国内地,根本无从谈起。

也里可温与唐代景教最大的不同在于其传教角色的淡化。与唐代景教徒以及同时代的罗马天主教传教士有声有色的传教事迹相比,元代也里可温在教义宣传、经书传译方面却"默默无闻"。这种强烈的反差甚至令笔者怀疑,元代也里可温是否携带一个完整的宗教体系入华?但从泉州、内蒙古等地出土的考古资料来看,元代地方诸路不仅有专门管领也里可温的主教"马儿哈昔牙"(mar hasia),教内也有大德僧侣(如泉州碑刻所见"大德黄公"),而且,元朝政府还设立了专门的机构——崇福司,负责处理全国的也里可温及十字寺事务,这说明元代也里可温并非缺乏组织性。不过,必须承认,如果以西方正统教会的组织形式为标准,那是无法与唐代的景教会相提并论的。在两百多年的传教历史里,唐代景教会始终保持着以专职僧侣进行传教的传统,其教士皆在本部教会受到严格训练,然后派遣到各分教区传道。他们不

---

[1] 〔英〕G·F·赫尔逊著,李申、王遵仲、张毅译,何兆武校:《欧洲与中国》,中华书局2004年版,页99。

辞辛劳,长途跋涉,携带经像,翻经宣道。而元代的也里可温,如前所述,乃是以一种军事移民的方式进行传教的,作为当时社会的第二等级色目人,其主要属于当时社会的上层阶级。考虑到元代社会严格的四等级制度,可以推断,也里可温不可能刻意向低等级的汉族人传教。目前未发现任何元代的汉文基督教经典传世,也未见文献提及也里可温有从事汉译经典者,于此亦可窥一斑。唐元基督教不同的传播方式,实际折射了7—13世纪欧亚地区基督教生存环境的变迁。在西亚和中亚地区经历了几百年的伊斯兰征服以后,东方聂斯脱里教会早已衰落,聂斯脱里教会固有的传教传统也受到了巨大的冲击。就像Moffet指出的那样:"僧侣确已不复是传教士了。"[1]可见,元代也里可温传教角色的淡化,和这一长时段下亚洲聂斯脱里教会的兴衰是吻合的。这也可以解释,无论是西人游记,还是汉文典籍,抑或出土碑刻,都鲜有披露元代也里可温在传教方面的显著业绩;即便像镇江路副达鲁花赤马薛里吉思的建寺行为,其初衷也是为了满足江南新移民中基督教徒的宗教需要,而非面向当地百姓传教。就此点论,也里可温和历史上以传教为目的的各种外来宗教人士有明显差别。[2]

通过对元代也里可温的社会历史考察,我们进一步认识到,也里可温是元代社会新兴的一个社会阶层,以西域人(广义的)为主。这个阶层的历史特点可概括为:基督教背景(宗教)、色目背景(族群)、官方背景和军事移民背景。

也里可温特有的族群背景表现在,他们主要由元代社会的第二等级色目人构成。例如,元代一、二等级中的汪古、畏兀儿、克烈、乃蛮等部,就主要信仰基督教。这一外族色彩与唐代景教徒的构成不无类同。唐代景教徒迄今尚未发现有地道的汉人信徒,其信徒主要由波斯、粟

---

[1]"But now the monks are no longer really missionaries." Cf. S. H. Moffet, *A History of Christianity in Asia*, Vol. I: *Beginnings to 1500*, p.361.

[2]祆教的情况稍微特殊。祆教不是以一个完整的宗教体系进入中国的,它只在其胡人聚落而非面向汉人群体传教,最后以融入中国民俗的方式对中国文化发生影响。参见张小贵:《中古华化祆教考述》,文物出版社2010年版。

特移民及其后裔构成。[1] 虽然唐代景教徒积极汉译经典,向汉人传教,但就其信徒构成的胡人背景而言,他们的传教不可谓之成功。但是,与唐代景教的伊朗色彩不同的是,由于在西亚、中亚伊斯兰化的历史进程中,聂斯脱里教会积极地向突厥斯坦发展,因此,蒙元时代的基督教团表现出强烈的突厥背景。[2] 元代的也里可温人物,多源于突厥种;新疆、泉州乃至遥远的七河地区所发现的元代基督教碑刻,碑文多属突厥语系。[3] 从唐代景教徒的波斯、粟特背景,发展到元代也里可温的突厥背景,这反映了不同历史时代欧亚大陆上中西文化交流的主体性差异。

元代的也里可温具有强烈的官方背景。从笔者辑录的180余名也里可温人物来看,上至中枢管理机构,下至地方政府,都有大量的也里可温担任要职。元代也里可温之所以受到蒙古统治者的青睐,——不仅设专门的部门加以管理,还赋予其免租税、免徭役军役的特权,这和元代基督教徒上层阶级的特权身份及其政治影响力是密切相关的。运用自身的政治影响力,元代也里可温提高并巩固了其在国家中的地位不坠。反观唐代的景教,于波斯萨珊王朝亡后来到中土,集传教与政治避难于一身,全无境外的政治、军事或经济势力可以仰仗,也没有众多的信徒移民优势可以依靠,他们只能竭力向朝廷靠拢,希望得到统治者的保护和支持。唐代景教对朝廷上层路线的依靠,成为其迅速衰亡的一个根本原因。[4] 也里可温的官方背景,是它区别于唐代景教的

---

〔1〕P. Pelliot, *Recherches sur les Chretiens d'Asie centrale et d'Extrême - Orient* , II. 1: La Stele de Si-Ngan-Fou, Paris, 1984;荣新江:《一个入仕唐朝的波斯景教家庭》,收入氏著:《中古中国与外来文明》,三联书店 2001 年版,页 238 – 257;葛承雍:《唐代长安一个粟特家庭的景教信仰》,载《历史研究》2001 年第 3 期,页 181 – 186。

〔2〕Sims-Williams, *The Christian Sogdian manuscript C2* ( Berliner Turfantexte 12);〔英〕辛姆斯·威廉斯著,陈怀宇译:《从敦煌吐鲁番出土写本看操粟特语和突厥语的基督教徒》;P. Zieme, "Zu den Nestorianisch -tükischen Turfantexten", in: G. H. Hazei and P. Zieme, Sprche, *Geschichte und Kultur der altaischen Völker* , Berlin, 1974, pp. 661 – 668; D. A. Chwolson, "Syrische Grabinschriften aus Semirjetschie, herausgegeben und erlkart"。

〔3〕参见牛汝极:《十字莲花——中国出土叙利亚文景教碑铭文献研究》。

〔4〕林悟殊:《唐代景教传播成败评说》、《唐朝三夷教政策论略》,收入氏著《唐代景教再研究》,页 85 – 105、106 – 119。

一个重要内容。

元代也里可温的军事移民背景,是其信仰传播的一个重要特点。本书考察了江南也里可温兴起的历史,证实了元初基督教徒的分布是和蒙古军队征服中原的行动相一致的。而"蒙古、色目人随便居住"的制度,又为元代东迁西域人侨居中国内地提供了条件。虽然元代也里可温的军功并不显著,但也有可圈可点者。在笔者辑录的也里可温人物中,有不少就充任军职,比如汪古部阿剌兀思惕吉忽里家族,是蒙古统治者重要的军事联盟;汪古部赵氏家族以军事起家,终元一代都执掌蒙古汉军的指挥权;另外还有不少中低级的军官,如怯烈部炮军千户昔里吉思、钟离县尉马惠子、绛州判官马世吉等;更有,在著名的阿速军、钦察军中还有不少基督教徒。只从这些例子便可看出,元代也里可温的军事移民背景,与他们的色目背景和官方背景是紧密结合在一起的。

佐伯好郎曾指出,中国景教衰亡的一个原因就在于景教是属于外国的宗教,只在外国人中传播。[1] 而早在 1914 年,伯希和就已指明:"这种十三四世纪的东亚基督教,大致可以说不是汉人之基督教,而为阿兰人、突厥人之基督教,或者还有少数真正蒙古人信仰此教,所以在一三六八年时偕元朝而俱亡。"[2] 元代特有的阶级制度决定了以色目为主的也里可温,能够优先享有政治、经济和军事等各方面的资源。也里可温的官方背景,便基于此。可以说,外族背景是也里可温在有元一代发展和繁荣的重要原因。然而,成也萧何,败也萧何,正因为元代的基督教是倚赖于外族和官方的背景存在的,一旦其存在的基础受到冲击甚至摧毁,其教便也随之湮灭。这也是元亡明兴之际,也里可温相应退出历史舞台的一个根本原因。

最后是元代也里可温的历史定位问题。

除了众所周知的中国基督教史的第二阶段这一点,还应从也里可

---

〔1〕〔日〕佐伯好郎:《中國に於ける景教衰亡の歷史》,京都同志社 1955 年版,页 54－55。

〔2〕〔法〕伯希和著、冯承钧译:《唐元时代中亚及东亚之基督教徒》,页 69;穆尔著、郝振华译:《一五五〇年前的中国基督教史》,页 245。

温群体的身份和事迹上去理解和把握。也里可温作为一个信仰基督教的外来群体,尽管在数量和分布上都大大超越了唐代的景教士,但在传播其基督教文明方面,却乏善可陈。他们没能将所信仰的基督教文明留在中土,也很难说这种主要由突厥人信仰的基督教文明,对中国的思想文化产生了什么影响。但是,如果我们把视野从宗教史切换到社会史层面,便可看出,也里可温在元代中国的政治、社会、文化等领域曾做出了杰出贡献:爱薛家族的阿拉伯医学和天文学,马薛里吉思家族积极推广的阿拉伯药露舍里八,马祖常、赵世延、金元素等人写下的优美诗篇等,都已成为中国文化的宝贵财富。可以说,元代也里可温积极推动了西域物质文明向中国内地的传播,带来了先进的阿拉伯医学、天文学知识,更新了传统中医和历法的内容,其影响是深远的。

# 本书所用西文文献缩略语

AS          Asian Studies
《亚洲研究》

BSOAS     Bulletin of the School of Oriental and African Studies
《亚非学院学报》

CAJ         Central Asiatic Journal
《中亚学报》

GJ           Geography Journal
《地理学刊》

HJAS      Harvard Journal of Asiatic Studies
《哈佛亚洲学报》

JAS         Journal of Asian Studies
《亚洲研究学报》

JAOS      Journal of the American Oriental Society
《美国东方学会学刊》

JRAS      Journal of the Royal Asiatic Society
《皇家亚洲学会学报》

MS          Monumenta Serica
《华裔学志》

TP           T'oung Pao
《通报》

UAJ        Uaral-Atais che Jahrbücher
《乌拉尔—阿尔泰研究年鉴》

| VC | Vigiliae Christianae |
| | 《基督教箴言》 |
| ZRGG | Zeitschrift für Religions-und Geistesgeschichte |
| | 《宗教神学史杂志》 |
| ZAS | Zentral-Asiatische Studien |
| | 《中亚研究》 |

# 参考文献

## 汉文古籍

旧唐书.北京:中华书局,1975.

新唐书.北京:中华书局,1975.

唐会要.北京:中华书局,1955.

金史.北京:中华书局,1975.

元史.北京:中华书局,1976.

〔唐〕义净.南海寄归内法传校注.王邦维,校注.北京:中华书局,1995.

〔宋〕王明清.挥尘录.上海:上海书店,2001.

〔金〕元好问.遗山先生文集.四部丛刊初编缩本.上海:商务印书馆,1936.

大元圣政国朝典章.续编四库全书本.景印版.上海:上海古籍出版社,2002:第787册.

〔元〕通制条格.续修四库全书本.影印版.上海古籍出版社,2002:第787册.

〔元〕黄溍.金华黄先生文集.四部丛刊初编本.

〔元〕黄溍.金华黄先生文集.续修四库全书本.上海:上海古籍出版社,2002:第1323册.

〔元〕黄溍.马氏世谱∥李修生.全元文:卷962.南京:江苏古籍出版社,2000.

〔元〕苏天爵.国朝文类.四部丛刊初编本.

〔元〕苏天爵.滋溪文稿.陈高华,孟繁清,点校.北京,中华书局,1997.

〔元〕李孝光.五峰集.四库全书本.

〔元〕戴良.九灵山房集(附补编).丛书集成初编本.北京:商务印书馆,1935:第2092-2096册.

〔元〕许有壬.至正集.四库全书本.

〔元〕马祖常.石田文集.四部丛刊初编本.

〔元〕马祖常.石田文集.李叔毅,傅瑛,点校.郑州:中州古籍出版社:1991.

〔元〕马祖常.马祖常集∥李修生.全元文.南京:江苏古籍出版社,2004:第32册.

〔元〕干文传.吴都文粹续集.四库全书本.

〔元〕胡助.纯白斋类稿.丛书集成初编本.北京:中华书局,1985:第2089-2091册.

〔元〕袁桷.清容居士文集.四部丛刊初编缩本.上海:商务印书馆,1936.

〔元〕陈旅.安雅堂集.四库全书本.

〔元〕王旭.此山文集.四库全书本.

〔元〕柳贯.柳待制文集.四部丛刊初编缩本.上海:商务印书馆,1936.

〔元〕贡云林.贡云林集.四库全书本.

〔元〕揭傒斯.揭文安公全集.四部丛刊初编缩本.上海:商务印书馆,1936.

〔元〕揭傒斯.揭文安集.姚景安,点校.北京,中华书局:1996.

〔元〕朱德润.存复斋文集∥李修生.全元文.南京:江苏古籍出版社,2004:第40册.

〔元〕傅若金.傅与砺诗集.四库全书本.

〔元〕余阙.青阳集.四部丛刊续编本.

〔元〕刘文成.诚意伯文集.四部丛刊初编缩本.上海:商务印书

馆,1936.

〔元〕田汝成.西湖游览志.北京:中华书局,1955.

〔元〕杨瑀.山居新话.知不足斋丛书本.

〔元〕程端礼.畏斋集.四库全书本.

〔元〕欧阳玄.圭斋文集.四部丛刊初编缩本.上海:商务印书馆,1936.

〔元〕王士点,商企翁.元秘书监志.高荣盛,点校.杭州:浙江古籍出版社,1992.

〔元〕王逢.梧溪集.北京:书目文献出版社,1988:第 95 册.

〔元〕陶宗仪.书史会要.四库全书本.

〔元〕陶宗仪.南村辍耕录.北京:中华书局,1997.

〔元〕贾仲明.录鬼簿续编∥〔元〕钟嗣成.录鬼簿(外 4 种).上海:上海古籍出版社,1978.

〔元〕脱因,修;俞希鲁,撰.至顺镇江志.影印版.北京:中华书局,1990.

〔元〕脱因,修;俞希鲁,撰.至顺镇江志.影印续修四库全书版.上海:上海古籍出版社,2002:第 698 册.

〔元〕脱因,修;俞希鲁,撰.至顺镇江志.南京:江苏古籍出版社,1999.

〔元〕王元恭.至正四明续志.影印本.北京:中华书局,1990.

〔元〕张铉.至正金陵新志.影印本.北京:中华书局,1990.

〔元〕马泽,修;袁桷,纂.延祐四明志.影印本.北京:中华书局,1990.

〔元〕傅习.皇元风雅前集.四部丛刊初编缩本.上海:商务印书馆,1936.

〔元〕孙存吾.皇元风雅后集.四部丛刊初编缩本.上海:商务印书馆,1936.

〔明〕李穑,修;赵本,吴骥,纂.正统大名府志∥中国科学院图书馆选编.稀见中国地方志汇刊.景印本.北京:中国书店,1992.

〔明〕孙巨鲸,修;王崇庆,纂.嘉靖开州志∥天一阁藏明代方志选刊.影印本.上海:上海古籍书店,1964:第46册.

〔明〕叶子奇.草木子.北京:中华书局,1997.

〔明〕何乔远.闽书.福州:福建人民出版社,1994.

〔清〕乾隆四十六年奉敕修撰.钦定元史语解.光绪戊寅三月江苏书局刊版.

〔清〕黄宗羲.宋元学案.全祖望,修订;王梓材,冯云濠,校正.续修四库全书本.上海:上海古籍出版社,2002:第518-519册.

〔清〕王梓材,冯云濠,校正.宋元学案补遗丛书集成续编本.史地类:第32-35册.

〔清〕钱大昕.元史氏族表∥嘉定钱大昕全集:第5册.南京:江苏古籍出版社,1998.

〔清〕钱大昕.元进士表∥嘉定钱大昕全集:第5册.南京:江苏古籍出版社,1998.

〔清〕钱大昕.金石文跋尾∥嘉定钱大昕全集:第3册.南京,江苏古籍出版社,1998.

〔清〕钱大昕.十驾斋养新录.上海:上海书店,1983.

〔清〕赵翼.陔余丛考.北京:中华书局,1963.

〔清〕赵翼.廿二史札记校证.王树民,校证.北京:中华书局,1984.

〔清〕洪钧.元史译文证补.丛书集成初编本.北京:中华书局,1985:第3912-3914册.

〔清〕魏源.元史新编.光绪乙巳年邵阳魏氏慎微堂刻本.

〔清〕李文田.元史地名考.续修四库全书本.上海:上海古籍出版社,2002:第294册.

〔清〕王原祁.佩文斋书画谱.北京:中国书店,1984.

〔清〕方浚师.蕉轩随录·续录.盛冬铃,点校.北京:中华书局,1995.

## 中文论著

阿里木·朱玛什.高昌回鹘王国时代景教残卷研究.新疆社会科

学研究,1983,(18):12-15.

白文固,赵春娥.中国古代僧尼名籍制度.西宁:青海人民出版社,2002.

宝贵贞.元代蒙古人宗教信仰的多元化问题.中央民族大学学报:哲学社会科学版,2004,(5):75-77.

鲍音.古松州古回鹘文瓷碑考补.中国边疆史地研究,1996,(1):71-77.

博问.元代也里可温之研究.台湾学报,1951,(1):181-217.

蔡美彪.元代白话碑集录.北京:科学出版社,1955.

蔡美彪.泾州水泉寺碑译释//元史研究会.元史论丛:第3辑.北京:中华书局,1986:231-242.

蔡鸿生.仰望陈寅恪.北京:中华书局,2004.

蔡鸿生.读史求识录.广州:广东人民出版社,2010.

蔡鸿生.唐代九姓胡崇"七"礼俗及其源流考辨.文史.2002,(3):105-111.

曹新华.房山十字寺的变迁.中国宗教,2000,(3):42-43.

陈春声.学理与方法——蔡鸿生教授执教中山大学五十周年纪念文集.香港:博士苑出版社,2007.

陈得芝.蒙元史研究丛编.北京:人民出版社,2005:430-447.

陈开科.巴拉第与晚清中俄关系.上海:上海书店出版社,2008.

陈高华.陈垣与元代基督教史研究//龚书铎.励耘学术承习录.北京:北京师范大学出版社,2000:43-57.

陈高华.陈高华文集.上海:上海辞书出版社,2005.

陈怀宇.高昌回鹘景教研究.敦煌吐鲁番研究.1999,4:165-214.

陈怀宇.景教在中古中国的命运//饶宗颐.华学:第4辑.北京:紫禁城出版社,2000:286-298.

陈怀宇.克里木凯特《达·伽马以前中亚和东亚的基督教》、朱谦之《中国景教》//荣新江.唐研究:第2卷.1996:475-480.

陈垣.元西域人华化考.上海:上海古籍出版社,2000.

陈垣.陈垣学术论文集.北京:中华书局,1980.

陈垣.元基督教徒之华学.东方杂志.1924,(21):43-52.

陈寅恪.金明馆丛稿初编.上海:上海古籍出版社,1980.

陈寅恪.金明馆丛稿初编.北京:三联书店,2001.

陈寅恪.金明馆丛稿二编.上海:上海古籍出版社,1980.

陈寅恪.书信集.北京:三联书店,2001.

陈寅恪.元白诗笺证稿.北京:三联书店,2001.

陈智超,编注.陈垣来往书信集.上海:上海古籍出版社,1990.

陈智超.陈垣手迹系列谈——六十三年墨迹·九十一载春秋.收藏·拍卖.2004,(4):70-75

成祖明,罗琤.再析唐代景教之兴衰.天风.2006,(7):36-39.

丛佩远.元代辽阳行省境内的宗教.社会科学战线.1989,(3):206-214.

德礼贤.中国天主教传教史.上海:商务印书馆,1934.

丁光泮.再论蒙元时期基督教在华传播.涪陵师范学院学报.2005,(1):78-81.

段晴.敦煌新出土叙利亚文书释读报告//彭金章,王建军.敦煌莫高窟北区石窟:第1卷.北京:文物出版社,2000:382-390.

段晴.敦煌新出叙利亚文书释读报告:续篇.敦煌研究.2000,(4):120-126.

段晴.唐代大秦教与景教僧新释//荣新江.唐代宗教信仰与社会.上海:上海辞书出版社,2003:434-472.

董方.专家学者纵谈《中国景教》.世界宗教研究,1994,(3):145-146.

冯承钧.评田中译多桑蒙古史//冯承钧:西域南海史地考证论著汇辑.北京:中华书局,1965:331-336.

方豪.中西交通史.台北:华岗出版有限公司,1953.

方豪.中国天主教史人物传.台中:光启出版社,1970.

方豪.国人对"也里可温"之再认识.食货,1978,8(6):249-263.

方豪.方豪六十自定稿.台湾:学生书局,1969.

方豪.唐代景教史稿.东方杂志,1945,41(8):44－50.

方龄贵.通制条格校注.北京:中华书局,2001.

方龄贵.古典戏曲外来语考释词典.上海:汉语大词典出版社;昆明:云南大学出版社,2001.

方龄贵.云南元代白话碑校证.云南民族学院学报:哲学社会科学版.1994,(4):71－77.

盖山林.阴山汪古.呼和浩特:内蒙古人民出版社,1991.

盖山林.元代汪古部地区的景教遗迹与景教在中西方文化交流中的作用∥黄盛璋.亚洲文明论丛.成都:四川人民出版社,1986:143－155.

盖山林.中国北方草原地带的元代基督教遗迹.世界宗教研究,1995,(3):96－103.

盖山林.中国北方草原的元代基督教遗迹与赵王城罗马教堂的发现∥纪念孟高维诺总主教来华七百周年国际学术会议文集.台北,思高圣经学会出版社,1994:297－305.

高永久.西域古代民族宗教综论.北京:高等教育出版社,1997.

高永久.景教的产生及其在西域的传播.基督教研究,1996,(3):91－94.

高永久.西域景教考述.西北史地.1994,(3):64－70.

葛承雍.唐代长安一个粟特家庭的景教信仰.历史研究,2001,(3):181－186.

耿昇.外国学者对于西安府大秦景教碑的研究.世界宗教研究,1999,(1):56－64.

耿鉴庭.扬州城根里的元代拉丁文墓碑.考古,1963,(8):449－451.

耿世民.古代突厥语扬州景教碑研究.民族语文,2003,(3):40－45.

龚方震.景教和突厥.当代宗教研究,1999,(2):17－22.

桂栖鹏.元代进士研究.兰州:兰州大学出版社,2001.

桂栖鹏,尚衍斌.元代色目人进士考.新疆大学学报:哲学社会科学版.1994,(4):72-78,60.

韩儒林.穹庐集.上海:上海人民出版社,1982.

韩振华.宋元时代传入泉州的外国宗教古迹.海交史研究,1995,(1):95-105.

何兆吉.辽金元时期一支外来的民族世家——汪古马氏家族源流考略.青海师范大学学报:社会科学版.1998,(3):51.

何锦山.试论基督教在福建的传播.福建省社会主义学院学报.1994,(1):46-49.

黄子刚.元代也里可温之华化//南京大学民族研究所、暨南大学中国文化史研究所、香港教育学院社会科学系.元史及民族史研究集刊:第15辑.广州:暨南大学出版社,2002:166-174.

黄子刚.元代景教与其它宗教的关系//南京大学民族研究所、暨南大学中国文化史研究所、香港教育学院社会科学系.元史及民族史研究集刊:第16辑.海口:南方出版社,2003:101-123.

黄子刚.元代基督教研究.广州:暨南大学,2005.

黄兰兰.唐代景教士与宫廷.广州:中山大学,2005.

黄兰兰.唐代秦鸣鹤为景医考.中山大学学报(社会科学版).2002,(5):61-67.

黄文弼.元阿力麻里古城考.考古,1963,(10):555-561.

黄天柱.关于古基督教传入泉州的问题.海交史研究,1978(1).

黄心川.朱谦之与《中国景教》.世界宗教研究,1993,(1):132-135.

黄夏年.景教与佛教关系之初探.世界宗教研究,1996,(1):83-90.

〔法〕James Hamilton,牛汝极.泉州出土回鹘文也里可温(景教)墓碑研究//王元化.学术集林:卷5.上海:上海远东出版社,1995:274-275.

〔法〕James Haminlton,牛汝极.赤峰出土景教墓砖铭文及族属研究.民族研究,1996,(3):78-83.

洪金富.元代汉人与非汉人通婚问题初探.食货,1977,6(12):647-665.

江文汉.中国古代基督教及开封犹太人.北京:北京知识出版社,1981.

姜伯勤.敦煌莫高窟北区新发现中的景教艺术//中山大学艺术史研究中心.艺术史研究:第6卷.广州:中山大学出版社,2004:337-352.

康兴军.景教与中国医药学.中医文化,2005,(3):10-12.

李经纬.回鹘文景教文献残卷《巫师的崇拜》译释.世界宗教研究,1983,(2):142-151.

李伯毅.元代陕西也里可温教的传布与盛衰.中国天主教,1999,(2).

李兴国.景教在中国的兴亡.中国宗教,1996,(3):44-45.

梁琳.唐代景教兴亡之原因浅析.金陵神学志,1994,(1):50,61-62.

林悟殊.摩尼教及其东渐.北京:中华书局,1987.

林悟殊.摩尼教及其东渐.台北:淑馨出版社,1995.

林悟殊.唐代景教再研究.北京:中国社会科学出版社,2003.

林悟殊.中古三夷教辨证.北京:中华书局,2005.

林悟殊.20世纪的泉州摩尼教考古.文物,2003,(7):71-77.

林悟殊.唐代景僧名字的华化轨迹——唐代洛阳景教经幢研究之四.中华文史论丛,2009,(2):149-193.

林金水.儒略与泉州十字架石的发现//"泉州港与海上丝绸之路"国际学术研讨会论文集.泉州:2002.

林英.拂菻僧:关于唐代景教之外的基督教派别入华的一个推测.世界宗教研究,2006,(2):103-112.

林治平.基督教在中国本色化之必要性与可行性——从中国教会

历史发展观点检讨之//林治平.基督教在中国本色化论文集.北京:今日中国出版社,1998:1-34.

刘乃和.陈垣对元史研究的重要贡献.中国典籍与文化,1996,(2):54-61.

刘义棠.释也里可温.边政学刊,1966,1(5):33-34、43.

刘迎胜.蒙元时代中亚的聂斯脱里教分布//南京大学历史系元史组.元史及北方民族史研究集刊:第7期,1983年,页69-96.

刘迎胜.关于马薛里吉思//元史研究会.元史论丛:第8辑.南昌:江西教育出版社,2001:14-23.

刘迎胜.察合台汗国史.上海:上海古籍出版社,2006.

陆峻岭,何高济.元代的阿速、钦察、康里人.文史:第16辑.北京:中华书局,1982:117-130.

陆峻岭,编.元人文集篇目分类索引.北京:中华书局,1979.

罗香林.唐元二代之景教.香港:中国学社,1966.

李经纬.中外医学交流史.长沙:湖南教育出版社,1998.

马淑贞,郝贵远.基督教传教士在蒙古诸汗国和元代的活动.内蒙古师范大学学报:哲学与社会科学版,1993,(3):29-34.

马文宽,李兰琴.《马可·波罗游记》所录中国基督教初考//陆国俊,郝名玮,孙成木,编.中西文化交流先驱——马可波罗:纪念马可·波罗回国700周年(1291—1991).北京:商务印书馆,1995:185-202.

马建春.元代东迁西域人及其文化研究.北京:民族出版社,2003.

马建春.元代也里可温的族属和分布.黑龙江民族丛刊,2006,(3).

马祖毅.中国翻译简史:五四以前部分.北京:中国对外翻译出版公司,2004.

蒙思明.元代社会阶级制度.上海:上海人民出版社,2006.

明义士.汇印聂克逊先生所藏青铜十字序.齐大季刊,1934,(12):1-3.

明义士.青铜十字分部编次例(附索引表).齐大季刊,1934,(12):

163 – 168.

明义士. 马哥孛罗时代中国的基督教. 齐大季刊,1934,(12):169 – 186.

明义士. 青铜十字图表. 齐大季刊,1934,(12):115 – 162.

〔英〕A. 明甘那. 基督教在中亚和远东的早期传播. 牛汝极,王红梅,王菲,译. 郑州:大象出版社,2004:84 – 125.

莫法有. 温州基督教史. 香港:建道神学院基督教与中国文化研究中心,1998.

聂克逊. 青铜十字图. 齐大季刊,1934,(12):4 – 114.

牛汝极. 维吾尔古文字与古文献导论. 乌鲁木齐:新疆人民出版社,1997.

牛汝极. 叙利亚文和回鹘文景教碑铭在中国的遗存∥余太山,主编. 欧亚学刊:第 1 辑. 北京:中华书局,1999:172 – 180.

牛汝极. 近三年国外突厥语研究综述. 语言与翻译,1999,(4):67 – 71.

牛汝极. 中国突厥语景教碑铭文献概说. 民族语文,2000,(4).

牛汝极. 中国叙利亚文景教碑铭和文献的发现∥卓新平,许志伟. 基督教研究. 北京:宗教文化出版社,2002:302 – 320.

牛汝极. 莫高窟北区发现的叙译文利亚文景教——回鹘文佛教双语写本再研究. 敦煌研究,2002,(2):56 – 112.

牛汝极. 从出土碑铭看泉州和扬州的景教来源. 世界宗教研究,2003,(2):75 – 76.

牛汝极. 元代景教碑铭和文献中的叙利亚文突厥语语音系统分析. 中国民族古文字研究会第七次学术研讨会论文集. 北京:2004.

牛汝极. 泉州新发现的叙利亚文回鹘语景教碑铭. 西域研究,2004,(3):91 – 93.

牛汝极. 吐鲁番出土景教写本综述. 新疆大学学报:哲学人文社会科学版,2006,(4):57 – 59.

牛汝极. 十字莲花——中国元代叙利亚文景教碑铭文献研究. 上

海:上海古籍出版社,2008.

潘清.元代江南蒙古、色目侨寓人户的基本类型.南京大学学报:哲学人文社科版,2000,(3):128－135.

潘清.元代江南蒙古、色目侨寓人户的仕宦类型.河北学刊,2005,(6):163－168.

潘清.元代江浙省蒙古、色目侨寓人户的分布.中州学刊,1999,(6):158－161.

潘清.元代江南地区蒙古、色目侨寓人户婚姻状况的分析.学海,2002,(3):128－135.

钱穆.国史大纲.北京:商务印书馆,1996.

邱树森.元代文化史探微.海口:南方出版社,2001.

邱树森,王颋.元代户口问题刍议∥元史研究会,编.元史论丛:第2辑.北京:中华书局,1983:111－124.

邱树森.元代基督教在江苏的传播.江海学刊,2001,(4):56－64.

邱树森.元亡后基督教在中国湮灭的原因.世界宗教研究,2002,(4):56－64.

邱树森.唐元二代基督教在中国的流行.暨南学报:哲学社会科学.2002,(5):107－112.

邱树森.元代基督教在蒙古克烈、乃蛮、汪古地区的传播.内蒙古社会科学:社科版,2002,(3):46－49.

邱树森.元代基督教在大都地区的传播.北京社会科学,2002,(2):37－44.

邱树森.元代基督教消亡之谜.中国宗教,2003,(3):42－43.

饶宗颐.说"亦思替非"、"迭屑"与"也里可温".语文杂志,1983,(11):65－67.

饶宗颐.符号·初文与字母(汉字树).上海:上海书店,2001.

荣新江.中古中国与外来文明.北京:三联书店,2001.

桑原骘藏.读陈垣氏之《元西域人华化考》.陈彬和,译.北京大学研究所国学门周刊,1925,1(6).

史卫民. 元代社会生活史. 北京：中国社会科学出版社,1996.

石明培. 略论景教在中国的活动与北京的景教遗迹. 北京联合大学学报,2000,（3）:90 - 93.

孙尚扬、〔比利时〕钟鸣旦. 1840 年前的中国基督教. 北京：学苑出版社,2004.

宋岘. 回回药方考释. 北京：中华书局,2000.

佟洵. 也里可温在蒙元帝国的传入及消亡原因初探. 中央民族大学学报：哲学社会科学版,2000,（3）:65 - 69.

汤更生. 北京房山十字寺辽元碑质疑. 北京图书馆馆刊,1998,（1）:61 - 64.

王治心. 中国基督教史纲. 上海：文海出版社,1940.

王国维. 观堂集林. 北京：中华书局,1999.

王大方. 内蒙古赤峰市松山区出土窝阔台汗时期的古回鹘文景教瓷碑考. 内蒙古师大学报：哲学社会科学版,2000,（5）:42 - 44.

王大方. 一段残碑铭刻的历史——汪古部与景教. 世界宗教研究,1996,（3）:91 - 92.

王静. 中国境内聂斯脱利教遗物分布状况综述. 人文杂志,2003,（3）:118 - 125.

王静. 唐代中国景教与景教本部教会的关系. 长安大学学报：社会科学版,2006,（3）:64 - 69.

王丽燕. 基督教徒忻都妻也里世八墓碑. 图书馆工作与研究,2006,（4）:63 - 64.

王媛媛. 唐后景教灭绝说质疑. 文史,2009,（1）:145 - 162.

翁绍军. 汉语景教文典诠释. 北京：三联书店,1996.

吴文良,原著；吴幼雄,增订. 泉州宗教石刻. 北京：科学出版社,2005.

吴幼雄. 福建泉州发现的也里可温（景教）碑. 考古,1988,（11）:115 - 120.

吴幼雄. 元代泉州两方基督教（景教）墓碑研究——多元一体化的

典范//"泉州港与海上丝绸之路"国际学术研讨会论文集.泉州:2002.

乌恩."也里可温"词义新释.蒙古学信息,2001,(1):14-16.

乌恩.基督教在蒙古族中传播的若干问题.蒙古学信息,2003,(2):22-29.

杨志玖.元史三论.北京:人民出版社,1985.

杨志玖.元代回族史稿.天津:南开大学出版社,2003.

杨森富.中国基督教史.台湾:商务印书馆,1984.

杨森富.唐元二代基督教兴衰原因之研究//刘小枫,主编.道与言——华夏文化与基督教文化相遇.上海:三联书店,1995:43-73.

杨森富.唐元两代基督教兴衰原因之研究//林治平,主编.基督教在中国本色化.北京:今日中国出版社,1998:61-92.

阳玛诺.唐代景教碑颂正诠.上海:土山湾慈母堂,1927.

杨富学.回鹘景教研究百年回顾.敦煌研究,2001,(2):167-173.

杨富学.宋元时代维吾尔族景教略论.新疆大学学报:哲社版,1989,(3):32-39.

杨钦章.元代南中国沿海的景教会和景教徒.中国史研究,1992,(3):49-55.

杨钦章.泉州景教石刻初探.世界宗教研究,1984,(4):100-104.

杨钦章.元代泉州方济各会遗物考.泉州文史,1983,(8):62-73.

杨钦章.南中国"刺桐十字架"的新发现.世界宗教研究,1988,(4):71-74.

杨钦章.元代泉州天主教遗迹和遗物.中国天主教,1991,(5):51-56.

杨钦章.试论泉州聂斯脱里教遗物.海交史研究,1984,(6):82-90.

杨钦章,何高济.对泉州天主教方济各会史迹的两点浅考.世界宗教研究,1983,(3):148-151.

杨钦章,何高济.泉州新发现的元代也里可温碑述考.世界宗教研究,1987,(1):81-86.

杨春棠.鄂尔多斯区发现的景教铜十字//东吴大学中国艺术史集刊:第8卷.1978:61-74.

杨晓春.二十年来中国大陆景教研究综述(1982—2002),中国史研究评论.2004,(6).

叶道义,志诚.泉州再次发现八思巴文基督教碑.海交史研究,1986,(1).

殷小平.马氏汪古由景入儒的转变历程//林中泽,主编.华夏文明与西方世界.香港:博士苑出版社,2003:95-110.

殷小平.从姓氏看汪古马氏的华化//饶宗颐.华学:第7辑.广州:中山大学出版社,2004:234-241.

殷小平.从大兴国寺记看江南景教的兴起.中华文史论丛,2006,(4):289-313.

殷小平,林悟殊.幢记若干问题考释——唐代洛阳景教经幢研究之二.中华文史论丛,2008,(2):269-292.

殷小平.元代典籍中"也里可温"涵义试释//余太山,李锦绣,主编.欧亚学刊:第9辑.北京:中华书局,2009:66-80.

殷小平.乐为景碑撰新传——路远《景教与景教碑》评介.考古与文物,2010,(4).

羽离子.元代拂林及爱薛生地地望辩正.海交史研究,1999,(2):47-53.

羽离子.元代广惠司提举爱薛出使罗马教廷及有关的中文史料.西北史地,1988,(2):20-23.

夏年.《中国景教》简介.中国天主教,1994,(1):45-46.

夏鼐.夏鼐文集.北京:社会科学文献出版社,2000.

夏鼐.两种文字合璧的泉州也里可温(景教)墓碑.考古,1981,(1):59-72.

夏鼐.扬州拉丁文墓碑和广州威尼斯银币.考古,1979,(6):532-537,572.

萧启庆.西域人与元初政治.台北:台湾大学文学院,1966.

萧启庆.元代史新探.台北:新文丰出版公司,1983.

萧启庆.蒙元史新研.台北:允晨文化实业股份有限公司,1994.

萧启庆.元朝史新论.台北,允晨文化实业股份有限公司,1999.

萧启庆.内北国而外中国.北京:中华书局,2007.

徐苹芳.北京房山十字寺也里可温石刻.中国文化,1992,(7):184－188.

徐苹芳.北京房山也里可温石刻//梁白泉.南京博物院藏宝录.上海:上海文艺出版社;香港:三联书店,1992.

徐苹芳.元大都也里可温十字寺考//中国考古学研究——夏鼐先生考古五十年纪念论文集(1).北京:文物出版社,1986:309－316.

徐达.元代江南也里可温(景教)研究.广州:中山大学,2001.

徐希德.元代也里可温考.青年会季刊:辅仁社课选萃,2(2):19－229.

照那斯图.元代景教徒墓碑八思巴字考释.海交史研究,1994,(2):119－124.

郑连明.中国景教的研究.台北:台湾基督长老教会,1965.

张小贵.唐宋祆教的华化形态.北京:文物出版社,2010.

张奉箴.福音流传中国史略.台北辅仁大学,1970.

张星烺,编注.中西交通史料汇编.朱杰勤,校订.北京:中华书局,2003.

张松柏,任学军.赤峰市出土的也里可温瓷质碑//内蒙古文物考古文集:第1辑.北京:中国大百科全书出版社,1994:672－676.

张永禄.元代的色目人与中西文化交流.西北大学学报:哲社版,1986,(2):18－24.

张莉莉.基督教在早期蒙古部落中的传播.北京师范大学学报:哲学社科版,1999,(1):61－66.

张沛之.元代中后期汪古马氏的社会关系网络——以马祖常为例.青岛大学师范学院学报,2003,(4).?

张晓华.景教东渐初探.史学月刊,1997,(6):85－90.

张乘健.元剧《东堂老》的也里可温教背景——兼论中国古代文学中的商人形象问题.文学遗产,2000,(1).

张敏杰.元代浙江的基督教.浙江学刊,1982,(3):64.

张斐怡.从墓志碑传论蒙古色目女子的"汉化"及其相关问题//宋代墓志史料的文本分析与实证运用国际学术研讨会论文集.台北:东吴大学,2003.

张淼海.泉州景教初探.福州:福建师范大学学位论文,2006.

正茂.元代汪古部基督教浅探.内蒙古社会科学,1993,(6):82 - 86.

周良霄.元和元以前中国的基督教//中国元史研究会.元史论丛:第1辑.北京:中华书局,1981:137 - 163.

周良霄.金元时代的景教.Malek,ed. Jingjiao,the Church of the East in China and Central Asia. Institut Monementa Serica, Sankt Augustin, 2006, pp. 197 - 208.

周清澍.汪古部统治家族——汪古部事辑之一//文史:第9辑.北京:中华书局,1980.

周清澍.汪古部的族源——汪古部事辑之二//文史:第10辑.北京:中华书局,1980.

周清澍.历代汪古部首领封王事迹——汪古部事辑之三//文史:第11辑.北京:中华书局,1981.

周清澍.汪古部与成吉思汗家族世代通婚关系——汪古部事辑之四//文史:第12辑.北京:中华书局,1981.

周清澍.汪古部的领地及其统治制度——汪古部事辑之五//文史:第14辑.北京:中华书局,1982:175 - 193.

周联华.基督信仰与中国//周联华论文演讲集.台北:浸信会文字传道中心,1973:65 - 76.

朱江.基督教文化东传扬州史略.海交史研究,1985,(2).

朱江.扬州发现元代基督教徒墓碑.文物,1986,(3).

朱谦之.中国景教.北京:东方出版社,1993.

〔日〕竺沙雅章.陈垣与桑原骘藏.历史研究,1991,(3):13-19.

## 汉译论著

马克思恩格斯选集.北京:人民出版社,1966.

马克思.资本论.北京:人民出版社,1975.

〔埃及〕艾哈迈德·爱敏.阿拉伯—伊斯兰文化史.朱凯,译;纳忠,审校.北京:商务印书馆,2001.

〔法〕布尔努瓦.丝绸之路.耿昇,译.济南:山东画报出版社,2001.

〔英〕玛丽·博伊斯(Mary Boyce).伊朗琐罗亚斯德教村落.张小贵,殷小平,译.北京:中华书局,2005.

〔俄〕B.A.李特文斯基.中亚文明史:第3卷.马小鹤,译.北京:中国对外翻译出版公司,2003.

〔俄〕瓦·符·巴托尔德.关于畏兀儿文献及其对蒙古人的影响问题//余大钧,译.北方民族史与蒙古史译文集.昆明:云南人民出版社,2003:457-461.

〔俄〕瓦·符·巴托尔德.伊斯兰教载籍关于成吉思汗后裔中的基督教徒的记载//余大钧,译.北方民族史与蒙古史译文集.昆明:云南人民出版社,2003:461-462.

〔法〕伯希和.蒙古与教廷.冯承钧,译.北京:中华书局:1994.

〔法〕伯希和.唐元时代中亚及东亚之基督教徒//冯承钧,译.西域南海史地考证译丛一编.北京:商务印书馆,1995:49-70.

〔法〕伯希和.汉译突厥名称之起源//冯承钧,译.西域南海史地考证译丛二编.北京:商务印书馆,1995:48-53.

〔法〕伯希和.福建摩尼教遗迹//冯承钧,译.西域南海史地考证译丛九编.北京:商务印书馆,1995:125-141.

〔德〕茨默.1970年以来吐鲁番敦煌回鹘文宗教文献的整理与研究.杨富学,译//敦煌研究,2000,(2):168-178.

〔瑞典〕多桑,多桑蒙古史.冯承钧,译.上海:上海书店,2001.

〔英〕道森.出使蒙古记.吕浦,译;周良霄,注.北京:中国社会科学院出版社,1983.

马可波罗行纪.冯承钧,译.上海:上海书店,2000.

〔德〕傅海波,〔英〕崔瑞德.剑桥中国辽西夏金元史(907—1368).史卫民,等,译.北京:中国社会科学出版社,1998.

柏朗嘉宾蒙古行纪.耿昇,译.北京:中华书局,2002.

鲁布鲁克东行纪.何高济,译.北京:中华书局,2002.

海屯行纪·鄂多立克东游录·沙哈鲁遣使中国记.何高济,译.北京:中华书局,1985.

〔英〕G. F.赫尔逊.欧洲与中国.李申,王遵仲,张毅,译;何兆武,校.北京:中华书局,2004.

〔美〕何炳棣.捍卫汉化:驳伊夫林·罗斯基之"再观清代"(上).张勉励,译//清史研究,2000,(1):113-120

〔美〕何炳棣.捍卫汉化:驳伊夫林·罗斯基之"再观清代"(下).张勉励,译//清史研究.2000,(3):101-110.

〔日〕箭内亘.元代蒙汉色目待遇考.陈清泉,陈捷,译.上海:商务印书馆,1963.

〔德〕克里木凯特.达·伽马以前中亚和东亚的基督教.林悟殊,翻译增订.台北:淑馨出版社,1995.

〔波斯〕拉施特.史集.余大均,周建齐,译.北京:商务印书馆,1997.

〔英〕刘南强(Samuel N. C. Lieu).华南沿海的景教徒和摩尼教徒//林悟殊,翻译增订.达·伽马以前中亚和东亚的基督教.台北:淑馨出版社,1995:157-177.

〔美〕罗莎比.忽必烈家族中妇女的政治作用.瞿大风,译//蒙古学资料与情报,1991,(1):17-23.

〔苏〕T. M.米哈依洛夫.11—14世纪蒙古各部落的宗教信仰.邢克,译.蒙古学资料与情报,1991,(3):20-26.

〔英〕穆尔.一五五〇年前的中国基督教史.郝镇华,译.北京:中华

·欧·亚·历·史·文·化·文·库·

书局,1984.

〔美〕丹尼斯·塞诺(Denis Sinor).丹尼斯·塞诺内亚研究文选.北京大学历史系民族史教研室,译.北京:中华书局,2006.

〔英〕N.森姆斯威廉.敦煌、吐鲁番文献所记突厥和粟特基督徒.王菲,译;牛汝极,校//西域研究,1997,(2):66-74.

〔英〕辛姆斯·威廉斯.从敦煌吐鲁番出土写本看操粟特语和突厥语的基督教徒.陈怀宇,译//敦煌学辑刊,1997,(2):138-146.

〔英〕汤因比.历史研究.刘北成,郭小凌,译.上海:上海人民出版社,2000.

〔美〕希提.阿拉伯通史.马坚,译.北京:商务印书馆,1979.

〔意〕魏苞蕾.敖伦苏木古城——中世纪的内蒙古景教城市.杨星宇,郑承燕,译//内蒙古文物考古,2001,(2):101-103.

〔匈〕乌瑞.景教和摩尼教在吐蕃.王湘云,译//中国敦煌吐鲁番学会,主编.国外敦煌吐蕃文书研究选译.兰州:甘肃人民出版社,1992:56-72.

〔英〕裕尔.东域纪程录丛.〔法〕考迪埃,修订;张绪山,译.昆明:云南人民出版社,2002.

〔日〕羽田亨.西域文明史概论(外一种).北京:中华书局,2005.

〔波斯〕志费尼.世界征服者史.何高济,译;翁独健,校订.南京:江苏教育出版社,2005.

〔日〕佐伯好郎.中国绥远出土之万字十字架徽章.胡立初译//齐大季刊,1934,(12):187-194.

〔日〕佐口透.鞑靼的和平//刘俊文,主编.日本学者研究中国史论著选译:第8册.北京:中华书局,1993:463-485.

## 日文论著

小野川秀美.汪古の一解釋.东洋史研究,1937,2(4):1-29.

山口昇.ネストリウス教に就いて.支那研究,1920,(1):312

- 340.

江上波夫. オングト部にぉける景教の系统とその墓石 // 东洋文化研究所纪要:第 2 册,1950.

江上波夫. 百灵庙老龙苏木之元代汪古部王府府址发掘报告. 东方学报,1942,13(1).

江上波夫. 内蒙古百靈廟砂凹地の古墳 // 东洋文化研究所纪要:第 5 册,1954:292 - 309.

前嶋信次. 舍利别考 // 東西物產の交流. 东京:诚光堂新光社,1982:9 - 30.

佐伯好郎. 内蒙古百靈廟附近に於ける景教の遺跡に就いて. 东方学报,1939,(9):49 - 89.

佐伯好郎. 再び百靈廟附近に於ける景教の遺跡に就いて. 东方学报,1940,11(1).

佐伯好郎. 景教研究の歷史と現狀. 宗教研究,1933,10(2):117 - 143.

佐伯好郎. 景教の研究. 东京:东方文化学院东京研究所,1935.

佐伯好郎. 支那基督教の研究. 东京:春秋社,1943.

佐伯好郎. 景教文獻及遺物目錄. 东京:丸善株式会社,1950.

佐伯好郎. 中國に於ける景教衰亡の歷史. 东京:京都同志社,1955.

佐伯好郎. (元主忽必烈か歐洲に派遣したる)景教僧の旅行誌. 东京:待漏书院,1933.

坪井九馬三. 也里可温に就て. 史学杂志. 1915,25(11):1481 - 1482.

松本荣一. 綏遠省百靈廟附近於景教遺跡の調查に就いて. 善邻教会调查月报,1935,(72).

鳥居龍藏. 鳥居龍藏全集. 东京:朝日新闻社. 1976.

鳥居龍藏. 满州遼墓と景教との関係に就て. 史学杂志,1936,47(6):113 - 114.

217

桑原骘藏. 佐伯の The Nestorian Monument in China. 史林, 1917, 2 (1): 119 - 127.

桑原骘藏. 隋唐時代に支那に来往した西域人に就いて // 桑原骘藏全集: 第 2 卷. 东京: 岩波书店, 1968: 270 - 360.

樱井益雄. 汪古部族考. 东方学报, 1938: 1 - 22.

羽田亨. 羽田博士史學論文集. 东京: 东洋史研究会, 1957.

# 西文论著

Aprem Mar. Nestorian Missions, Maryknoll. N. Y. : Probe, 1980.

Asmussen J P. The Sogdian and Uighur-Turkish Christian Literature in Central Asia before the Real Rise of Islam // L A Hercuset al ( ed. ). Indological and Buddhist Studie Volume in Honour of Professor J. W. de Jong on His Sixtieth Birthday. Canberra: [s. n. ], 1982: 11 - 29.

R Biscione. The So-called "Nestorian Seals", Connection between Ordos and Middle Asia in Middle-Late Bronze Age // G Gnoli, L Lanciotti. Orientalis Iosephi Tucci Memoriae Dicata. Roma: [s. n. ], 1985: 31 - 109.

Budge S. The History of the Nestorian Church in China. The Moslem World, 1934, 24.

Colless B E. The Nestorian Province of Samarqand. Abr - Nabrain, 1986, 24: 51 - 57.

Covell R R. The Christian Mission North of the Great Wall in Mongolia and Manchuria // The Liberating Gospel in China, the Christian Faith among China's Minority Peoples. [S. l. ]: Baker Book House Co. , 1995: 105 - 114.

Burkitt F C. Early Eastern Christianity. London: John Murray, 1904.

Bartold V V. Turkestan down to the Mongol Invasion. London: Luzac, 1968.

Ch'en Yüan. On the Damaged Tablets Discovered by Mr. D. Martin in

Inner Mongolia. MS, 1938:250 - 256.

Ch'ên Yüan. Western and Central Asians under the Mongols: Their Transformation into Chinese // Ch'en Hsing-hai, Goodrich L C ( tr. ). Monumenta Serica Monography 15. Los Angeles: Monumenta Serica, 1966.

Chwolson D A. Syrische Grabinschriften aus Semirjetschie, herausgegeben und erlkart. Memoires de L'Academie Imperiale de Sciences de St. Petersburg: Series 7, 1886, 34(4), 37(8).

Cary-Elwes C. China and the Cross, Studies in Missionary History. [S. l. ]: Longmans, Green and Co, 1957.

Dodge B. The Fihrist of al -Nadim. New York: Columbia University Press, 1970.

Enoki K. The Nestorian Christianism in China in Medieval Time According to Recent Historical and Archeological Researches // Problemi Attuali di Scienza e di Culture. Atti dei Convegno Internazionale sul Tema: L 'Priente Crstiano nella storia della civiltà. Accademia Nazionale dei Lincei, 1964, nr. 62, pp. 45 - 81.

Franke H, Twitchett D. Alien Regimes and Border States, 907 - 1368 // Cambridge History of China: vol. 6. Cambridge: Cambridge University Press, 1994.

Goodrich L C. Recent Discoveries at Zayton. JAOS, 1957, 77(3): 161 - 165.

Golden P B. Searches for an Imaginary Kingdom: The Legend of the Kingdom of Prester John. JAS, 1990, 49(1): 121 - 122.

Iklé Frank W. The Conversion of the Alani by the Franciscan Missionaries in China in the Fourteenth Century. AS, 1967, 5(2): 316 - 322.

Hirth F. The Mystery of Fu-lin. JAOS, Vol. 30(1): 1 - 31.

Howorth Henry H. The Westerly Drifting of Nomads, from the Fifth to the Nineteenth Century: Part X. The Alans or Lesghs. The Journal of the Anthropological Institute of Great Britain and Ireland, 1874, 3: 145 - 173.

欧·亚·历·史·文·化·文·库·

Ho Ping-T. In Defense of Sinicization: A Rebuttal of Evelyn Rawski's "Reenvisioning the Qing". JAS, 1998, 57(1): 123 – 155.

Houston G W. An Overview of Nestorians in Inner Asia. CAJ, 1980, 24: 60 – 68.

Klimkeit H J. Christentum und Buddhismus in der innerasiatischen Religionsbewegung. ZRGG, 1983, 35: 216 – 218.

Klimkeit H J. Christians, Buddhists and Manichaeans in Medieval Central Asia. Buddhist-Christian Studies, 1981, 1: 46 – 50.

Latourette K S. Christianity in China. Annals of the American Academy of Political and Social Science, 1930, 152: 63 – 71.

Latourette K S. A History of Christian Missions in China. New York: Russel and Russel, 1929.

Lattimore O. A Ruined Nestorian City in Inner Mongolia. GJ, 1934, 84: 481 – 97.

Hunter E C D. Syriac Christianity in Central Asia. ZRG, 1992, 44: 362 – 368.

Hunter E C D. The Conversion of the Kerait to Christianity in AD 1007. ZAS, 1989/1991, 22.

Hunter E C D. Converting the Turkic Tribes // Craig Benjamin, Samuel N C Lieu ed. Silk Road Studies, VI, Walls and Frontiers in Inner-Asian History. Brepols: Pub., 2002: 183 – 195.

Hunter E C D. The Church of the East in Central Asia. Bulletin of the John Rylands University Library of Manchester, 1996, 78(3): 129 – 142.

Hunter E C D. The Persian Contribution to Christianity in China: Reflections in the Xi'an Fu Syriac Inscriptions // Dietmar W Winkler, Li Tang (eds.). Hidden Treasures and Intercultural Encounters: Studies on East Syriac Christianity in China and Central Asia. Berlin: Lit Verlag, 2009: 71 – 85.

Harris L C. Xinjiang, Central Asia and the Implications for China's

Policy in the Islamic World. The China Quarterly,1993,(133):111 – 129.

Franke H. Review:[ Untitled ]( Reviewed Work( s ):Western and Central Asians in China under the Mongols. Their Transformation into Chinese). BSOAS,1967,30(3):725 – 726.

Lieu S N C. Nestorians and Manichaeans on the South China Coast. VC,1980,34(1):71 – 88.

Mingana A. The Early Spread of Christianity in Central Asia and the Far East:A New Document. Bulletin of the John Rylands Library Manchester,1925,(9):297 – 371.

Malek,Roman ( ed. ) . Jingjiao:The Church of the East in China and Central Asia. Sankt Augustin:Institut Monmenta Serica,2006.

Martin D. Preliminary Report on Nestorian Remains North of Kuei-hua, Suiyuan. MS,1938,3(1):232 – 249.

Montgomery J A. The History of Yaballaha III and His Vicar Bar Sauma. New York:Columbia University Press,1957.

Murayama S. Eine Nestorianische Grabinschrift in Türkischer Sprache aus Zaiton. UAJ,1964,(35):394 – 396.

Moule A C. The Failure of the Early Christian Missions to China. The East and the West,1914,12:383 – 410.

Moule A C. Notices of Christianity in China, Extracted from Marco Polo. Journal of the North - China Branch of the Royal Asiatic Society, 1915,46.

Moule A C,Giles L. Christians at Chên-Kiang Fu. TP,1915,(6):627 – 686.

Moule A C. Christians in China before the Year 1500. London,New York,Toronto:The Mocmillan Co. ,1930.

Moule A C. Nestorians in China, Some Corrections & Additions. Sinological Series:no. 1. London:The China Society, 1940:1 – 43.

Moule A C. Fourteenth Century Missionary Letters. The East and the

欧
亚
·
历
·
史
·
文
·
化
·
文
·
库
·

West,1921, 19:357 – 366.

Moule A C. Brief Communications:Where Was Zayton Actually Situated?. JAOS,1950,70(1):49 – 50.

Moule A C. Quinsai; With Other Notes on Marco Polo. Cambridge: Cambridge University Press,1957.

Moule A C,P Pelliot. The Description of the World. New York:AMS Press,1976.

Mote F W. Review:[ Untitled ] ( Reviewed Work ( s ):Western and Central Asians in China under the Mongols. JAS,1967,26(4):690 – 692.

Pelliot P. Sceaux-amulettes de bronze avec croix et colombes provenant de la boucle du Fleuve Jaune. Revue des Arts Asiatiques,1931,7(1):1 – 3.

Pelliot P. Les Traditions Manichéenes au Fou-Kien. TP,1923,22.

Pelliot P. Deux Titres Bouddhiques Portés par des Religirus Nestoriens. TP,1911,(12):664 – 70.

Pelliot P. Chrétiens d'Asie Centrale et d'Extréme-Orient. TP,1914, (15):623 – 644.

Pelliot P. Les Influences Iraniénnes en Asie Centrale et en Extréme-Orient. Revue d'Histoire et de Littérature religieuses, 1912, N. S. 3,2:97 – 119.

Rouleau F A. The Yangchow Latin Tombstone as a Landmark of Medieval Christianity in China. HJAS,1954,17(3/4):346 – 365.

Rawski,Evelyn S. Presidential Address:Reenvisioning the Qing:The Significance of the Qing Period in Chinese History. JAS,1996,55(4):829 – 850.

Saeki S Y. The Nestorian Documents and Relics in China. Tokyo: The Maruzen Compang LTD,1937.

Schurmann H F. Review:The Nestorian Documents and Relics in China. JAS,1957,16(2):300 – 301.

Sinor D. The Mongol Mission:Narratives and Letters of the Franciscan Missionaries in Mongolia and China in the Thirteenth and Fourteenth Centuries. BSOAS,1956,16(2):390 – 391.

Stewart J. Nestorian Missionary Enterprise:the Story of a Church on Fire. Edinburgh:Ams Pr. ,1928.

Taylor W R. Syriac Mss. Found in Peking, Ca. 1925. JAOS,1941,61 (2):91 – 97.

Wittfogel K A, Feng Chia -sheng. History of Chinese Society, Liao (907 – 1125). Philadelphia:American Philosophical Society,1949.

Winkler D W, Tang Li ( eds. ). Hidden Treasures and Intercultural Encounters:Studies on East Sytiac Christianity in China and Central Asia. Berlin:Lit Verlag,2009.

Yin Xiaoping. On the Christians in Jiangnan during the Yüan Dynasty According to "the Gazetteer of Zhenjiang of the Zhishun Period:1329 – 1332∥Dietmar W Winkler,Tang Li ( eds. ). Hidden Treasures and Intercultural Encounters, Studies on East Syriac Christianity in China and Central Asia. Berlin:Lit Verlag,2009:305 – 320.

Yang Lien -sheng. Review:[ Untitled ] ( Reviewd Work[ s ]:Western and Central Asians in China under the Mongols. Their Transformation into Chinese). JAOS,1969, 89(2):425 – 426.

Zieme P. Zu den nestorianisch -türkischen Turfantexten. Sprache, Geschichte und Kultur der Altaischen Völker. Berlin:Akademie -Verlag , 1974:661 – 668.

Zieme P. Ein Hochzeitssgen Uigurischer Christen. Scholia, Beitrage zur Türkologie und Zentralasienkunde, 1981, pp. 221 – 232.

Zieme P. Notes on a Bilingual Prayer Book from Bulayik∥Dietmar W Winkler,Tang Li ( eds. ). Hidden Treasures and Intercultural Encounters, Studies on East Sytiac Christianity in China and Central Asia. Berlin:Lit Verlag,2009:167 – 180.

# 后　记

本书是在我的博士论文的基础上修订完成的。

对元代也里可温的关注,系受蔡师鸿生先生、林悟殊先生的提命,于2000年开始阅读陈垣《元也里可温教考》一文,从此便与也里可温结下不解之缘。能跟随两位先生读书问学,是我这辈子最大的幸运和福气。二位恩师淡泊名利的高尚品格、以学术为业的忘我精神,都潜移默化地影响着我,使我能够克服浮躁,重新审视生活的意义和方向。

元代也里可温研究起点高,难度大,是蔡师提示我回归具体的也里可温人物研究,为我打开了研究的思路。本书作为一个阶段性的研究成果,处处凝聚着蔡师和林师的心血和期望。本人资质驽钝,是两位老师无私地与我分享治学心得,使我取得点滴的进步。二师的言传身教,是我一生中最宝贵的精神财富。

博士论文撰写及答辩期间,得到梁碧莹、胡守为、林中泽、卢苇、黄时鉴、李玉昆、林金水诸先生的勉励和指正;章文钦、何方耀、林英、周湘、江滢河诸位教授,时时关心和帮助我的学习和生活。在中山大学历史系学习期间,蒙刘志伟教授、曹家启教授、陈树良教授、吴义雄教授、龙波老师、徐泽洪老师的诸多关照;还有蔡师母蒋晓耘老师,对本人的学习和生活给予深切的关怀和鼓励。我一一铭刻在心!

感谢上海古籍出版社的蒋维崧先生。本书第四章有幸得到先生的指正和批评。先生严谨求实的治学态度是我学习的一面明镜。先生的教诲我也铭记于心:只有严以律己,才能取得进步。

感谢 Peter Hofrichter 和 Roman Malek 二位教授的帮助,让我有机会请益于国内外诸多研究景教的前辈和同仁。同时感谢 Peter Zieme、E. C. D. Hunter、Jacob Thekeparampil、Marian Galik、葛承雍、牛汝极、陈

怀宇、侯昕、唐莉、Pierre Marsone 等先生的赐教和帮助。

感谢王媛媛、贺喜、陈丽华、谢晓辉、陈喆、刘勇、尹磊诸君，不时惠寄资料，雪中送炭；感谢黄兰兰、董少新、张小贵、曾玲玲、张淑琼、蔡香玉诸同门好友，我珍惜与你们切磋问学、扶持互助的燃情岁月。

感谢我的爱人朱海志，对我始终如一的支持、理解和陪伴。感谢父母亲的养育和栽培之恩。还要感谢陈梓权教授、朱婵清教授两位家长的帮助、关心和宽容。

本书得以顺利出版，要特别感谢中国社科院余太山先生对后学的奖掖提携，感谢兰州大学出版社施援平编辑的辛勤劳动！

2011 年 10 月作者谨识

·欧·亚·历·史·文·化·文·库·

# 索　引

## A

Alāhā　　132

阿罗诃　　21,132

阿拉伯　　2,16,20,30,54,107,
　　　　116 – 121,126,127,
　　　　152,194,214,216

阿速　　17,72,79,87,89,137,
　　　　138,193,206

阿兰　　3,29,137,138,193

阿兀剌编帖木剌思　　71,111

阿剌兀思剔吉忽里　　82 – 84,155

阿纳昔木思　　56,100

阿姆河　　44

安震亨　　55,98,112

爱薛　　3,21,53 – 56,98,107,
　　　　110,112 – 114,117,120,
　　　　121,142,143,194,211

爱不花　　32,83,97

阿鲁浑　　53,54

奥剌罕　　53,59,62,64,65,100,
　　　　104,159,160,182

安马里忽思　　78,111,112

按摊　　80,110,112

按竺迩　　80,81,94,111

## B

Barqamca　　62,101

把索麻也里　　50

巴拉第　　3,22,123,201

巴托尔德（Barthold）　　127,128,
　　　　　　　　　　129,130,
　　　　　　　　　　137,150,
　　　　　　　　　　214

八思巴文　　24,70,71,78,211

百灵庙　　10,11,217

白莲教　　27

白话圣旨碑　　38,39

保禄赐　　53,59,101,159,160,
　　　　182

伯希和　　2 – 5,12,21,23,24,
　　　　44,48,50,53,54,57,
　　　　59,61,66,69,77,79,
　　　　80,83 – 85,107,126,

137, 145, 153, 155, 156, 158, 163, 182 – 184,193,214

伯颜　99,109,137,138

伯嘉讷　76,105

必吉男　61,101,111

辩伪录　45

孛要合　83,97

勃雇思　80,94

博剌海　80

波斯寺　133

不忽木　172

步鲁合苔　81,98,111

## C

蔡鸿生　4,14,15,17,48,133, 134, 136, 150, 153, 165,201

长生天　37,45,124,131,132

陈垣　1,3 – 5,11,14,16,17,19 – 21,23,26,27,29,35,37, 42,43,48,49,60,66,69, 71 – 74,81,82,84,116, 123,124,135 – 137,141, 145 – 152,154,165,166, 169,171,172,174,176, 177,180,182,201,202, 206,208,214,224

陈旅　82,175,176,198

陈寅恪　1,7, 8, 17, 135, 148, 152,156,203,204

陈怀宇　5,7,10,162,192,201, 216,224

程矩夫　54 – 56,80,180

成吉思汗　35, 44, 80, 83, 94, 95, 114, 120, 128, 130,140,141,143, 155,159,213,214

茨默（Zieme）　10, 13, 14, 24, 25, 192, 214, 223,224

崇福使　53, 55, 98, 100, 107, 114,143

崇福司（崇福院） 36,41,76,96,104,105,112 – 115,183,190,64,136

村山七郎　9,184

## D

达失蛮　27,31,33,45,46,63

大秦景教流行中国碑 28, 42, 44, 77, 115, 124, 127,132

大德　28,33,54,56,57,60,66, 71,77,80,85,89,91,97, 125,136,190

227

大兴国寺　　20,29,45,114,122 –
　　　　　　125, 128, 131, 134,
　　　　　　139,141,142,144,211
达娑　　　23,28,44,115,163
答剌罕　　51,117,124,140
达鲁花赤　27,33,37,41,52,55,
　　　　　　59 – 63,65,67 – 72,
　　　　　　75,78,81,85,88,89,
　　　　　　97 – 105, 110, 111,
　　　　　　117, 121, 124, 125,
　　　　　　138 – 140,143,144,
　　　　　　160,169,170,191
戴良　　　42 – 44,198
文公　　　80,94
道教　　　4,27,32,40,41,57,60,
　　　　　　71,79,96,112,113,133,
　　　　　　136,139,152,154
道士　　　27,39,40,60,91,101,
　　　　　　115,156
迭屑　　　23,44,45,52,94,163,
　　　　　　208
Denha　　48,55,66,85,90,164
邓之诚　　96,112
腆合　　　55,100
丁鹤年　　109,172
多桑　　　22,28,31,79,115,127,
　　　　　　155,202,214

E

鄂多立克　2, 5,41,104,135,
　　　　　　139,215

F

方豪　　　1,21,26,27,123,124,
　　　　　　202,203
富路特　　9,147
拂菻（萧林）
　　21,30,53,54,57,72,98,100,
　　107,108,117,121,134,205
傅海波　　147,215

G

根脚　　　80,140
Georges　　48, 56, 80, 88, 94,
　　　　　　97,103
贯云石　　99,172
国学季刊　　145
广惠司　　53, 56, 74, 98, 100,
　　　　　　105, 107, 116, 117,
　　　　　　121,211
国安　　　70,81,97,111
国宝　　　81,97,98,111

## H

汉密屯　9,16,25,65,204

汉化　17,82,109,146－150, 154,165,173,179,181, 213,215

河西　36,39,82,88,175

亨特　6,7,13

和禄采思　49,50,94,95,157, 158,160,179

黑厮　55,100,112

火祆教　27,153

洪钧　20,22,93,123,131,200

户计　27,31－34,36,38,46, 136,137

忽必烈　45,52－54,79,83,90, 91,94,96－98,114, 117,119,128,130, 143,156,215,217

华化　7,15,17,18,43,57,66, 69,71－73,76,77,82, 84,99,104,105,107, 108,134,145,146,148, 150－154,160,164,165, 172－174,181,182,185, 191,204,205,211,212

黄文弼　10,204

黄公　77,190

黄溍　45,46,49,50,52,58,59, 61－63,66－69,75,76, 93,157－159,161,165, 177,179,182,189,197

忽木剌　46,125,141,142,185

回鹘　9,10,13,14,16,21,24, 25,31,44,49－51,57, 62,63,65,69,70,78,90, 93,130,153,155,158, 162－164,170,181－ 183,185,200,201,204, 205,207,209,210,214

回回　31,36,37,42,51,55,56, 63,74,88,99,115－117, 119－121,140

回回药方　116－121,209

火思丹　84

## J

Jean　48,84,129,130

Joseph　52,80,94

集贤院　36,41,112,113,136

贾仲明　72,73,76,108,199

金元素　57,72,73,105,107, 108,110－112,152, 154,194

金文石　73,105,112

金武石　73,105,112

金熙宗　50,158,165

景教　1,2,5,6,8－14,16－18,
20, 21, 23, 25,28,29,
42－44, 49, 51,52,57,
62－65,69－71,77－80,
82, 83, 91－93, 108,
113－116,119－121,123－
128,130－135,137,139－
141,143,144,154－157,
160,162－164,170,173,
177,178,182－185,190－
194,200－207,209－213,
215－217,224

君不花　83,84,97

榎一雄　9


**K**

康里不花　71,103,112,152

考迪埃　2,93,216

柯存诚　78,79

科举　109,151,160,169－173,
177,185

克烈　3,17,42,46,54,77,79,
87,91,93－95,98,110,
114,137,141,143,163,
174,191,208

可里吉思　51,93－95,124,128,
140


阔里吉思　10,56,70,80,83,84,
88, 89, 94, 97, 100,
103, 104, 110－112,
155,160,177

阙里奚思　62,68,101


**L**

拉施特　54,155,215

拉班·扫马　2,5,83,156

鲁布鲁克　2,18,41,45,77,95,
114,137,215

廉希宪　99,181

梁相　119,124,125,131－133

刘迎胜　16,92,123,126,129,
143,206

刘文淇　19,20,122,123

刘义棠　21,206

鲁合　56, 70, 100, 103, 104,
111,112,117

录鬼簿　72,73,76,108,199

洛阳　42,43,134,154,205,211

罗香林　6,11,12,91,123,141,
156,157,163,173,206

罗友枝　149

驴驴　64,65,102,115


**M**

Mar Yabalaha Ⅲ　156

Mar hasia    94, 113, 114, 141,
             190

Marc    48

马庆祥    50, 52, 53, 90, 94, 95,
         97, 157 - 159, 164, 165,
         174, 178 - 181

马氏世谱    45, 46, 49, 50, 52,
           58, 59, 61, 62, 66 -
           69, 75, 76, 93, 157 -
           159, 161, 165, 179,
           181, 197

马八儿    53

马里哈昔牙    51, 62, 93, 94,
           101, 104, 114, 124,
           125, 140, 141, 184

马薛里吉思    3, 27, 29, 51, 54,
           55, 98, 99, 111,
           112, 114, 117, 119,
           120, 123 - 126,
           135, 136, 139 -
           144, 191, 194, 206

马定    11, 52

马润    58, 60, 66, 67, 77, 101,
       111, 154, 157, 159, 160,
       165, 166, 168 - 170, 173,
       174, 177

马审温    59, 100, 111

马节    58, 60, 101

马礼    58, 60, 67, 68, 75, 101,

112

马渊    8, 60, 68, 101, 112

马遗    58, 60, 101

马道    58, 60, 101

马遵    58, 60, 101

马通    58, 60, 101

马迪    58, 60, 101

马世忠    57, 58, 100, 112

马世昌    58, 100, 110, 157, 159

马世靖    58, 100

马世禄    58, 61, 68, 100, 112

马世吉    58, 100, 112, 193

马岳难    61, 85, 111

马雅古    61, 101

马世显    58, 100, 111

马世德    43, 46, 61, 62, 95, 101,
         110, 160

马里失里门    62, 101, 184

玛尔达    9, 25, 65, 102

马祖常    3, 43, 53, 58 - 61, 66,
         68, 77, 88, 95, 102,
         107, 108, 110, 112,
         146, 154, 157, 159 -
         161, 165 - 167, 169,
         170, 172 - 179, 181,
         182, 194, 198, 212

马祖义    66, 75, 102

马祖烈    66, 75, 102, 110

马祖孝    66, 102

·欧·亚·历·史·文·化·文·库·

马祖信　67,102

马祖谦　67,102,111,112

马祖恭　68,103

马祖中　67,75,102

马祖周　67,76,102,112

马祖善　68,102,112

马祖良　68,102

马祖元　68,103

马祖某　68,102

马叔清　68,102

马祖宪　68,102,104,111

马祖仁　68,76,103,160

马易朔　69,103

马禄合　69,103,111

马文子　75,105

马武子　75,105

马献子　75,105

马惠子　75,105,111,193

马季子　60,67,75,76,105,154

马某火者　76,105,113

马可波罗　3,5,12,23,43,83,
　　　　 91, 95, 128 - 130,
　　　　 135 - 137,145,156,
　　　　 158,206,215

马札罕　84

马押忽　43,61,77

马克思　15,152,153,214

忙古不花　81,98

蒙思明　34,35,38,39,41,65,
　　　　 109, 111, 143, 166,
　　　　 167,171,206

蒙哥　35,45,53,79,94,97,98,
　　　 114,128,167

孟高维诺　10,83,203

弥失诃(弥师诃)　45

秘书监　53,56,69,73,75,89,
　　　 105,112,199

灭里　51,93 - 95,124,140

灭都失剌　52,97

明教　62,133,134,153,184

明安沓尔　76,105

明义士　12,206,207

摩尼教　13,27,51,62,77,113,
　　　 126, 134, 153, 154,
　　　 162, 163, 183, 184,
　　　 205,214 - 216

牟复礼　147,148

穆尔　2 - 4, 6, 11, 12,30,31,
　　　 123,124,132,156,193,
　　　 215

## N

Nicolas　85,89

Nestorian　5,9 - 12,14,49 - 52,
　　　　　 76, 95, 123, 126,
　　　　　 183,218 - 223

乃蛮　42,46,79,83,99,155,163,

191,208

囊加台　73,82,84,97,105

牛汝极　7,9,16,25,51,62 –
65,70,78,92,126,
140,155,184,192,
204,205,207,216,224

聂斯脱里　16,21,24,29,31,40,
44,45,49,52,57,
79,80,92,93,95,
104,108,126,130,
131,135 – 137,143,
144,156 – 160,162,
164,170,177,181 –
185,191,192,206,210

**P**

Pierre　48,225

坪井九马三　16,20

**Q**

契丹　2,36,99,109,119,149,
155

乞列吉思　88

钱大昕　19,36,42,43,56,59,
61 – 63,66,67,69,73,
79 – 84,87 – 89,95,
159,200

钱星海　147

钦察　17,72,79,137,138,193,
206

邱处机　44

邱邻察　84,97

泉州　5,8 – 10,14 – 16,25,30,
53,56,57,62,63,65,69 –
71,73,77,78,85,91,92,
100 – 105,126,134,140,
153,184,190,192,204,
205,207,209 – 211,213

**R**

阮元　20,122,123

儒学　48,68,82,102,109,124,
125,131,151,154,165 –
172,175 – 178,185

**S**

Sargis　50,85,88,125

Sharāb　117,118

撒必　51,93 – 95,114,117 – 120,
124,128,140,141

撒剌　45,54,63,98

撒吉思　88,111,188

三达　52,89,97,159,160

萨满　13,45,79,132,133

欧·亚·历·史·文·化·文·库

上帝　21，25，50，63，65，70，
　　　132，135

舍里八（舍利别）　51，55，94，99，
　　　　　　117－121，124，
　　　　　　125，139－141，
　　　　　　194，217

十字寺　28，29，40，41，46，57，
　　　64，113－115，124，128，
　　　142，143，183，190，
　　　201，209，212

十字架　5，8，10，12，13，50，52，
　　　73，205，210，216

十字器　11－13

史集　11，54，155，211，215

失列门　56，87，100，110，112

失里门　62，87，101，184

式列门　87

失里哈　61，68，101，188，189

识里木　88，110，111

唆鲁和帖尼　40，79，94，114，
　　　　　128

苏剌哈　69，103

琐罗亚斯德教　153，214

苏天爵　50，66，67，75，77，160，
　　　168，169，171，174－
　　　176，178，197，198

枢密院　36，62，72，87，110

术忽难　84，97

术安　84

世荣　59，61，81，98，100，111，
　　　159

## T

太平　52，60，65，70，97，101，
　　　103，112，151，163，188

塔海　78，112

陶宗仪　42，63，71，72，74，140，
　　　181，182，199

腾格里（腾屹里、腾克里）
　　　45，132

天主教　1，5，14，18－21，28－
　　　30，48，104，123，130，
　　　135，137，144，155，
　　　156，177，190，202，
　　　205，210，211

天下闻　52，97，159

天民　111，159，160，188

天合　66，90，102，112，164，188

帖里薛　52，94

帖穆尔越哥　50，94　95，157，
　　　　　158，160，179，181

帖木尔　81，97，170，179

帖迷答扫马　62，101

通制条格　31，33，37，40，41，
　　　55，141，142，197，
　　　203

通政院　36

突厥　　2,4,6,7,9,14,25,26,
　　　　46,62,63,72,93,95,
　　　　126-130,137,148,150,
　　　　153,155,163,164,183,
　　　　184,192-194,203,207,
　　　　214,216
秃鲁　　73,105,110
吐蕃　　81,97,98,111,112,216
吐鲁番　7,10,13,43,162,163,
　　　　192,201,207,214,216
拖雷　　40,51,79,94,114,117,
　　　　118,140
脱别台　74,105

## W

完者都拔都　　140
汪古（雍古）
　　3,9-13, 17,43,46,49,51,
　　52,57,64,69,71,72,75,76,
　　77,79,80, 82-85, 88,91-
　　94,97,98,100-103,105,
　　108,111,121,137,141,145,
　　150,154-158,160,163,164,
　　173,175,179,181,183,191,
　　193,203,204,208,209,211-
　　213,216-218
王荣道公　　73,105
王士祯　　172

畏兀儿　　36,43,44,52,65,78,
　　　　79,93,94,101,102,
　　　　156,163,191,214
畏兀尔　　165
魏源　　20,179,200
魏复光　　149,153
翁叶杨氏　　70,103
吴幼雄　　8,9,25,57,65,92,209
吴文良　　8,9,92,209
吴哖哆呢绝　　9,56,57,100
窝阔台　　35,79,87,209
斡罗斯　　65,102,137
斡沙纳　　58,100

## X

夏鼐　　9,30,62,139,184,211,
　　　　212
榎一雄　　9
萧启庆　　54, 57, 72,109,140,
　　　　149, 150, 164, 166,
　　　　171,173,174,211,212
西安景碑　　1,134
昔里吉思　　88,111,193
昔里思　　88
昔尔吉思　　88
锡礼门　　87,88,111
薛迷思坚（撒马尔干）
　　54,93-95,98,114,117,124,

235

欧·亚·历·史·文·化·文·库·

125 - 131,135,139 - 141

宣政院　　36,40,41,112,142

忻都　　62,63,102,209

徐希德　　212

许有壬　　82,165,177,198

## Y

亚美尼亚（阿美尼亚）

　　16,22,24 - 26,29,30,126,
　　129,130

雅古　　61,69,77,182,188,189

雅琥　　46,69,103,111,154

药难　　50,51,85,94

要束木　　80,89,90,94

杨联陞　　147,148

叶道义　　9,56,211

也里可温

　　1,3,4,7,9,14 - 44,46 - 49,
　　51 - 53,55 - 57,59 - 62,65,
　　66,69 - 79,85,90 - 101,103 -
　　115,117,120 - 126,128,130,
　　131,133 - 137,139 - 146,150,
　　152,154,163,183 - 185,190 -
　　194,201,202,204 - 206,208 -
　　213,217,224

也里牙　　55,78,100,111 - 114,
　　124,128

也里世八　　62,63,102,209

叶氏　　70,103

也先不花　　80

叶里弯　　84,97

野峻台　　82,110,111

耶律子成　　51,52,94

易公刘氏　　71,103

一赐乐业教　　27

伊儿汗国　　54,156

译史　　44,54,67,90,113,164

以官为氏　　178 - 182,184,185

余阙　　43,44,99,160,175,198

元典章　　27,32,33,37 - 41,64,
　　65,88,91,114,115,
　　136,139

元史

　　4,6,16,17,19 - 22,30 - 43,
　　48,52 - 63,65 - 70,72 - 90,
　　93,96,99,112 - 117,123,
　　131,137,138,143,145,146,
　　148 - 150,154,157,159,160,
　　166,167,176,179,181,183,
　　184,197,200,201,204,206,
　　208,210,212,213,215

元西域人华化考

　　17,26,29,43,48,60,66,69,
　　71 - 73,81,82,84,135,141,
　　145 - 148,150 - 152,154,164,
　　165,169,171,172,174,176,
　　177,180,182,201,208

元也里可温教考
　　1,4,5,14,16,19－21,26,29,
　　35,48,74,123,137,145,224

袁桷　　60,66,67,77,159,165,
　　　　167, 174, 175, 177,
　　　　198,199

约实谋　52,89,97,159

月合乃　53, 57－59, 69, 85,
　　　　88,97,103,110,157,
　　　　159, 160, 165－170,
　　　　173, 174, 179, 181,
　　　　182,185

岳合难　85

月忽乃　85,111

月忽难　52,85,86,110－112,
　　　　159

Yohanna　53,85,94,97

月景辉　76,77,105

月鲁　82

约尼　56,100

伊斯兰教
　　18,31,41,45,57,63,79,126,
　　127,129－131,156,162,214

俞希鲁　20,27,122,199

# Z

赵世延　43,80－82,98,110－
　　　　112, 146, 152, 154,
　　　　157,176,194

赵翼　99,104,172,176,200

赵鸾　82,152,154

张星烺　2, 18, 29, 30, 81, 83,
　　　　84, 89, 91, 145, 156,
　　　　163,212

掌教司　57,91,104,113－115,
　　　　136,137

镇江　3,5,15,20,27,55,59,
　　　　65,70,78,89,91,98－
　　　　100,102－105,111,112,
　　　　122,123,125,135－137,
　　　　139,142－144,191

镇海　79,89,90,94,110,164

镇国　83,84,178

镇巢　137－139

郑思肖　170

至顺镇江志
　　3,20,27,29,35,36,45,46,
　　51,55,59,65,70,78,89－91,
　　95,99,113,122－125,142,199

周良霄　6,16,83,92,163,213,
　　　　215

朱谦之　5,6,44,64,115,132,
　　　　201,204,213

拙里不花　83,84,97

佐伯好郎　5, 11－13, 18,21,
　　　　52,76,83,123,156,
　　　　183,193,216,217